経済学の思考法

稀少性の経済から過剰性の経済へ

佐伯啓思

講談社学術文庫

目次

経済学の思考法

経済学の思考法

稀少性の経済から過剰性の経済へ

学術文庫版はじめに

経済は生きものである。それは人々の心理状態、環境の変化、さらには突発的な出来事等により思わぬ動きをする。それはたえず変動し続けている。一方、経済学は抽象的な理論である。少なくとも経済学者はそれを科学と標榜している。ところが科学は生きものを扱えない。科学が扱うのは、因果関係や法則が認められる死んだ物質世界である。

だから、経済学は、経済を扱うことができない。

このように言うと、読者は、いったい何を言っているのだ、と思われるだろう。しかし、何も奇をてらったことを言っているわけではないし、それどころか実に当たり前のことである。経済現象は、経済学という科学が扱うにはあまりに複雑過ぎる、というだけのことなのだ。科学が理論として扱いうる現象は、いわば単純系であって、複雑な要素が相互に絡み合って偶発的な動きを見せるような高度に複雑な現象ではありえない、ということである。

もちろん、巷の書店に入って経済学のコーナーを眺めれば、経済学の教科書が結構たくさん並んでいる。ではこの教科書は、経済を扱ったものではないのか、こういう疑問もでてくるだろう。

実はその通りなのである。経済学は経済現象を扱ったものではない。では何を扱っているのか。それは、経済学が「経済とみなすもの」を「経済」と定義して扱っているに過ぎない、のである。

そのことの意味は、本書を読んでもらえればわかっていただけると思うが、これも別に奇をてらった珍説で人を煙に巻こうというわけではない。当然のことだ。

なぜなら、少し考えてみていただければよいのだが、もともとあらかじめこの世界に「経済」という現象があるわけではない。だから、そもそも「経済学が経済を扱う」といった時の、「経済を扱う」というその「経済」とはいったい何を指しているのかというと、決して自明ではないであろう。

たとえば株式市場を考えてみよう。日々の株式市場の動きは、その時々の人々の心理やアメリカ大統領の発言や中東の政治情勢やEU（欧州連合）の動向など種々の出来事と不可分である。きわめて複雑な現象であり、そのどこまでを株式市場の現象として捉えればよいのか、決して自明ではないだろう。

いや、最近の金融理論やビッグデータは株式市場のシミュレーションを可能にしつつあるともいわれる。とすれば株式市場の状況さえも客観的に正確に分析できるということになるかもしれない。余計な要因をできるだけ排除して、純粋に株価の動きだけをシミュレートできる、というわけである。

だが、もしもあらかじめ正確な株価が予測されてしまえば、そもそも株式投資でもうけることもできなくなってしまうだろう。「もうける」のは誰かを出し抜くことだからである。また、この理論的な予測に基づく行動が逆に市場に影響を与えるだろう。だから、いずれにせよ、株式市場の動きを客観的に理論化できるなどということはありえない。

そして、この株式市場の動向がまた市場経済全体に影響を及ぼすとすれば、市場経済全体が、人間心理、アメリカ大統領の発言、中東情勢やEUの動向などに影響されることになる。もちろん、市場に影響を与えるものはそれだけではない。国際関係、地球温暖化や気候変動、巨大災害、そしてそれらに影響される人々の心の動き、将来への期待や不安、これらはすべて市場経済に影響を及ぼすだろう。もっと突発的なこともある。たとえば予期できない感染症のパンデミックなど。

では、経済学はいったい何を分析しているのだろうか。

それは、前述のような、具体的な歴史的状況や、そのなかで変動する様々な要因を「偶発的なもの」として排除し、経済や市場を、ひとつの抽象的な理念で構成された世界とみなし、その作用のメカニズムを分析しているのである。

たとえば、「経済学」とは何か、と問われて、大方の経済学者は、「資源が限られているとして、その稀少な資源を効率的に使って人々の幸福を最大にするやり方を探究する学問だ」と答える。「稀少資源の配分に関する科学」であり、「市場」こそがその典型的なやり方だ、というのである。

これは「経済学」という学問のテーマを定義したものである。経済学を学ぶ者は、おおよそ最初にこの種の経済学の定義を教えられ、それを受け入れる。だが注意してもらいたいが、ここで「経済学」が定義されているだけではなく「経済」も同時に定義されているのだ。なぜなら、ここでは「経済とは、様々な稀少資源を様々な生産に向けて配分する機制」とみなされており、しかも、「市場」こそ、その典型的なメカニズムとみなされているからである。

「経済学は経済現象を扱うことはできない」と先にいったことの意味はこれで明らかだろう。ここでは、「経済学」がまず「稀少性の有効な配分に関する研究」として定義され、その結果として「経済」とは、「市場等を通して稀少資源が配分されるメカニズム」として理解されているのだ。その時に同時にまた、「市場」も「稀少資源を配分するひとつのメカニズム」として理解されることになる。

かくして、われわれが目撃している「経済現象」なるものがまず目の前に広がっていて、それを観察することで「経済学」という学問が成り立つのではない。そうではなく、経済学の理論的方法に合わせて経済が切り出され、理念的に取り出されているのである。

これでは、経済学という学問が、自分の都合に合わせて経済を定義しているわけで、本当の意味で、経済現象を扱っているとはいえないであろう。

いきなりややこしい話になってしまったが、特別に込み入った議論をしているわけではない。繰り返すが当たり前のことを述べているだけである。

要するに、現実に目の前に展開されている経済現象はとてつもなく複雑なものであり、一方、経済学は単純な抽象的理論からできている、ということだ。いくら経済理論が高度な数学を駆使した複雑な理論体系であって、門外漢には近づきがたいものだとしても、そんなこととは関係なく、それが一定の抽象的理論である限り、その経済や市場の捉え方はきわめて単純なのである。

なるほど確かにそんなことは当たり前だ。だがわざわざ論じるまでもないことだ、という読者もおられるかもしれない。なぜなら、経済学が理論である限り、所詮、現実の経済現象の全体を論じることなどできないからである。だから、経済学が、あくまで市場経済の抽象化された骨組みだけを扱うのは仕方ないことだ。こういう理屈もありうるだろう。

それはその通りなのだが、実はそこにきわめて重要な問題が潜んでいると思われる。そしてそのことこそが、私が本書で訴えたいことなのである。

それはこういうことだ。

もう一度繰り返すが、現実の「経済」は、当然ながらきわめて複雑である。一方「経済学」の方は、当然ながらきわめて抽象的な理論で、その意味では単純である。だから、「経済学」は、現実の「経済」そのものを対象としているわけではない。

現実の「経済」はといえば、先にも述べたように、人々の心理、社会の雰囲気、国際関係、アメリカ大統領の発言、中東情勢、EUの動向、感染症のパンデミックなど多種多様な要因によって動かされる。

一方、「経済学」の方は、そんな偶発的な多種多様性などせいぜい「与件の変化」として、そこに衝立《ついたて》をたてて、理論の背後に追いやってしまう。こうして現実の「経済」と理論的な「経済学」の間には大きな乖離が生み出されてしまう。

では、現実の「経済」と理論的な「経済学」の関係はどうなるのだろうか。現実の経済現象は、その歴史的状況や国際関係や世論の動向などのなかで、多様な因子に振り回されながら、右へ左へ、上へ下へと変動する。

ところが、それをそのまま動画のように写し出すことはできないので、われわれは、現実の経済現象を捉えようとする場合に、抽象理論としての「経済学」を参照する。「経済学」の思考を通して現実をみる。「経済学」の眼鏡をかけて「経済現象」を理解しようとする。

だがこの場合、前述のように、「経済学」の方は、現実の経済現象から抽出されたものではなく、たとえば「稀少資源の配分をめぐる市場の作動」といったように定義されている。これは現実から抽出されたというよりも、抽象的な理論仮説から出てきたものである。

そこで、われわれは、この抽象的な「市場の作動」を基準にして現実の経済現象を評価することになるのだが、この基準からすれば、たいていの場合、現実の経済現象は様々な問題を孕んでいるだろう。順風満帆にうまくいっている経済などまずめったにない。

とすればどうなるか。当然ながら、抽象的な経済理論に合うように、現実の経済を管理し、誘導し、また造り変えようとするだろう。かくて、経済理論の考え方に従って経済政策がとられる。この経済政策は、従来、多くの場合、景気変動を抑え雇用を安定させる、いわゆるケインズ政策であった。

だが、時にはそれはただの景気対策にとどまらなくなる。いわゆる経済政策の範囲をはるかに超えてしまって、経済理論が説くように市場を造り変えるべきだ、というようなところまできてしまう。簡単にいえば、経済学が現実の中に入り込んできて、現実の経済構造を造り変えようとするのである。後述するが、それこそが一九九〇年代以降、世界中を席巻した構造調整政策といわれたものであり、日本では「構造改革」とされたものであった。

何とも奇妙なことではないだろうか。経済学の考え方が、現実の経済の内部に入り込み、現実の経済を動かしてしまうのである。もはや「経済学」は、「経済現象」を一歩退いて外部から眺め、記述し、それを分析するというようなものではなくなっている。「経済学」が「経済現象」を造形する一翼を担っているのである。

もちろん、これは「科学」でも何でもない。それ自体が「思想」であり、言い方によっては「イデオロギー」といってもよいだろう。

さて、ここから二つの問題群が出てくる。

ひとつは、それでは現実の経済現象を動かしている核にあるものは何なのであろうか、という問題である。もちろん、それをあますことなく論じることは不可能だとしても、その本質的なものは何か、ということである。現実の経済現象の核にあるものをまずはどのように捉えるか、ということだ。

たとえば、今日のグローバル経済を生み出し、それを駆動しているものは何か。またこのグローバル経済が帰結するものは何か。本書でも論じる二〇〇八年のリーマン・ショックや、その後に生じたEU経済の動揺は、その（ひとつの）帰結と考えられないのか。また、リーマン・ショック後の世界経済は本当に再活性化されたのか。そして二〇一七年のトランプ大統領の登場をどう理解すればよいのか。そして、そのさい、「経済学」はどのような役割を果たしたのか。こうした問題である。

二つ目は、「経済学」がひとつの思想でありイデオロギーであるとすれば、今日の支配的な経済学の考え方とは異なった「経済」についての見方はできないか。「稀少な資源の配分をめぐる科学」というような経済学の典型的な思考方法ではない、別の思考様式はないのか、ということだ。先にも述べたように、この「稀少資源の配分」という経済学の思考そのものがまた、「経済」を理解する枠組みを生み出してきた。つまり、「経済とは、稀少資源を配分する機制である」という理解である。

だが、それとはまったく異なった「経済」の把握の仕方がありうるのではないのか。より現実の経済現象の本質に突き刺さるような「もうひとつの経済現象の理解の仕方」がありうるのではないか、という問題である。

私が本書で試みたいのは、この二つの点から、改めて、現代の「経済現象」と「経済学」の関係を論じてみることだ。特に本書の前半（第1章〜第4章）は、第一の論点、すなわち、現実の「経済」のもっとも根本的な特質をどのように理解すればよいのか。そして、「経済学」が、現実の「経済」に対してどのように関わっているのか、という問題を扱っている。そして、後半（第5章〜第9章）は、第二の論点、すなわち、「経済」についての「別の見方」を論じている。それは、通常の「経済学」の思考法とは異なった、しかし、私にとってはより本質的だと思われる見方である。

もちろん、この両者は見事に切り分けられるものではなく、もとより前半と後半とが独立に存在するものではない。本来は不可分なのである。なぜなら、本書における私の主張のひとつは、今日の支配的な経済学の思考こそが、現代の資本主義経済を危ういものにしている、少なくもその一因だと思われる、という点にあるからだ。

簡単にいってしまえば、現実に働きかけている今日の「経済学」が、現実の「経済」をきわめて不安定にしているのではないか、ということである（第一の論点）。そして、もしそうだとすれば、今日の「経済学」が「経済」を理解する仕方に何か根本的な問題があるのではないか。こういうことになろう。とするならば、より健全な「経済」の理解の仕方はどうあるべきなのか（第二の論点）、という問題にもつながろう。

かくて、第一の論点と第二の論点は別のものではない。こうして現代の「経済」（さしあたり「グローバル資本主義」と呼んでおきたい）をどのように捉えるかという課題と、今日の支配的な「経済学」（さしあたり「アメリカ経済学」と呼んでおきたい）の問題がどこにあり、それに代わる経済学の方向はどうあるべきかという課題は、本書の両輪であって、どちらも不可分の関係にあるのだ。

さてここで、読者に断っておかねばならないことがある。本書は、二〇一二年に講談社現代新書として刊行された『経済学の犯罪』に多少の修正・加筆をほどこして文庫化したものである。前述のように、私の関心は、「経済」の動きそのものにあるのでもなく、また「経済学」そのものにあるのでもない。「経済」と「経済学」の関係にある。「経済学」がどのように「経済」に作用し、「経済」を動かすかにある。その上で「経済」の動きを理解するにはどのように「経済」を捉えればよいのか、と改めて問いたいのである。単純に、「現実」と「理論」の関係こそが関心の対象だといってもよいが、その点では、マルクスよりもケインズに近い。

マルクスは、経済という「下部構造」こそが思想やイデオロギーという「上部構造」を規定する、といった。一方、ケインズは、人間の思想こそが結局は社会を動かすといった。現実と理論・思想の間には相互作用があるが、より本質的な理解に達していたのはケインズの方だと思われる。だがまた私には、その上で、「現実」をくみ取る形で新たな「理論」や「思想」を造形してゆくことが必要だとも思われる。

二〇一二年の新書版『経済学の犯罪』はそのような関心とともにあった。「現実」の方を見れば、まさに一種の危機的様相を呈す現代のグローバル資本主義が姿を現している。それを如実に示したのは二〇〇八年のリーマン・ショックであり、その後、二〇一〇年のギリシャの財政危機に端を発し、ＥＵ経済全体へと波及したヨーロッパの危機であった。

そして日本では、小泉政権による構造改革にもかかわらず、一向に経済はよくならず、そうこうするうちに二〇一一年三月のあの東日本大震災によって、われわれの住む大地が根底から揺さぶられたのである。

だが、このような混沌とした経済・社会（日本だけではなく世界的規模での混沌）をどのように理解すればよいのか、経済学はこの危機的な経済状況といかなる関係があるのか。この暗く立ち込める雲はいったい何なのか。それにひとつの答えを与えたい。それが新書版を執筆した動機であった。したがって、そこでは、リーマン・ショックからＥＵ危機へ移りゆく時代の相をグローバル資本主義のもつ根本的な矛盾の表出と見ている。同時に日本の構造改革もその混乱の象徴として捉えられていた。

そして、それから八年たち、本書は、新たに学術文庫の仲間入りをすることになった。当初、この話をいただいた時、私は、本文に多少の手を加えることで、この一〇年ほどの時差を調整しようと思った。問題は第1章～第3章である。これらの章で、リーマン・ショックやEU危機などを扱っている。だから、どうしてもその後の一〇年にふれないわけにはいかない。そこで、データの改定や、またこの一〇年の流れに即した内容の調整を行おうと思ったわけである。

しかし、改めてこの一〇年近く前の新書版を読み返してみて、むしろ、修正は最小限にしてそのまま本文を残し、第1章および第2章の最後に、この一〇年間の流れをざっと回顧しておいた方がよいのでは、と考えるようになった。

その理由は、ひとつには、時差を埋めるための本文の微調整という作業のそれなりの困難さにもよるが、それよりも、ここでの議論や論点の本質が、この一〇年で大きな変容を強いられるとはとても思えなかったからである。私の言いたいことは一〇年を経てもほとんど同じであった。事例は一〇年前にさかのぼるとしても、新書版で展開されていた議論は、今日でも、ほとんどそのまま通用すると思われたからである。

このこと自体、多少は、驚くべき事態かもしれない。なぜなら、表面的に見れば、この一〇年、世界の経済社会の変遷は、決して小さくはなかったからである。リーマン・ショック以降、先進国は、とてつもない財政・金融政策を施して、グローバル資本主義の崩壊を防ごうとやっきになった。ＩＴ革命はやがてＡＩ技術へと帰着し、ロボットやドローンや自動運転車やＩｏＴ（モノのインターネット）が新時代を開くと宣伝された。さらには生命科学や遺伝子工学の分野での革新が医療革命を引き起こすと期待を集めた。第五次産業革命やらソサエティー五・〇などと（妙にオシャレに）いわれたものである。日本では二〇一二年に第二次安倍内閣が誕生して、史上空前の異次元的経済政策と銘打たれた「アベノミクス」が登場した。

だが、それでどうなったのだろうか。一時はリーマン・ショックをすっかり抜け出したとみなされたアメリカは、急成長の中国と激しい経済覇権の競争に入り、また国内における格差拡大を背景にして、二〇一七年にトランプ大統領が騒々しく登場したが、経済はいっそう混沌としてきた。

また、ＥＵは、ギリシャ危機による自壊をかろうじて回避したものの、その後、財政危機は他国に飛び火し、また移民問題から分裂の危機に瀕している。じっさい、イギリスは二〇一六年に国民投票でＥＵ離脱を決定したのである。日本はといえば、アベノミクスにもかかわらず、さして経済成長率は伸びないのである。

そのことはまた後に概観しておこうと思うが、この一〇年、表層での波の大きなうねりにもかかわらず、このグローバル資本主義の大河の流れそのものにはほとんど変化はない、といってよいだろう。そしてこの大河の向かっている方向がいずこかは誰も知るよしもないとしても、この方向はますます限界へと向けて接近し、危機の様相は顕在化し、世界のあちこちにできた亀裂はいっそう広がっているのではないか、という印象を強くする。

その意味で、やはり、今日のグローバル資本主義の「危機」の顕著な表出は二〇〇八年のリーマン・ショックにあった、といってよいだろう。二〇〇八年から二〇一一年あたりに見られた「危機」の様相は、グローバル資本主義の大きな転換点だったのである。

繰り返すが、その後の一〇年で、あれやこれやの意匠にもかかわらず、何か本質的な意味で特異で顕著な出来事が生じたとは思えない。そのことが、二〇一二年の新書版を文庫化するにさいし、本文をほとんどそのままにして（最小限の修正にとどめ）、第1章と第2章の末尾に、この一〇年の意味を付記した理由である。

そうはいっても実は、二〇二〇年に、世界はとんでもない疫病に見舞われた。中国の武漢に発した新型コロナウイルスが世界的なパンデミックを引き起こしたからである。このパンデミックはグローバル経済を直撃した。世界中の物流も人の動きも一瞬で止まってしまった。新型コロナ・パンデミック自体がグローバリズムのひとつの帰結であるとともに、それはグローバリズムに対して決定的な打撃を与えた。目に見えない微小なウイルスがグローバル経済を痛打したのである。

リーマン・ショック以降、グローバル経済はうまく機能していない。われわれは、グローバルに拡張し、無限に成長し、果てしなくイノベーションをもたらす経済を夢見てきた。グローバリズム、経済成長主義、イノベーションによって人は幸福になれるという信念を保ってきた。

この信念がリーマン・ショックによって経済の内側から激しくゆさぶられ、そして、二〇二〇年の新型コロナウイルスによって、この信念は、経済の外側から強烈な一撃をくらったのである。いや、もっと正確にいえば、これもまた本質的には、グローバル経済の内側で生じた痛烈な一撃であった。ウイルスそのものは自然現象だとしても、それが露《あらわ》にしたのは、グローバル経済そのものの脆弱性だったからである。

二〇二〇年に降りかかってきた疫病が、グローバル経済の「大転換」をもたらすかどうかは、もちろんわからない。将来のことなど容易には予測も推測も不可能な世界と時代にわれわれは生きている。だがしかし、「経済」の「大転換」がありうるとすれば、それは「経済学」そのものの思考方法の転換によってでなければならないことは疑いえまい。そしてこの思考方法の転換の可能性は、われわれの一人一人が、お仕着せの理論や権威をかさに着る知識ではなく、自らの納得のゆく思考へと自らを誘導できる可能性にかかっているであろう。それだけが、本書の基本的なメッセージである。

第1章　失われた二〇年――構造改革はなぜ失敗したのか

資本主義経済がおかしくなっている

今日、資本主義経済がうまくいっていると考えている者はまずいないであろう。一九九一年にソ連・東欧の社会主義体制が崩壊した時には、資本主義、自由経済の勝利が確定したといわれたものである。きたるべき時代はグローバルな市場競争の時代であり、この大競争（メガコンペティション）によって世界の富は一気に拡大すると見られたのであった。

ところがその後、二〇〇八年にリーマン・ショックが起きる。二〇一〇年にはギリシャの財政危機に端を発するEU危機が起きる。グローバル資本主義はいっきに嵐の中に投げ込まれるのである。そこで改めて、冷戦終結から二〇年がたった二〇一一年をふり返ってみよう。

この時期、世界全体の成長率はおおよそ四～五％であり（二〇一一年は四％弱）、GDP（国内総生産）は二〇年前の二五兆ドルから七〇兆ドルまで増えた。二〇年前にはまだ途上国であった中国、インド、ブラジル、韓国などの成長は著しく、これらの新興国はおおよそ七％の成長をしている。一九九一年にようやく資本主義への転換を果たしたロシアも急成長を続けている。アメリカのGDPも二〇年前の約七兆ドルから約一五兆ドルへと二倍強になった。

ではグローバル資本主義はきわめてうまくいっていたのだろうか。

そうではない。二〇〇八年のリーマン・ショックの前後からグローバル資本主義は危機的な状態に陥っている、というべきであった。リーマン・ショック以降、先進国の成長率は一気に低下した。また二〇一〇年以降のギリシャ危機やEU危機に見られるように、各国の財政赤字は拡張を続け国債市場も安定していない。

では二〇一〇年代の経済の失調は、リーマン・ショックによってもたらされた一時的なものだったのであろうか。当然ながら市場経済には景気の波があり、バブルが生じればそれは崩壊する。その結果として一時的な経済の不調に陥っているだけなのだろうか。

そうではない。そうではないから事態は深刻なのである。

そもそもリーマン・ショックはどうして生じたのか。財政赤字はどうして生じたのか。そのことを考えれば、問題は一時的な景気の悪化などというものではなく、グローバル資本主義の「構造」に関わるものだといわねばならないであろう。

しかも目を日本に転じてみよう。日本の成長率は一九八〇年度以降、図1のような状態にある。二〇〇〇年代の実質成長率は平均で〇・八%、名目成長率はそれより一%は低くなっている。したがって、名目成長率だとほぼゼロ成長である。ただこの平均値にはリーマン・ショック後の落ち込み（二〇〇八年度の実質成長率マイナス三・七%）が含まれている。そ

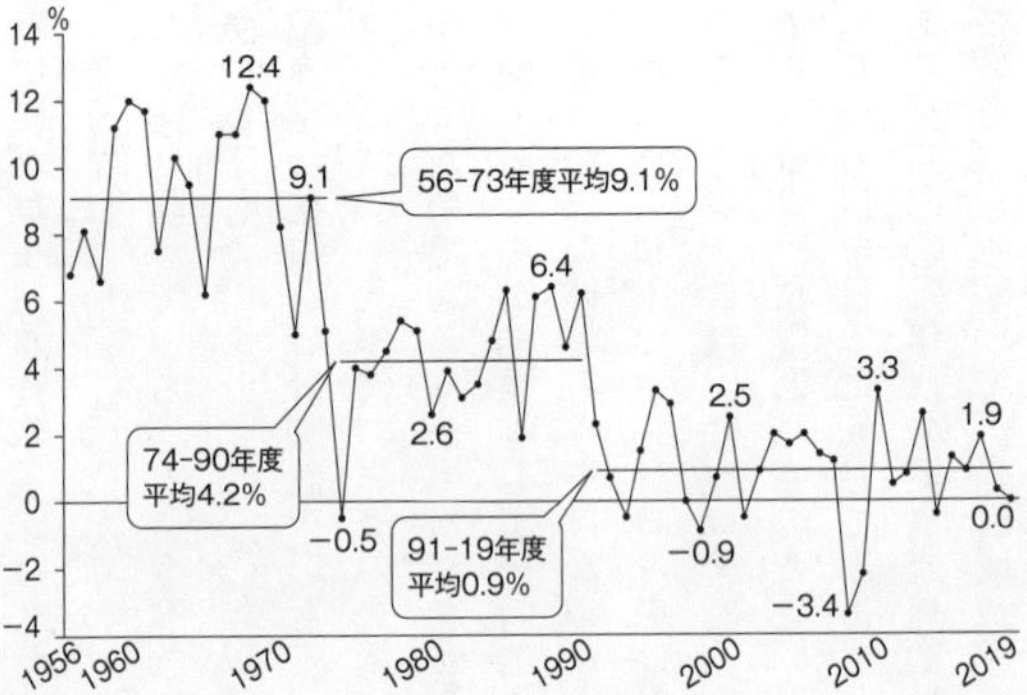

図1　日本の経済成長率の推移

(注) 年度ベース。複数年度平均は各年度数値の単純平均。1980年度以前は「平成12年版国民経済計算年報」(63SNAベース)、1981～94年度は年報 (平成21年度確報、93SNA) による。それ以降は2008SNAに移行。2020年4-6月期1次速報値＜2020年8月17日公表＞

資料出所：内閣府SNAサイトより

れを除いて〇七年度までで見ても平均一・五%ということになる。

さらに問題が複雑なのは、一九九〇年代後半以降、ずっと、実質成長率が名目成長率を上回るという事態になっている点にある。

ということはどういうことか。平均物価水準が低落しているのである。つまり長期にわたるデフレ経済に陥っているということだ。

さらに賃金水準を見ると、賃金が長期的に下落しており、一九九〇年代末からは文字通り、物価、賃金の下落というデフレ現象が生じている(図2)。しかも、所得再分配についていえば図3に示されているように、ジニ係数は当初所得で一九九六

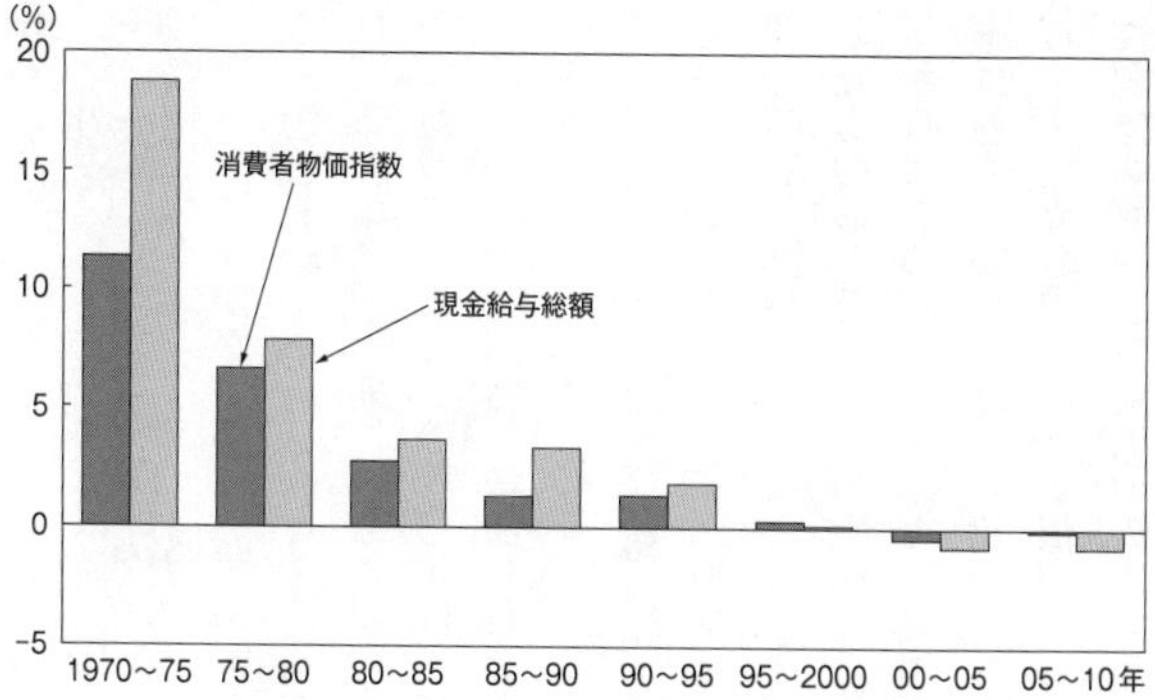

図2　日本の賃金・物価上昇率の推移
資料出所：厚生労働省『労働経済の分析』平成23年より

	当初所得のジニ係数		当初所得のジニ係数
1978	0.369	1999	0.472
1981	0.349	2002	0.498
1984	0.398	2005	0.526
1987	0.405	2008	0.532
1990	0.433	2011	0.554
1993	0.439	2014	0.570
1996	0.441	2017	0.559

図3　所得再分配調査におけるジニ係数
資料出所：厚生労働省『所得再分配調査』より

年あたりから上昇しており、所得の不平等は確実に拡大している。にもかかわらず、二〇〇二年から〇七年までは日本経済は長期の景気回復を経験し、戦後二番目の長期にわたる「いざなみ景気」などと呼ばれたのだった。

明らかに何かがおかしい。異常な状態が続いているのである。

二〇〇七年までの「いざなみ景気」についていえば、賃金水準の低下が示しているように、この景気回復期にはもっぱら大企業が賃金コストを抑制することによって利益を確保したのだった。またこの一〇年ほどで、企業で働く非正規雇用割合は二〇〇二年の二九％から二〇一〇年の三四％へ増加したことも「しわよせ」が労働者へときていることを予測させるであろう。

正規雇用はこの時期、総労働の約六五％であり、非正規雇用は実に三五％にもなっている。したがってこの景気回復は「ジョブレス・リカバリー」と呼ばれるが、それを本当の意味での景気回復と呼ぶことはできないだろう。労働コストの削減によって企業の業績は回復したものの、それは真の意味での景気回復とはいえない。

さらにこの間の景気回復は輸出によるところが大きい。二〇〇二年から〇七年までの成長率に対する寄与度は、輸出がもっとも大きい。ということは、この間の日本の景気はもっぱらアメリカや中国市場に依存したものであった。アメリカ、中国の成長のおかげでかろうじて日本の景気は支えられたということだ。

この「いざなみ景気」の時期が小泉純一郎首相の在任期間と重なるために、景気回復は「構造改革」の成果だと宣伝されることが多いが、これは間違っている。

もともと構造改革は、国内の規制を撤廃し、「官」の無駄な資金を「民」の効率的な市場へまわし、国内のビジネスチャンスを拡張することで、消費者の需要に応じるシステムを作る、というものだった。つまり、内需拡大による成長路線なのである。

しかし、国内の消費はさして増加していない。国内の投資もさして増加していない。国内の消費需要が伸びないのは当然であろう。賃金が下がっているからである。だからこの間の景気回復を、決して「構造改革の成果」などということはできない。賃金コストの抑制とアメリカや中国の外需に依存したリカバリーであった。

いわば見せかけの景気回復であり、「実感なき景気回復」であった。消費需要は伸びず、企業投資も伸びず、デフレ経済にあって、しかも好景気などといえるのであろうか。確かに何かおかしいのである。

自由貿易に対する誤った思い込み

本書の関心は、経済現象の現状分析や要因分析にあるのではない。どうしてリーマン・ショックは起きたのか。またギリシャ危機は起きたのか。EU経済の現状はどのようなものか、といった現象を分析しようというのではない。

また日本経済についても、今日のデフレをもたらした原因は何か。財政問題や増税問題をどのように考えればよいのか、といった分析を行うものではない。私は「エコノミスト」ではない。

本書で私が試みたいのは、あくまでものの考え方に関わることだ。今日、われわれが経済現象を見る場合の「見方」、あるいは「思考方法」である。

エコノミストや経済学者は、今日の現象を見る場合に、ある種の「見方」に囚《とら》われている。本人が自覚しようがしまいが、ある「思考方法」に基づいている。ミッシェル・フーコーは、われわれの言説は、いかなるものであれ常に何らかの「認識論的な布置」に基づいている、と述べた。多くの場合、それは無意識であるとしても、何らかの先行観念に寄りかかっているというのだ。

私が本書で問題としたいのも、この「認識論的な布置」である。カール・マルクスやカール・マンハイムなら「イデオロギー」といっていたようなものである。

その意味では、われわれの「頭」は決して清流のように澄み切っているわけでもないし、画家のキャンバスのように真っ白なわけでもない。

目の前に広がる「現実」はわれわれの頭のなかにある「観念」とは異なった様相を示している。にもかかわらず、われわれはある「観念」によって「現実」を解釈し、批評し、そして変えようとする。そのことがいっそう今日の経済を混乱に陥れている。これが私の見方だ。

たとえば二〇一一年一二月一日付の「産経新聞」のオピニオン欄に、経済学者の竹中平蔵氏が次のように書いていた。

「自由貿易が国民全体に大きな利益をもたらすことは、アダム・スミスの『国富論』以来、世界が経験してきた共有の理解だ。日本自身これまで、自由貿易で最も大きな利益を得てきた国の一つといえる」

この時期、日本のTPP（環太平洋戦略的経済連携協定）参加をめぐって賛成派と反対派が激しい論戦を行っていた。そして竹中氏はTPPに反対するなど論外である、というのである。

改めてこの文章について論じておきたいのは、それが竹中氏に限らず、われわれの多くが共有している典型的な見解だからである。別に竹中氏に限ったことではない。これは、とりわけいわゆるグローバリスト、市場中心主義者、つまりグローバル資本主義の擁護者の典型的な見方なのである。

実際、読者はどう思われるであろうか。ざっと読めばもっともに聞こえるのではないだろうか。このなかで「自由貿易」といっているところを、「市場競争」というように一般化しても同じことだ。

だが私には、この短いセンテンスのなかにすでに五つの誤りがあるように思われる。

第一。アダム・スミスは、決して単純に「自由貿易が国民全体の利益になる」などとはいっていない。っていない。確かに彼は自由貿易を擁護している。だがどうして彼はそれを擁護したのか。スミスの議論はそれほど単純で自明のものではない。この点は後に第5章で論じようと思う。

第二。「自由貿易が国民全体の利益になる」という命題そのものが、現代では少なくともそのままでは成り立たない。自由貿易が双方の国の利益になる、という主張が成り立つためには一定の条件が必要なのであって、現代経済ではその条件は成り立っていない。この点もまた後に述べる。

第三。「(自由貿易の教義は) 世界が経験してきた共有の理解だ」というのもまた間違っている。たとえば中国、ロシア、インド、アラブ諸国を引き合いに出すまでもなかろう。しかも当のアメリカでさえ、決して自由貿易を行っているわけではない。時には事実上の輸入規制を行ってみたり、さらには日本へ自動車やおもちゃまで売り込みにきたりする始末である。しかも、他国の経済構造に対してあれこれ注文をつけるのが果たして自由貿易国のやることであろうか。しかも、全品目の平均関税率は、アメリカのほうが日本より高いのだ。おまけに、その後、トランプ大統領は完全に自由貿易を否定してしまった。

第四。「日本自身これまで、自由貿易で最も大きな利益を得てきた」という点もそのままでは正しくない。それに考えてみよう。もしもそれを認めてしまうなら、そもそも構造改革は一体何だったのか、ということになるのではなかろうか。

構造改革論者は、日本経済は閉鎖的で官僚主導的で自由競争的でない、と論じてきた。ということは、日本経済は自由競争をやっていなかったということになる。

とすると、一九八〇年代までの日本の経済成長はどう説明するのだろうか。日本は「自由競争をしていない」ためにあの高度成長を達成できた、ということになってしまう。事実、八〇年代の後半には、「通産省の奇跡」や「日本型経営礼讃」などを始め、「日本型経済システム」と呼ばれる独特のやり方が称賛され、また脅威ともされてきたのである。

少なくとも構造改革を唱える者は、「日本はこれまで自由貿易（自由競争）によって大きな利益をあげてきた。だからＴＰＰに反対する理由はない」という理屈を立てるわけにはいかないのである。

疑いもなく日本は自由経済である。計画経済でもなければ社会主義でもない。自由経済の陣営にあったことが日本経済の発展にとって決定的な意味を持ったことを否定する者はいないであろう。

しかし、そのことと、自由貿易や自由競争の教義を信奉することとは違っている。「自由経済圏」にあることと、「市場主義」のような「徹底した自由競争」を唱えることとは違っている。それもまた本書で述べたいことである。

第五。さらにいえば「だからＴＰＰに反対する理由はない」というとすれば、これもまた違っている。

まず、TPPは厳密な意味で自由貿易とはいえない。むしろブロック経済の様相が濃い。だからこそTPP賛成論には「これは中国に対する牽制である」という意見があり、もっと端的に「これは中国に対する経済的ブロックだ」という人までいるのだ。

さらには、「自由貿易は国民全体の利益になる」という理屈で、「TPPも国民全体の利益になる」というとすれば、これはきわめて曖昧な議論というほかない。

自由貿易もTPPも、ある分野には利益をもたらし、ある分野には不利益をもたらす。どの利益を優先するか、どのような利益を保護するかは、政策上の価値選択の問題なのだ。この価値が明示されなければ、決して「国民全体の利益」など定義できないのである。

しかもさらに奇妙なことがある。TPP賛成論者は、TPPに参加すればGDPがかくかくしかじかだけ増大し、不参加なら減少するという。ところが他方で、TPPはルール作りの交渉であるから、ルール作りによって日本に有利なルールを作ればよいなどという。一体ルールがまだできていないのに、どうしてかくかくしかじかの利益が生み出されるなどといえるのであろうか。

ざっと見ただけでも、これだけの疑問が出てくるのだ。これらは別に私の個人的な言いがかりではない。少なくとも、ここに論じるべき何かがあることは認めていただけるだろう。

ただしその後、二〇一八年に安倍内閣のもとでTPPは発効され、日本はTPPに参加した。だが、日本に対してTPP加入圧力を強めていたアメリカは、トランプ大統領のもとでTPPへの不参加を表明した。結果的にはアメリカぬきのTPPという、当初の予定とはかなり違ったものとなった。

だが、ここではTPPについて論じることが目的ではない。その前提となっているようなグローバルな自由主義を問題にしたいのだ。おおかたの読者は、竹中氏が前提にしているような自由貿易の教義を、まずはそのまま受け入れてしまうのではないだろうか。われわれはそれほどある「思い込み（プリコンセプション）」に囚われている。「市場の自由競争は望ましい」という「観念」に従って思考しているのだ。

「自由な市場競争は望ましい」という観念は、冷戦時代のように、社会主義に対抗していわれるのであれば、それは正しい。しかし冷戦終結以降は状況が違っている。一九九〇年代以降の世界は、基本的にグローバル経済となった。グローバル経済のなかで「市場の自由競争」が何をもたらすかは、決して自明のことではない。われわれが囚われているのは、新自由主義や市場原理主義と呼ばれる「先行観念（プリコンセプション）」なのである。

いや、新自由主義や市場原理主義と呼ばれている場合はまだわかりやすくてよいだろう。特に意識もされずに、無意識のうちに囚われていることのほうがもっと問題であろう。メガネならまだしもかけていることを意識できるが、コンタクトとなるとそもそも目のなかに入れていることを意識しなくなってしまうようなものである。

この「無意識のメガネ」は日本においてとりわけ著しい。日本の場合には、一九九〇年代以降、自由な市場競争が利益を生み出すという「先行観念」は一種の「強迫観念（オブセッション）」にまでなってしまった。この市場主義オブセッションは、九〇年代以降「構造改革」を主導し、この時期のTPP論に見られる「開国主義」を強く唱えるものだった。

そのことを「意識」しながら、少し日本経済のいわゆる「失われた二〇年」について考えてみよう。

日本の緊急問題はデフレと雇用不安

冷戦が終わり元号が平成へと改元された後の二〇年は「失われた二〇年」と呼ばれ、日本経済は長期停滞に陥っていた。この場合、日本経済の問題はどこにあるのか。二つの考えがあった。

一つの考えでは財政問題こそが焦眉の急だという。もうひとつは十数年にわたってほとんど成長しない長期的な停滞が問題だという。後者はいわゆる「失われた二〇年」であるが、もう少し的を絞れば、この十数年のデフレや雇用不安（失業や派遣など）が問題だという。

私は後者のほうがより深刻であり、より緊急の課題だと考えるが、理由は次の通りだ。

前者の財政赤字を重視する人たちは、問題点は二つあると考えている。一つは、財政赤字がある限り日本は経済停滞から脱却することはできない、という。財政赤字が問題なのは、結局のところはそれが景気回復や成長への足かせになるからだ。

そしてもうひとつの理由は、累積した赤字国債は「ギリシャ化」を引き起こし、市場によって攻撃され、国債暴落から国家破綻に至るからだという。

第一の理由は、健全な財政を確保すれば景気が回復し成長軌道に乗ると想定している。だが実際には、財政さえ立て直せば経済は好転するという理由はない。それどころか、緊縮財政は常に景気の悪化を招いてきた。財政支出の削減や増税が経済成長を促すなどと簡単に論じることはできない。

第二の理由は、国債の累積赤字はヘッジファンド等の国際的投機資本のターゲットになり、国債価格の暴落を引き起こし、最後は国家破綻を招くという。

確かに日本が積み上げたような一〇〇〇兆円に及ぶ累積赤字が問題であることは間違いなかろう。だが、その緊急度と危険性は過剰に論じられている。

まず、日本の国債は現状においてはその約九五％が国内で消化されており、そのうちの六六％が金融機関によって保有されている。この点で、かなりの割合が海外で消化されているギリシャやイタリア、スペインとは違っている。アメリカ国債の場合は、二〇一〇年でおおよそ一五兆ドル発行されているが、そのうち約三〇％が海外に流れている。全体の八％が中国、六％が日本、五％がユーロ圏によって保有されている。

日本の場合、国内で消化される限り、為替リスクからは解放されており、民間金融機関が日本政府を信頼する限りで、暴落は考えにくいし、もし危機となれば日銀が引き受けるであろうから、国家破綻などということはありえない。

この時点で、民間の金融資産は一五〇〇兆円に上るといわれている。海外資産は二五三兆円ある。それに対して国の負債は一〇〇〇兆円だが、国の資産もまた八〇〇兆円も存在するのである。

もちろん数字合わせだけをしてもあまり意味はないのだが、しかし国債に投資された資金は、政府部門を通しても再び民間に戻ってくるのである。しかも忘れてはならないのは、国債が国内で消化されているということは、政府部門の負債は、民間部門の資産になっているということだ。

よく日本は「借金だらけだ」といわれるが、これは政府部門の話で、民間部門はその分だけ資産増となっている。それがギリシャやアメリカのように国債消化を海外に依存している場合とは決定的に違っている点だ。資金は、一度政府部門を通して再び民間部門へ戻ってくる。国内で循環しているのである。

とすれば、財政問題はしばしばいわれるほど深刻に考える必要はなかろう。むろんどこまでも赤字を続けても結構なわけではない。いずれ増税は不可避である。しかも、日本の場合は、欧米などを参照すれば、消費税増税の余地は十分ある。確かに赤字はいずれ縮減すべきであるが、それは火急の課題ではない。早急に解消すべきなのは、デフレと雇用不安なのである。

理由は簡単だ。財政赤字は政府部門のバランスの失調であるが、デフレや失業は一国の経済全体のバランスの失調だからである。

デフレと雇用不安は、マクロ的な総供給が総需要を上回っていることを意味している。需要に対して供給能力が高すぎるのである。言い換えれば、需要が少なすぎるのである。その結果としてデフレ・ギャップが生じている。

このことはどうして問題なのか。

デフレや雇用不安は人々の消費意欲を低下させるであろう。企業は今期に投資を行って近い将来に市場で商品化するとしても、デフレ下では期待されるだけの十分な利益を確保できないだろう。しかも将来の消費が減退すると予測されればさらに投資を控えるだろう。

かくて、デフレと雇用不安はスパイラルに陥って長期にわたって経済を停滞させる。このような状態で、財政健全化を行ってもデフレ解消には何の役にも立たない。それどころか、無理な支出削減や行政改革や公務員給与の圧縮などは、いっそうのデフレ圧力になりかねない。

したがって、短期的にいえば、まず解消すべきはデフレと雇用不安であり、経済全体のマクロ的な需給バランスの回復なのである。

長期のデフレ、雇用不安になった理由

それでは、どうして日本は長期にわたるデフレ・雇用不安に陥ったのか。

先にも述べたように、二〇〇二年から〇七年までは、マクロ的指標でいえば景気はよくなったかに思われた。実感としても東京都心を中心にいくつかの大都市中心部では大規模な土地開発が行われ、高層ビル建設ラッシュの様相を呈していた。東京都心の光景はこの十数年で一変した。

しかし、デフレと雇用悪化が長期化して、なおかつ好景気などというわけにはいかない。一九九〇年代以降、基本的に日本経済は長期的停滞に陥っていることは間違いない。

その理由はどこにあるのだろうか。本書は今日の日本経済の分析を目指すものではないが、ただ必要な限りで三つのポイントだけを論じておこう。

第一。長期的な観点からすれば、日本経済は人口減少、高齢化を迎えることになる。すでに二〇〇五年には人口減少へ突入しており、労働人口の減少はそれ以前から始まっている。国立社会保障・人口問題研究所の予測によれば、二〇五〇年には、いまよりも二五％ほど減るという。これだけの経済大国がかくも急激に人口減少に入るのは歴史上はじめてのことであり、日本はまったく歴史的に先例のない新たなステージに入る。

もちろん、デフレや雇用不安はすでに十数年前から始まっているので、少子高齢化・人口減少は無関係である、とも考えられる。だが、経済は将来への期待で動く。特に企業の投資

は、将来の市場状態の期待や予測によって決まる。将来の日本の市場が縮小し、消費需要が伸びないと予測されれば、当然ながら投資意欲は減退する。これは現在の有効需要を減少させるだろう。つまりデフレ圧力となるのである。

第二。一九九〇年代半ばから始まったデフレ傾向は、一九九〇年の金融市場と不動産のバブル崩壊を契機としていた。だが資産バブルの崩壊がどうして景気の減退をもたらすのか。

まず一九八〇年代後半の資産バブルは、過度な資金が金融市場や不動産市場へ向かったために生じた。消費者はモノを買うよりも株式投資などの財テクに走り、企業は長期的な研究開発や新技術の開発へ向けた投資よりも、金融市場へと資本を動かした。

それがバブルを引き起こし、資産価値の上昇は資産効果をもたらして人々の所得を押し上げ、一時的に景気を刺激する。

だがバブルはやがて崩壊する。バブルの崩壊は資産デフレを引き起こす。これは、逆資産効果によって人々の所得を減少させ、消費需要を抑制する。また、資産状態の悪化は銀行のバランスシートを悪化させ、企業への貸出を減退させる。かくて、バブルの崩壊という金融現象は、実物部門へ波及し、実体経済の悪化を招く。

実は、これはかなり「新しい現象」であった。

従来の景気循環論や経済変動論は、あくまで実体経済主導であった。実体経済において（たとえば技術革新や過剰投資などで）景気の波が生じ、経済の不安定化が生じると見なされてきた。

ところが、一九九〇年代はじめの日本で生じたことは、あくまで「金融主導」による経済の不安定化であった。金融が主導し、それが実物部門の需給バランスを崩してゆくのである。宮崎義一氏のいう「複合不況」であった（『複合不況』中公新書、一九九二年）。

第三。市場競争のグローバル化という、これも「新しい現実」である。経済のグローバル化は、先進国の賃金を押し下げる傾向を持つ。それはいうまでもなく、途上国の低賃金労働と競争せざるを得ないからだ。

グローバル化は国境を越えた技術移転を容易にすることで、途上国でも先進国と同様の製品が生産可能となる。その結果、グローバル化のなかで、先進国は途上国の低賃金労働と競争せざるを得ないのである。かくて、先進国は、基本的に、賃金水準の低下、物価の低下というデフレ圧力を受けることになる。

「構造改革」が長期的停滞の原因

これが、日本が十数年の長期的停滞に陥った基本的な理由だ。

だがここで、どうして日本だけがこの長期的停滞に陥ったのか、という疑問が出るかもしれない。アメリカやEUはどうしたのか、と。

それは、一九九〇年代の日本がかなり徹底した「構造改革」を遂行したからである。

人によっては「いや、日本は構造改革を十分にはやっていない。だからまだ景気が良くならないのだ」という。「改革論者」は、いまだに日本の停滞の原因は構造改革が進まないからだという。

しかし、この議論にはそもそも説得力がない。

というのも、一九九〇年代を通じて、程度問題はあっても「構造改革」が進展したことは間違いなく、規制緩和、金融自由化、市場開放、労働市場の流動化などは相当程度に進展した。

もし「構造改革」が日本経済を立て直すのだとすれば、少なくとも以前よりも良い状態になっているはずだ。にもかかわらず一九九〇年代以降、日本は低成長を続けている。九八年以降はデフレ経済になっている。むしろ「構造改革」が経済をさらに混乱に陥れたというほうが適切に思えてくる。

小泉政権になってからの二〇〇〇年代の日本の景気回復も、先にも述べたように、そもそも本当の景気回復とはいいがたい。それはアメリカや中国経済の外需頼みであった。

しかも二〇〇〇年には、日本の一人当たりのGDPはOECD加盟国中で第三位であったのが、二〇〇七年には第一九位まで後退している。日本経済を効率化して国際競争力を高めるのが小泉改革だったはずではなかったのだろうか。

本来、構造改革は国内で潜在的に存在する消費需要をほりだし、それを満たすためのものであった。より効率的部門へ資源を移動するということは、ある部門には大きな潜在的需要がある、ということである。だからこの資金の流れを変えるための規制緩和や財政削減などを実施することで経済の効率をいっそう高めるはずだった。これがうまくゆけば内需が拡大し、消費需要は伸びているはずである。

しかし、ほとんどそうはなっていない。だから、仮に二〇〇〇年代に多少の景気回復が見られたとしても、それは決して構造改革に負うものではない。むしろ構造改革が日本経済を長期不況へと押しやったというべきなのである。

ではどうしてそうなったのだろうか。私はそれを次のように考えておきたい。「構造改革」は新自由主義イデオロギーに基づいているが、この市場中心主義の教義は次の三つの特徴を持っていることに注意してもらいたい。

第一に、新自由主義が採用されたのは、一九八〇年代のアメリカとイギリスであった。ロナルド・レーガン大統領とマーガレット・サッチャー首相はともに自ら徹底した新自由主義的改革を断行することを宣言したのである。

当時のアメリカは一九七〇年代の経済の混乱と二回にわたるオイル・ショックの影響もあり、インフレと不況の共存といういわゆるスタグフレーションに陥っていた。新自由主義はこのなかで採用されたのだ。レーガン大統領の意図は、通貨量を一定にするというマネタリズムの採用によって徹底した貨幣供給の管理を行うことでインフレを抑え、他方で、減税や規制緩和によって産業競争力をつけることであった。

その結果どうなったのだろうか。インフレは抑えられたが、アメリカ経済は、金融自由化とグローバル化へと向かい、産業空洞化がますます進展したのである。

アメリカが再び世界第一の経済大国へ返り咲くのは、後の一九九〇年代のビル・クリントン大統領による、なりふりかまわぬ産業政策によってである。クリントンは、IT革命と金融革命による産業転換を行い、いわゆるワシントン・ウォールストリート・シリコンバレイ・コネクションを作り出した。

イギリスの場合、事情はもっと単純である。一九七〇年代のイギリス経済は労働党政権のもとでストの頻発、勤労意欲の低下などによってきわめて労働生産性の低い状態にあった。かつての大英帝国の栄光などすっかり昔日のものとなり、「イギリス病」と呼ばれ、他のヨーロッパ諸国と比較してもその低落ぶりは明らかであった。

この状態のなかで、個人の自立と個人財産の確立（たとえば、持ち家政策や個人による株式保有など）と競争を軸にする新自由主義が採用されたことはわからなくもない。それはまた、サッチャー首相が強調したように、ヴィクトリア朝時代の自助努力や自主独立の精神に基づいた自由主義や個人主義への回帰でもあった。

それと比べれば、一九九〇年代の日本はまったく異なっている。八〇年代のアメリカともイギリスとも異なっていた。

繰り返すが、これらの国ではインフレが進行し、産業競争力が低下していた。そこに新自由主義路線が導入されたのである。結果としてどうなったか。インフレは抑えられた。一方、経済はモノ作りから金融経済へとシフトしたのである。

アメリカもイギリスも、もともと金融グローバリズムにアドヴァンテッジを持つ国であった。アメリカはドルという圧倒的に強い通貨を持ち、イギリスは一九世紀以来、シティというグローバルな金融市場の伝統を持っていたからである。

これらの条件はいずれも日本にはなかった。まったく状況が違っていたというほかない。一九九〇年代の日本はバブル崩壊後のデフレに向かっていた。一方、八〇年代に「奇跡」とまで賛美された「日本型経済システム」によって、製造業の競争力はまだそれほど落ちているわけではなかった。労働者は勤勉であり、一方、金融部門は英米に比すれば決してアドヴァンテッジを持っていなかった。置かれた状況がまったく違っていたのだ。それにもかかわらず新自由主義政策が採用されたのである。

確かに、マネタリズムや「小さな政府」を目指す新自由主義政策は、本来インフレ対策なのである。決してデフレ対策ではない。そもそもデフレに陥っている経済に対して新自由主義政策は明らかにマイナスに作用する。いっそうのデフレ圧力をかけるのだ。

第二に次のことがある。

一九九〇年代以来の低成長と今日のデフレ経済に関して構造改革論は次のように考える。まずデフレをもたらしたものは日銀の金融政策の失敗であった。バブルの経験をへて日銀は貨幣供給に対して慎重になり、必要な金融緩和を怠った。したがって今日のデフレを克服するには、超金融緩和、量的緩和、さらにはインフレ・ターゲットなどによって日銀が積極的に貨幣供給をすべきである。

一方、一九九〇年代の経済停滞と低成長については次のようにいう。

GDPの成長率が低いのは、労働生産性の低下が原因だからだ。つまり労働の生産効率が悪いのだ。それはどうしてか。

それは経済に対する行政指導や規制があるからだ。そのために成長が期待される効率的な分野に資本がまわらず、既得権や政治力と結びついた非効率的な分野が保護されている。この既得権を打ち壊し、保護を撤廃し、自由競争を導入することで効率的分野に資金や人材がまわり、経済全体の労働生産性を高めることができる。

これが構造改革の主張だった。これだけ聞くともっともに聞こえるかもしれない。

だがこの考え方には一つの前提が隠されていることに注意しなければならない。

それは、マクロ的に見れば需要はいくらでも発生する。問題は供給側にある。供給側が規制等で管理されているために、真の消費需要を満たすことができていない、というのだ。

だから、供給側の規制を撤廃し、自由競争を導入すればいくらでも供給を伸ばすことはできる。供給を伸ばせばいくらでも需要はある。そしてデフレについては、これはもっぱら日銀の金融政策に関わる金融的現象だというのだ。

さて本当にそうだろうか。ここで別の考え方をとることもできる。

個々の市場に需要と供給があるように、一国の経済全体についても総需要と総供給がある。この場合、デフレは、総需要を総供給が上回っているために生じている。

総供給とは一国の総生産量であり、一方、総需要とは、消費や投資、政府支出などを合わせた一国の総支出（有効需要）である。そして、潜在的な総生産量が総支出を上回っている時には、物価水準は下落し、総生産量は縮小し、景気は悪化する。

この場合には、問題は有効需要が不足している点にある。生産能力をフルに使って生み出す総生産量を吸収するだけの需要がないのだ。ところが、構造改革論は、問題は供給側にあり、需要は無限にあると想定しており、需要不足という事態は想定していない。果たしてそれは正しいのだろうか。

通常、供給側の効率性は労働生産性によって測られる。労働生産性が高ければ、それだけモノ作りの効率は高いわけで、同じだけの労働を投入してもより多くの生産物が生産できる。

では労働生産性とは具体的に何かといえば、一国全体においては、ＧＤＰを投下労働量で割ったものなのである。

だがこの定義は、あくまで一国で生産され市場で販売された総取引量を問題としている。とすれば、もしも生産してもそれが売れなければ生産性は落ちる。雇用調整が速やかに進めばよいが、そうでない場合、需要が減退すれば市場での販売額は低下するからGDPは下がり、労働生産性は低下する。

とすれば、この場合に生産性の低下をもたらしたものは、供給側にあるのではなく需要側にある。需要の減退が効率性を低下させているわけだ。

もし事態がそうだとすれば、構造改革論が主張するように、供給側を強化して供給量を増加させればよい、という論理は成り立たない。それどころかいっそう需給ギャップは拡大するだろう。潜在的供給力と現実の需要とのギャップはますます拡大することになる。

もしも問題が供給側にあるのではなく、需要側にあるとすれば、構造改革論は事態の改善に何の役にも立たないどころか、むしろ事態のいっそうの悪化を招きかねないのだ。効率的分野への資源移動も技術革新も経済成長には確かに必要であろう。だがそれも十分な需要が発生するという前提があってのことなのである。

だから、規制緩和等によって仮に新たな技術革新を生み出し、この新分野に労働者が移転できるよう労働市場を流動化したとしよう。その結果、潜在的な生産性が高まったとしても、需要が伸びなければ、マクロ的な経済効果は大きなものとはならないのだ。

構造改革を支える市場中心主義は、需要側の要因を重視しない。欲望は無限にある。特にマクロ的な需要をさほど重視しない。「供給は需要を生み出す」のである。消費者は常にモノやサーヴィスを求めている。彼らは無限に拡張する欲望を満たそうと常に貪欲に市場をうろついている。だから、供給を増加すれば従業員が受け取る所得も増加し、自動的に需要は発生するとみている。

これはもともと古典派経済学者のジャン゠バティスト・セイが述べたものであった。もしもこの「セイの法則」が妥当だとすれば、需要側について論じる必要はない。供給能力を高めさえすれば自動的に景気は回復する、というのだ。だが、結果として構造改革はますます過剰な生産能力を生み出す一方で、需要を伸ばすことはできなかった。その結果がデフレ経済であった。

さらにそこへマネタリズムの考え方が結合した。つまり、デフレは、貨幣供給量が不充分なために生み出されている、というものである。モノの市場で需給ギャップがないのだから、デフレは金融政策の失敗としてしか説明できないのだ。だがもしも、デフレが総需要と総供給のギャップによって生み出されているとすれば、超金融緩和は、ほとんどデフレ対策にはならないであろう。むしろ、ちょうど一九八〇年代後半の超金融緩和のように、資産バブルをもたらしたり、あるいは海外市場へ流出する可能性が高い。

市場化すべきでなかった「生産要素」

第三に次のことを論じておきたい。

構造改革論者はしばしば「民にできるものは民で」といった。あらゆる経済活動や取引は原則的に市場競争のもとに置くというのである。

もちろん、いかに市場中心主義といえど、いわゆる公共財もすべて市場化せよとまではいわない。だが、公共財とはいえないものの、市場化を無条件で促進できないものがある。それは、「生産要素」である。

通常、モノを生産するには生産要素が必要となる。インプットを投入してアウトプットを引き出すわけだ。経済学がまず想定する生産要素は「労働」「資本」「土地（あるいは資源）」である。これらのインプットを組み合わせて生産活動を行う。

この場合、アウトプットである生産物に関しては、通常、そのほとんどが市場にでまわり消費者の手に渡る。だから、生産物については、原則的に市場競争に委ねる、としてもよいであろう。程度問題ではあるものの、仮にそう考えておこう。

だが生産要素に関してこの原則を適用するわけにはいかない。なぜなら、生産要素は、相当の長期間にわたって安定的に生産を継続させるための基本条件になるからだ。そのためには、生産要素もまた継続的に安定的に供給されなければならない。「効率性」より「安定性」が重要なのだ。

そこで、生産要素は、仮に市場で取引されるとしても、その価格や供給量が大幅に変動しては困るのである。しかも、生産要素は多くの消費財ほどには市場化しにくい。労働力が市場化困難な「特殊な商品」（マルクス）であることは論ずるまでもないだろう。その理由はいうまでもなく、労働力はただ商品なのではなく人間だからだ。

資本も同様である。資本は生産活動において決定的な意味を持ってくる。だからこそ、資本のもとになる貨幣価値は大きく変動してはならないのだ。つまりインフレやデフレになっては困るのである。

土地や自然資源についても同じで、これもまたその供給量が急激に変化したり、その価値が急激に変動しては困る。生産活動そのものを阻害することになるのである。

かくて、生産要素は市場化に制約がかかるところにこそ、その特質がある。それは原則的に市場競争にさらされうる通常の生産物とは根本的に異なる。過度の市場競争化を回避するために、ある程度の規制や行政的管理や制度的な慣行が必要とされるのだ。

だから労働についていえば、賃金は大きく変動せず、雇用は急激には変動すべきでない。いわゆる日本的経営は、労働を市場競争に直接にはさらさないための装置であった。急激な市場の変化や不安定性から労働を守るものであった。

資本についていえば、貨幣量や利子率が中央銀行によって管理されている。貨幣価値も金融政策によって管理されており、生産要素としての資本は、たとえば日本の場合、間接金融が中心で、しかも銀行と企業の間で取引がある程度系列化され、そのことによって継続性と安定性が確保されていた。

土地は、これも過度に市場化すれば投機対象になり、急激な価格変化にさらされる。これもまた安定した生産活動への打撃になるのである。また土地開発や都市開発もひとたび手をつけると土地を元に戻すことはほとんど不可能になる。だからこそ、土地取引や土地利用には一定の制限や規制がかけられていたのである。

さて、構造改革の重要な意味は、あらゆる財・サーヴィスの原則的市場競争化を主張することで、従来は規制によって保護されてきた生産要素を自由な市場競争に委ねてしまった点にある。市場化困難な生産要素まで市場競争にさらしてしまったのだ。

どうしてであろうか。それは、生産物の市場においては、もはや十分な利益をあげることができなくなってしまったからだ。

自動車や半導体、機械や電機といった工業社会を牽引した産業はすでに激しい市場競争にさらされている。特にグローバル化とともに、技術が標準化され、時には生産拠点を海外に移転してしまうこれらの産業では、もはや市場競争は限界まできている。その時に、たとえば海外の低賃金の新興国と競争するにはどうすればよいか。

生産物というアウトプットのレベルで十分な利益を確保できないのであれば、インプットのレベルでコストを下げるほかない。そのためにはどうすればよいのか。それは、生産要素の取引を徹底して市場化して競争原理を導入するということであった。

かくて、グローバルな価格競争は、生産要素の市場化をもたらすこととなった。構造改革のなかで「日本型経済システム」が徹底的に批判されたのもそのためである。

長期的な雇用や年功賃金体系を生み出した日本的経営は、労働を競争から保護するもので、市場競争に対する障壁と見なされた。また、メインバンクが貸出企業の財務状況を把握するという日本型の企業ファイナンスや、株主より従業員に配慮する日本型のコーポレイト・ガバナンスは、自由な企業活動の阻害要因と見なされた。

「日本型経済システム」といわれるものの特徴の核心は、実は、生産要素を過度な市場競争化から保護して、生産活動の安定性を確保するという点にあったのだ。

その結果どうなったのか。

構造改革の「ひずみ」はもっぱら生産要素のレベルで生じることとなった。確かに労働は流動化した。能力主義もある程度は採用された。しかしその結果として雇用の不安定化が生じたのである。短期に雇用や解雇を繰り返す派遣労働が急増し、フリーターの一群が出現し、さらには所得格差が開いた。

資本の移動は過度に自由化され流動化され、いまやほとんど中央銀行による管理に服さなくなった。グローバルな資本移動によって各国の金融政策は有効性を失ってしまったのである。その結果、金融はバブルとその崩壊を繰り返し、また投機マネーは商品市場に流れ込み、食糧や資源価格まで大きく左右するようになったのである。

土地についても同様のことがいえる。この十数年の土地取引や建築基準についての規制緩和や土地の流動化によって、土地の価格差が広がった。大都市では土地バブルが生じるのに対して地方ではまったく土地が動かない。

また、土地の流動化や大店法改正などによって地域の共同体が崩壊し、いわゆるシャッター通りが出現し、景観の悪化が一気に進展した。特に生活の舞台であった地域のつながりが崩壊したのである。これがこの二〇年ほどに及ぶ構造改革のなかで生じたことであり、「失われた二〇年」の実態であった。歪みはもっぱら「生産要素」において生じたのである。

だがこれらの事柄は何を意味しているのだろうか。

「社会的土台」を市場中心主義が破壊する

経済史家のカール・ポランニーは、「市場経済」がうまくゆくためには、それを支える「社会」という土台が安定していなければならない、と述べた。ここで述べた「生産要素」は「社会的土台」に関わるのである。

私は、生産物と生産要素を区別したが、この区別が重要なのは、生産要素が「市場経済」を支える「土台」となっているからであって、この「土台」には「市場経済」の論理は適用すべきではない。生産活動が安定的に継続するには生産要素の安定的な供給がなければならない。そのためには生産要素をあまりに安易に自由な市場競争の手に委ねてはならないのである。

この「社会的土台」を、生産活動を支える「生産要素」だけでなく、われわれの生活を支える「生活条件」へともう少し一般化してもよいだろう。

たとえば、教育や医療は、質のよい労働力を生み出すための条件である。福祉は、人々が安心して働けることで、市場を支えるための条件になっている。地域の生活や家族、あるいは地域の人的ネットワーク（「社会関係資本」と呼ばれる）は、そこで労働力が適切に提供されるための条件となっている。交通や住宅環境もまた労働力が機能するための条件なのである。もちろん、そこへ食糧を含める必要もあるだろう。それもまた「労働」という商品を再生産するための「生産要素」であり、「生活の条件」だからである。だから、食糧の安定的供給のために一定の自給率を確保することが必要となる。

これらはすべて市場を支える「土台」であって、それは過度な市場競争にさらされるべきではないのだ。それは生産の条件であり、人々の生活の舞台を提供する。

このポランニーのような経済観を「社会的‐市場経済」と呼んでおこう。

重要なのは、これは「市場中心主義」の経済学とは経済観が違っていることなのだ。ポランニーのような経済観では、市場経済は、「市場競争」と「社会的土台」の二層構造をなしているのである。市場経済の「二層構造モデル」といってもよい。これに対して、市場主義経済学は、すべての財を商品化し市場競争のもとへ置く、という均一の市場を想定している。市場経済の「均一構造モデル」となっている。

だから市場中心主義の誤りは、経済活動のこれらのレベルの区別を怠った点にある。あらゆる経済活動を市場競争にさらして利潤原理と効率性基準のもとに置こうとする構造改革は、まさに「社会」を破壊しかねないのであり、「社会」の混乱はひいては「市場」の混乱を招くことになるのである。過度の市場競争化が、その基盤である「社会」の安定性をほり崩すことで逆に自らの首を絞めることになる。「失われた二〇年」の最大の意味はそこにあったといってよいだろう。

【学術文庫版付論】

確かに、二〇〇八年のリーマン・ショックからその後のEU危機へとつながる時期は、グローバル経済の大きな転機であった。いや、その「はず」であった。一九九一年の冷戦終結によって大きな期待をもって推進されたグローバリズムと市場原理主義の結合は、資本主義の輝かしい未来を、つまり社会主義に代わる新たなユートピアを約束するかに思われた。

しかし、その資本主義的ユートピアの夢を打ち砕いたのは二〇〇八年に始まる経済の急激な失調である。だから本来、リーマン・ショックを機に、「新たな経済社会システム」の構想が論じられ、また模索がなされてしかるべきであったろう。そこでは、少なくとも、グローバリズムや市場原理主義、情報イノベーションや金融拡張による経済成長主義が批判的に検討されるべきであったに違いない。

その意味で、リーマン・ショックからEU危機への動きは、グローバル資本主義のきわめて大きな転換になる「はず」であったし、少なくとも、「思考方法」の転換が議論の俎上にのせられてしかるべきであった。

しかし、実際には、そのような転換はまったく生じる気配もなかった。リーマン・ショックもサブプライム・ローンという特殊な劣悪債務の問題として処理され、EU危機も、それを引き起こしたギリシャ政治と社会の特殊体質の問題とみなされたのである。

本来、論じるべきことは、これらの現象の底にある、今日のグローバル資本主義のもつ根本的な構造についてであったが、この時期、議論はそのような深みにまで達することはなく、焦点は、リーマン・ショックによる落ち込みからの速やかな回復へ絞られていった。経済論も政策論も、ふたたび、あの資本主義のユートピアへと収斂《しゅうれん》していったのである。

そのために、各国政府は、途方もない金融緩和と財政出動をおこなった。市場原理主義を一時、棚上げにしても、市場経済を支えるために政府（および中央銀行）が積極的に出動した。いやそれどころか、経済の回復に対して政府がどれだけ強力なリーダーシップを発揮できるかによってその国の「国力」が試されたのである。

しかし、それはうまくいったのであろうか。リーマン・ショック以降の一〇年で、世界の経済は回復したのだろうか。この期間は、先進各国にとってはまさにリーマン・ショックからの回復を果たし、新たな成長経済を可能とするはずの予備的時間であった。果たしてそれは成功したのであろうか。

リーマン・ショックから一〇年をへた時点で見てみれば、とてもではないが、事態がよくなったとは思われない。この間のアメリカの成長率は平均して二・五％程度であり、多少は経済復興を可能としつつあるかに見える。

しかし、同時にアメリカでは所得格差が大きく開いた。小林由美『超一極集中社会アメリカの暴走』（新潮社）によると、上位一％の富裕者の所得は総所得の一〇％になり、上位一〇％の者の所得は総所得のおおよそ半分を占める、という。資産格差はもっと大きく、上位一％の者の資産は、総資産の四〇％ほどを占める、という。ＣＥＯなどトップ経営者の年収は最高水準で五〇億円ほどであり、四〇名ほどが年収一〇億円を超している。かくて同じ企業で働く従業員と経営者の格差は場合によれば一〇〇〇倍近くになる。

とてつもない格差である。しかも、グローバリズムと情報関連やロボット技術や自動運転機械のイノベーションによって、アメリカ製造業の平均的労働者の所得水準は低下し、雇用も不安定になる。かくして、いわゆる「ラストベルト（さび付いた地帯）」の製造業の労働者層の不満は極限まで膨れあがっていた。そのことが二〇一七年のトランプ大統領の誕生の一因になったのである。

トランプ大統領の登場は、アメリカの民主主義にとっては記念すべき（?）出来事であったが、それはまた、グローバル経済にとってもエポックメイキングな出来事であった。

トランプ大統領の政策に何か首尾一貫した信念や、経済上の思想を求めることはもとより無理な話であるが、この大統領が公然と「アメリカ・ファースト」を打ち出し、保護主義や時には他国に対する敵対的政策を打ち出したことには大きな意味がある。自由貿易主義や市場原理主義によるグローバリズムによっては、アメリカの国益は守れない、と彼は公然と主張した。経済上の「国益」を守るために、「国家」を正面から表舞台へと登場させたのである。グローバリズムは「国家主導の資本主義」へと行き着いたということになる。

大方の経済学者は、当然ながら、トランプ大統領の「アメリカ・ファースト」や保護主義、他国に対する敵対的政策などを激しく批判し、自由主義とグローバリズムを擁護しようとした。だが、「大統領トランプ」を生み出したのは、グローバリズムのもとでの、あまりに過激な市場競争であったことを忘れてはならない。グローバリズム、自由貿易主義、市場原理主義がトランプという特異な人物を大統領の座に据え付けたのである。

それでは、トランプ大統領の「アメリカ・ファースト」や保護主義に転換すればアメリカ経済は復活し、世界経済は安定するのであろうか。問題はそうはならないという点にある。自由貿易主義を自国中心主義へと裏返しても、決して問題は解決しない、ということである。

トランプ大統領は、グローバリズムや市場原理主義のもつ問題は明るみに出したが、何らかの解決策を明らかにしたわけではない。問題はそれほど単純なものではないのであって、だからこそ、われわれはやはり、今日のグローバル資本主義そのものの矛盾や構造的な限界を見据えなければならないのである。

さて、日本に目を転じてみよう。バブル経済が崩壊した一九九〇年代以降、日本ではともかく「構造改革」の大合唱となっていた。構造改革こそが日本経済再生の特効薬であるかのように論じられていた。二〇〇一年から二〇〇六年にかけての小泉内閣はまさしく構造改革を象徴する政権であった。だが、構造改革にもかかわらず日本経済は決して成長軌道に乗ったわけではない。それはすでに述べた通りである。

では、リーマン・ショックやEU危機という世界規模でのグローバル資本主義の危機以降の日本はどうなったのだろうか。

時系列的な経済の動きは別として、どうしても触れておかなければならないのは、二〇一二年に始まったアベノミクスである。

アベノミクスは、第二次安倍政権の目玉政策であり、二〇二〇年、コロナ禍の只中における安倍首相の辞任まで八年近く続いたが、その評価はかなり難しい。また、そこまでこの問題に踏み込んで論じるのは本書の意図でもない。ただ、「評価が難しい」という事実は、この場合、大事なのである。それは、決定的に失敗だともいえないし、また無条件で成功ともいえないのであって、この「中途半端さ」はある意味で、今日の日本経済の置かれた状況を如実に示してもいるからだ。

たとえば、二〇一二年から二〇一八年の間に名目GDPは四九三兆円から五四九兆円へ増加した。約五〇兆円の増加であり、もちろん悪くはないが、大成功というほどでもない。しかも、それらは、東日本大震災の復興や、思わぬ形で舞い込んだ東京オリンピックの建設ラッシュによってかなり「底上げ」されているのである。

アベノミクスの大きな目標であるデフレの克服はどうか。二〇一二年にマイナス〇・二％だった物価上昇率は二〇一八年にはプラス〇・八％になっていた。デフレではないが、当初の目標である二年で二％インフレにはほど遠い。かくて、成長率と物価上昇率というアベノミクスのもっとも中心的なターゲットを見ると、失敗とはいえないとしても、決して成功ともいえない。

アベノミクスの異次元金融緩和と機動的財政政策というほとんど空前絶後の経済政策の帰結がこの程度であるとすれば、うまくいったと無条件に評価するわけにはいかない。

通貨供給量（マネー・サプライ）は二〇一二年から二〇一八年で三・六倍になっている。財政（一般会計）は例年、ほとんど一〇〇兆円規模となり、事実上、政府の財政赤字を日銀がファイナンスするのと同等の状況になっている。政策金利は二〇一六年以降、マイナスにまで低下するという異常事態である。これだけ財政を拡大し、金融を緩和しても、「多少経済は持ち直した」という程度なのである。

一方、株価（日経平均）は二〇一二年から二〇一八年にかけ二倍以上になった。また、雇用は四〇〇万人近く増加し、有効求人倍率もかつてなく好調であり、インバウンド政策のおかげで、訪日外国人の数は二〇一二年の約八三〇万人から二〇一八年の三一二〇万人へと増加した。数字を見る限りでは、これらはアベノミクスの成果ではあるものの、統計上の数字とは裏腹に、多くの国民はその成果を実感できていないというのが、アベノミクスに対する大方の評価であった。

ではどうしてこういうことになったのか。そこで経済思想という観点から、次のことを考えてみたい。

アベノミクスは、三本の矢から成り立っていた。第一の「大胆な金融緩和」、第二の「機動的な財政政策」、第三の「成長戦略」である。このうち、最重要視されたものは、第一の矢であった。なぜなら、バブル崩壊後の日本経済の最大の課題はデフレ脱却にあったからである。景気の悪化もデフレのためであるとされた。

そこで、デフレ克服こそが急務であり、そのために二％のインフレ・ターゲットが設定された。それが実現するまで日銀は無制限に長期国債を購入する、つまり通貨供給量を増やす。インフレ期待が醸成されれば、消費も拡大し、企業の投資も増加し、景気回復につながる。これはいわゆる「リフレ政策（リフレーション政策）」である。通貨供給量を増加することで緩やかなインフレに導き、景気も回復させるという政策である。

さらにそこへ第二の矢で、通常の景気刺激策であるケインズ型の財政政策をやれば万全となるはずであった。だが、どうしてそれがうまくいかなかったのだろうか。

第一の矢のデフレ克服というリフレ政策は、根底に、通貨供給量の増加が物価上昇をもたらす、という前提を置いている。言い換えれば、そもそものデフレの原因は、日銀が十分な通貨供給を行わなかったからだ、という。貨幣量こそが物価を動かすという発想で、これは、もともと「貨幣数量説」や「マネタリズム」と呼ばれる経済論からきている。そして、第二の矢の財政政策はあきらかにケインズ主義的な経済観を持っている。アベノミクスは、この両者を融合したものであった。

だがここには、実は、思想的に見れば、かなりあやうい事情がある。なぜなら、ケインズが財政政策を重視して金融政策を軽視したのは、次のような経済観があったからだ。

彼は次のように考えていた。不況時に金融緩和を行ったとしても、消費も投資も増加しない。なぜなら、不況とは、将来の見通しが悪く、経済の不確定性がきわめて高いために生じているからである。人々は、将来に備えて、貨幣（流動性）を保持しようとし、企業も投資を控える。そのために需要が伸びないのである。

ここでは貨幣は、もっぱら現在と将来をつなぐための「価値の保蔵」として理解されているのだ。

　こういう状態にあって、金融緩和をやってもほとんど効果はない。カネがないから消費や投資が活性化しないのではなく、将来の不確定性が高いがゆえなのである。この状況にあって金融緩和をしても、それはカネ余り現象を引き起こし、余剰資本は、金融市場に流れ込んで一種のバブルを引き起こすだろう。だがそのことは、かえって実体経済を不安定化してしまうだろう。

　だから、不況下でいくら金融緩和をやっても、それはただ金融市場を活性化するだけで、実体経済の改善にはならない。したがって、この場合には政府による財政政策しかない。これがケインズ主義者の発想であった。

　ところが一方、リフレ政策では、通貨供給量を増やせば、物価が上昇すると考えている。通貨供給量を増やせば、インフレ期待が醸成され、人々は消費意欲を喚起されるので物価があがる、という。つまり、通貨供給量と物価水準には一定の対応関係がある、というわけである。

　この場合には、貨幣は、もっぱら市場においてモノを購入するために使われるとみなされている。貨幣は、基本的に、欲望を満たすためにモノと交換される。そこでは、何らかの意味で将来の不確定性が人々の上に大きくのしかかり、その結果、将来へ向けた消費意欲も投資意欲も低迷している、というような「市場外的な要素」は考慮されていない。

端的にいえば、人々はいくらでも手に入れたいものがあるのだから、貨幣を手にすればいくらでもモノを買う、ということだ。インフレ期待が生まれれば、できるだけ速やかに消費した方が合理的であろう。

これが、合理的な個人を中心とした市場のロジックである。このロジックからすれば、ケインズ主義的な財政政策はあまり意味はないどころか、むしろ百害あって一利もない。なぜなら、政府財政の拡張は、一方で、資本の流れを民間部門から政府部門へ移転させてしまうし、また、長期的には財政赤字が経済の足を引っ張るであろう。いずれ増税になるので、財政政策は長期的には経済に対して抑制的に作用するだろう。大事なのは、民間部門が市場で活性化することであって、政府が経済を牽引することではない。これが、いわゆるマネタリズムといわれる考え方であった。

リフレ政策は、少し曖昧な形で、マネタリズムとケインズ主義を組み合わせた感があるが、いずれにせよ、第一の矢の思想の軸には、あくまで市場中心のマネタリズムがあり、第二の矢の思想はケインズ主義に基づいている。そして、これは簡単に政策的に折衷したり、融合したりできるものではない。二つの経済観の対立がそこにあるのだ。

もしも、ケインズ主義のような経済観が正しければ、異次元の金融緩和は、ただ金融市場を沸騰させるだけで、さしたるＧＤＰの増加もインフレももたらさないだろう。

またもしも、マネタリズムのような経済観が正しければ、財政政策はほとんど効果がない、ということになる。

そして、そのどちらも部分的に言い分があるとすれば、GDPは多少は増加し、物価も多少は上昇するが、期待されたほどのものではなかろう。つまり「中途半端」なものとなるであろう。これは当然、予想されることであった。

現実は、超金融緩和も機動的財政政策も、無効とはいえないものの、さして効果的というわけでもなかった。先にアベノミクスの評価は難しいといい、その「評価の難しさ」こそが重要だ、といった意味はそういうことなのである。

実は、ここには、「経済」をどのように見るか、というきわめて重要な論点が隠されていたのである。二つの異なった「経済観」が混合されているのであり、それがひとつの政策論へ収斂してしまったのだ。

だがこの思想的な異種混合がうまくいくという理由はどこにもない。そもそも異なった経済観を持った二つの経済論を、政策としての有効性のみをねらってプラグマティックに組み合わせたところに、アベノミクスの困難の根本的な原因があった。そして、この二つの異なった経済観という論点は、実は、本書を通じる決定的なテーマに関わっている。そのことは本書の後半で述べるつもりである。

さて、アベノミクスに関してはもうひとつ述べておかなければならないことがある。それは第三の矢の「成長戦略」についてである。

もっとも、成長戦略の具体的な中身はよくわからない、というのが実情ではあった。ただここで注目しておく必要があるのは、この成長戦略の軸には、AI、ロボット、IoTなどの新たなテクノロジーのイノベーションが置かれていたということである。つまり、イノベーションこそが経済成長をもたらす、という考えである。

これはアベノミクスに限らない。現代の資本主義を牽引するものは新たなテクノロジーのイノベーションであるという「命題」は、今日の経済論の中心に位置している。たとえば、現在、日本は人口減少社会であり、このままでは経済成長率はマイナスになる。しかしそれを補うのはイノベーションであり、イノベーションさえ生み出されれば経済成長は充分可能だという論理である。

だが本当にそうだろうか。

この「イノベーショニズム（技術革新主義）」とでもいうべき立場は次のように主張する。経済成長率は、労働人口の増加率と労働生産性の増加率によって決まる。そこで、労働人口の増加率がマイナスであっても、労働生産性の増加率がそれを上回るだけのプラスであれば、経済成長は可能である。そして、労働生産性を上昇させるものは新技術のイノベーションに他ならない、という。

このことは正しい。だがここでは重要なことが見落とされている。たとえば、生産性をあげるために、企業は無駄な仕事を廃止し、あまり生産性の高くない人材を雇い止めにしたとしよう。確かにこの企業の生産性は上昇し業績は回復するであろう。だが、大方の企業が同様のことを実施すればどうなるか。解雇された従業員は、失業するか、より賃金の低い他の仕事を探さざるを得ないだろう。

いずれにせよ、ここで労働者全体の所得は増えない。減少することもありうる。ということは国全体で見れば、所得の増加は見込めず、したがって消費も増加しない。その結果、GDPも増加しない。

かくて、個々の企業が生産性を増大させようとしても、一国全体のGDPの増加にはつながらないのである。いわゆる「合成の誤謬《ごびゅう》」と呼ばれる現象である。そしてそれが構造改革の中で生じた、というのは先にも述べた通りである。

それと同じことがイノベーションに関しても生じかねないのである。

たとえば、ある企業がAIを導入して頭脳労働の効率化をはかり、ロボットを導入して肉体労働の効率化をはかるとする。確かに企業の生産性は上昇するだろう。しかしそれによって仕事を奪われ、また転職を余儀なくされた労働者の所得は増加しない。その結果、一国全体のGDPは増加しないのである。

一企業にとっては効率性を高めるものが、一国全体のGDPを押しあげるとは限らないのである。したがって、これは成長戦略としてはきわめて皮肉なものとなる。個別の企業からすれば、市場競争の中で収益をあげるためには、どうしても新技術の導入が不可欠となるであろう。国が新技術のイノベーションを支援するのも当然のように見える。

だが、結果としていえば、結局のところ、国全体ではGDPは増加しないのであり、何ら成長をもたらしはしないのである。これはひとつの十分にありうる事態である。

個々の企業の立場からして生産性をあげるという方策が、一国全体では成立しないのだ。かくてイノベーションの場合にもまた「合成の誤謬」が生じかねない。もしも、イノベーションに関しても「合成の誤謬」が生じるのなら、「イノベーションこそが経済成長をもたらす」という「命題」は、少なくとも自明なものではないし、疑ってかからなければならないであろう。

二〇〇八年のリーマン・ショックは、現代のグローバル資本主義にとって大きな打撃であった。それは、IT革命や金融革命によって経済成長をはかろうとする今日の資本主義が、何か大きな矛盾をはらんでいるのではないか、という、十分に根拠のある悲観論を生み出したのであった。

そしてその後の政策的関心は、もっぱらリーマン・ショックの克服と新たな成長経済の模索に向けられた。だがそれから一〇年、グローバル資本主義は万全であるなどとはとてもいえない。経済成長率は、先進国において傾向的に低下し、格差は広がる。国家間の対立はますます激しさを増している。一時は世界から注目されたアベノミクスは、必ずしも期待された成果を示してはいないのである。

ところで、二〇一三年に出版されるや一大ブームを巻きおこした書物に、フランスの経済学者トマ・ピケティの『21世紀の資本』があるが、彼はそこで次のようなことを書いていた。

資本主義を歴史的に展望してわかることは、本来、経済成長率はさして高くはない、ということである。二〇世紀の初頭でも先進国の成長率は一・五〜二％程度であった。それが戦後、一九五〇〜一九九〇年の間は約四％というかなりの高水準を維持してきた。だがそれは、もっぱら第二次世界大戦によって先進国の資本や生産設備が無残にも破壊されたためである。いわばゼロからのスタートになったためであった。これは例外的な期間なのである。ある程度の豊かさに達すると成長率は低下する。すると、今日の先進国の成長率の低下は、何か特異な現象ではなく、むしろ資本主義の本来の姿というべきであろう、という。

ところが、もう一方で、資本の収益率を見てみる。それは様々な形で市場化できる資産であり、ここには不動産や金融商品も含まれる。そしてこの資本（資産）からの収益率は概して高水準であり、戦後も五％程度なのである。

ところで、資本の収益率は、資産を持っている者（比較的富裕な層）の手にする利益であり、一方、GDPの成長率は、おおよそ平均的な勤労者の所得の増加と対応しているであろう。とすれば、資本収益率（r）が成長率（g）を上回れば、ますます資本（資産）を持った富裕層は豊かになり、逆にgがrを上回れば平均的な勤労者の取り分が相対的に大きくなる。つまり、r>gならば格差が拡大し、g>rならば格差は縮小する。そして、ピケティの結論は、戦後の五〇年ほどは、確かに格差は縮小したが、今日、再び格差は拡大している、というものであった。

どうやら、われわれは今日、重要な転換期にいることは間違いない。高水準の経済成長を実現して（g>rにして）、最大多数の最大幸福を実現してゆく、というような資本主義のユートピアはありえない。

それどころか、成長戦略によって、新たな技術のイノベーションを起こし、通貨をばらまいて金融経済を拡張し続けているという今日の資本主義は、成長率よりも、むしろ、資本（資産）の収益率を高めるであろう。新規のイノベーションへの投資はうまくいけば巨大な利益をもたらすし、金融市場ではこれもまた大きな利益をあげることが可能となるからである。

とすれば、われわれは、思考を大きく転換しなければならないであろう。確かに、今日、資本主義が描き出す生成、発展の曲線は、ひとつの大きな変曲点を迎えているといえよう。二〇〇八年のリーマン・ショックは依然としてグローバル資本主義の矛盾をその内部から露《あらわ》にした。その後一〇年余り、経済再建は、決して首尾よくいったとはいえない。

そしてまた世界は二〇二〇年の新型コロナ・パンデミックに襲われたのである。これはまったく誰も予期しえぬ形で、グローバル資本主義を直撃した。各国は、このショックに対して、歴史上かつてない規模の通貨供給と財政拡大によって対応した。膨大な資金が市場に放出された。このような対応は緊急事態としては致し方ないとしても、そのことがグローバル資本主義のもつ矛盾をいっそう拡大し、あちこちに広がりつつある亀裂を徐々に修復不可能なレベルへと高めてゆく可能性は高いと言わざるを得ないであろう。

第2章　グローバル資本主義の危機——リーマン・ショックからEU危機へ

EU崩壊の危険性

前章で、二〇一〇年前後、日本経済が「失われた二〇年」と呼ばれる長期的な停滞に直面していることを述べたが、ここで世界へ目を向けてみよう。長期的停滞へ陥りつつあるのは日本だけのことではない。それは世界経済そのものの姿といってもよい。

冷戦が終わった一九九〇年代にはグローバルな市場経済の時代の到来が喧伝されていた。九〇年代の半ばから二〇〇〇年代にかけて、グローバル経済は世界中を富で満たしてゆくかのユーフォリア（幸福感）が世界をおおっていった。

ところが、それから二〇年もたたないうちに、これはむしろつかのまの白昼夢であったという落胆が支配するようになった。もちろん経済は時々の景気によって左右される。景気というものは文字通り「気分」によって動くので、月がわりメニューのように楽観論が支配したり悲観論へと転換したりする。しかし、「構造的」に見れば、現代の経済はほとんど「出口なし」の閉塞状態におかれているといって過言ではないであろう。

まずは、グローバル経済なるものが異常なものであることを、確認しておきたいのである。

この異常さは特に、二〇〇八年九月に生じたいわゆるリーマン・ショックから二〇一〇年のギリシャ財政危機、さらにはそれに続くEU危機においてはっきりと示された。

リーマン・ショックはまたたくまに世界中の金融市場を大混乱に陥れた。世界の主要な株式市場では株価は暴落し、アメリカの主要な証券会社は軒並み経営危機に陥った。

それは確かに一九二九年一〇月二四日の「ブラック・サーズデー」の再現という様相であった。そして金融市場の混乱は、ただ一時的な信用収縮というだけではなく、実体経済の急激な悪化をもたらし、主要国の成長率は軒並みマイナスになり、失業率ははねあがった。

この危機に対して各国は巨額の財政支出と超金融緩和を行った。そして二年が経過して、二〇一〇年前半には、一応のところは危機は過ぎ去ったかに見えた。同年の日本政府の『経済財政白書』においても「着実に持ち直す景気」と述べられている。また、一時はGMさえ破綻するという事態に陥ったアメリカ経済も確実に回復しており、中国経済にいたっては一時は再び一〇%近くの成長へと回復した。

しかし、危機は決して過ぎ去ったわけではなかった。また「金融」の猛威が世界経済に襲いかかる。きっかけは二〇一〇年春のギリシャの財政赤字であった。ギリシャ国債の暴落が引き金となり、ギリシャ国債を多量に保有するドイツやフランスの民間銀行の資産状況を一気に悪化させたのである。翌一一年には、フランスの大手銀行ソシエテ・ジェネラルの経営破綻が噂された。このことは、ＥＵ全体の金融不安をもたらし、それはＥＵ経済そのものへ大きな打撃を与える。

金融機関のバランスシートの悪化によって実体経済が悪化するというのはリーマン・ショックと同じ構造である。しかし違うのは、この時は特にバブルの崩壊から生じたわけではないということだ。

サブプライム・ローン問題からリーマン・ショックへは、株や土地などの資産バブルの崩壊による回収不能な不良債権が累積されたことが発端であった。だが今回は、問題の発端となったのはギリシャの財政赤字なのである。そこで重要な役割を果たしたのは、またもやヘッジファンドであり、彼らが扱ったＣＤＳなる金融商品であった。

ＣＤＳ（クレジット・デフォルト・スワップ）とは、企業や国の債務不履行（デフォルト）によって生じる損失に対する補償を証券化したもので、ヘッジファンドは、ＣＤＳを使って巨額の利益を稼ぎ出したのである。

ということは、同様の手口がギリシャ以外でも通用するということになる。

確かに、ギリシャには特異な側面はあった。そもそものギリシャ危機の発端は、二〇〇九年に政権交代があり、旧政権の財政赤字隠しが暴露されたからであった。ＧＤＰの四％とされていた赤字は実は一四％であり、累積債務はＧＤＰの一一三％だったのである。

しかも労働人口の四分の一が公務員という公務員天国であり、おまけに地下経済が「発達」しており、六兆円もの税金の不払いがあるともいわれている。

これはギリシャの特異な事情である。しかしこの特異な事情を割り引いても、基本的な構造はEU全体にふりかかってくる。かくて、ギリシャ危機は、同様の巨大な財政赤字を抱えるイタリア、ポルトガル、スペインなどに波及する可能性は高かった。スペインは累積でGDP比約七〇％もの巨額の債務残高を抱える上に二五％にもなる失業率に苦しんでいる。事実、二〇一一年にはイタリアがヘッジファンドに狙われ、一二年夏にはスペインの財政危機がきわめて深刻な事態になっている。

EUでは、国債は国内で消化されずに広くEU域内の金融機関によって保有されている。つまりドイツやフランスがイタリアやポルトガル、スペインなどの経済を支えていたわけだ。その結果、ギリシャと同様の事態が連鎖するとなるとEU経済全体がきわめて深刻な事態に陥ることになる。

EU中央銀行（ECB）とIMF（国際通貨基金）は二〇一二年に一三〇〇億ユーロをギリシャ支援に供出し、また主要な民間銀行が債権放棄を行った。さらにドイツを中心にしてEUとして新たな財政健全化を実行しようとしており、一二年三月には新条約「財政協定」にEU二五ヵ国が署名し、基本的に均衡財政が義務づけられた。しかしドイツを中心にしたEUからのギリシャへの緊縮財政の要求にギリシャ国民は強く反発する。ドイツとギリシャの対立は、いわばEU内の先進国と後進国の対立、もしくはその間の亀裂である。

したがって、新たな財政協定によって事態が容易に改善されるとは思えない。危機は表面的というよりもっと構造的なものだからである。

想定される悲観的なケースは次のようなものであった。「財政協定」の合意に見られる財政健全化は、いっそうの景気悪化を招くであろう。それはドイツやフランスのようなＥＵの大国に対しても大きな打撃を与える。これらの国では失業率が上昇し、それは社会不安とナショナリズムを高揚させるであろう。外国人への攻撃や排斥が強まり、政治運営は内向きとなり、民主政治は不安定化するであろう。つまり先進国の中でも不満は高まり、外国人の排斥が生じうる。

最悪のケースを想定すれば、ギリシャのみならずスペインやイタリアもユーロ圏離脱の可能性さえ出てくる。そうなるとＥＵ崩壊の可能性も出てくるだろう。その場合には、事態はもはやヨーロッパだけではすまない。中国もアメリカも含めてグローバル経済そのものが持たなくなるであろう。グローバル大恐慌である。

その後、さすがに事態はそこまで動かなかった。だが、この構造の本質は何ら変化していないのである。

経済のグローバリゼーションと各国の政治の矛盾が浮き彫りに

ここで、リーマン・ショックからＥＵ危機への推移というグローバル経済の動きからわれわれは何を学ぶべきなのであろうか。ポイントは三つある。

第一に、EU危機は、本当は十分に予測されていたものであった。EUそのものが矛盾をはらんでいたのである。

経済的にはEUは、通貨統合、市場統合を含めた徹底した地域限定の経済的グローバリゼーションであった。ところが問題は、政治的には決して統合されていないのである。それぞれの国家は主権を保持しているのだ。その結果、各国政府はその国の雇用や経済的発展に対して責任を負う。ところが金融市場が高度に統合されているために金融政策はほとんど採用できない。

金融経済学には一つの命題がある。それは、「資本の自由な移動」「為替レートの安定」「金融政策の独立性」の三者は並立しえない、というものである。このうちのどれか二つが成り立てば他の一つは成り立たないのだ。

EUの場合、市場統合によって「資本の移動」は完全自由化されていた。またユーロという共通通貨の導入のために「為替レートの安定」は自動的に達成されている。その結果どうなるか。金融政策の独立性はありえないことになる。

そこで景気を安定させ雇用を確保するために各国がとりうる政策は財政政策のみとなる。ところがその財政政策もEU条約によって足かせがはめられている。

このような状態のなかで、そもそも経済発展の段階や経済構造が違う複数の国が経済を調和させることができるのであろうか。

一方で通貨と市場の経済的グローバリゼーションを行い、同時に政治的主権は各国に与えるというEU方式は最初から矛盾を含んでいたのであって、その矛盾が改めて浮き彫りにされただけであった。

だがこの矛盾は困ったことに、きわめて政治的な形でも表明される。主権は各国政府が持つために、経済上の不満や不安が民主政治の舞台において表明されるからだ。実際に、フランスでもドイツでもイタリアでも政治は著しく不安定になっており、フランスでは、二〇一二年にEU推進派のニコラ・サルコジに代わって、緊縮財政反対派のフランソワ・オランドが大統領になった。

しかも、この大統領選では、EUそのものに反対している極左のジャン＝リュック・メランションと極右のマリーヌ・ルペンが著しく票を伸ばした。オランド新大統領のやれる政策も限られているのである。つまり誰がやろうと、大衆の不満に対して政府は適切な対応をとることがきわめて困難な状況となっている。

そこで、フランスの思想家であるエマニュエル・トッドが述べる不気味な予想が、ある意味では現実味を帯びてくる。彼は、近い将来にヨーロッパでは独裁政権が誕生し、民主主義が停止される可能性があるという（『デモクラシー以後』藤原書店）。それは決して誇大妄想的な悲観論というわけではない。

とすれば、問題は実はEUだけのことではない。EUの危機は、今日のグローバル化した世界そのものの縮図になっているのである。それは、経済的なグローバリゼーションと主権国家体制という政治的な枠組みの間の不整合なのだ。経済上のグローバリゼーションが引き起こす矛盾が、各国の政治を著しく不安定化するのだ。その時、国民の不満は民主政治を通じて噴出するであろう。

トッドも述べるように、「グローバリゼーションの経済」と「民主主義の政治」はうまく整合しないのである。別のいいかたをすれば、「自由主義の経済」と「民主主義の政治」が相互に矛盾、対立しあうという事態なのである。

経済政策のトリレンマ

第二に、EU危機は、リーマン・ショックに示された経済構造と密接に結びついているということに注意しなければならない。それは、実際、リーマン・ショックの後遺症というべきであった。

二〇〇八年から〇九年にかけて、先進国は巨額の資本を金融市場に投入した。アメリカは七〇〇〇億ドルを金融機関の不良債権処理に投入し、また巨額の財政支出を行った。日本も同様である。同時にアメリカでも日本でも事実上のゼロ金利政策がとられ、財政赤字の規模はかつてなく膨れ上がり、金融市場では貨幣が膨張した。その結果として、当面の危機は回避されたかに見えた。

しかし、問題は結局のところ実体経済にあって、実体経済がこの巨額な資本の供給に追いつかないとすれば、再びこの貪欲な資本はグローバルな金融市場へ流れ込んでくるだろう。過剰な流動性はいずれまた株式市場や不動産市場に流れ込んでバブルを引き起こすだろう。そして、バブルは早晩崩壊する。かくて悪夢は再びよみがえる。

実際、一九八七年の「ブラック・マンデー」、九七年から九八年にかけてのロシア財政危機とアジア通貨危機、そして今回二〇〇八年の世界経済危機と、一〇年ほどのサイクルで金融バブルとその崩壊、それに続く世界経済の大混乱が生じている。しかもその規模は確実に大きくなっているのだ。

二〇一〇年前後に、世界一〇〇ヵ国の金融資産は二〇〇兆ドル近くに達し、一方世界のGDPの合計は約六二兆ドルだから、三倍以上になっている。一九九〇年には四〇兆ドルほどであったから、冷戦終結以降、グローバル・マネーは五倍近く増加したのである。しかも、リーマン・ショック後の二年ほどの間にとられた大規模な財政政策によって、各国は軒並み巨額の財政赤字を抱え込むことになった。

日本もその最たる国家の一つで、民主党政権下の二〇一〇年度予算は九〇兆円を超す過去最大のものとなり、新規国債発行額は四〇兆円を超えた。債務の累積残高はおおよそ一〇〇〇兆円である。

前章でも述べたように、日本が財政破綻に至ることはまずありえないが、世界を見れば事情はそれほど簡単ではない。

日本がアメリカ国債を大量に放出することは考えにくいが、中国の場合は違っている。もし中国が政治的意図を持ってアメリカ国債を手放せば、アメリカ国債への不安は一挙に表面化し、ドル暴落にもつながる。それが世界経済を再び大混乱に陥れる可能性は十分に考えられるだろう。

従来、国債市場は比較的安定しており、国債は資産運用上、安全資産とされてきた。しかしその国債市場も投機資本の魔の手から逃れることは難しいのである。金融資本はCDSを生み出して、国債市場に襲いかかってきたのである。世界経済の安定性の鍵は、ヘッジファンドなどの投機資本に握られているのだ。

そして、このことは経済政策上の深刻な問題をもたらすこととなった。

今日、多くの先進国は軒並み景気の悪化に苦しめられている。ほぼゼロ金利の状態にあってこれ以上の金融緩和は難しい。いっそうの金融緩和はまたバブルをもたらすであろう。となればどうしても財政拡張に頼らざるを得ない。だがその結果は財政赤字となり、また投機資本に狙われることになる。それを回避しようとすれば緊縮財政や増税をとらざるを得ない。しかし緊縮財政政策や増税はさらに景気を悪化させるだろう。

こうして、深刻なトリレンマに陥る。「景気回復」と「財政均衡」と「金融の安定」の間にどうにもならないトリレンマが発生する。つまり「景気回復」「財政健全化」「金融市場の安定」の間には深刻な矛盾が起きる。「景気回復」「財政健全化」「金融市場の安定」の三つの目標が同時に成立しがたいということは、「景気悪化」「ソブリン・リスク（国債リスク）」「バブル」をすべて解消することはできない、ということだ。

これは深刻な事態である。経済政策の軸が定まらないのだ。それは財政拡張へふれたかと思えば次には財政均衡へとふれ、また金融緩和へ向かい、バブルとバブルの崩壊をもたらし、また景気の悪化をもたらす。こうして政治が著しく不安定化してゆく。そして政治の不安定性はそれ自体がまた経済に動揺を与えることになる。かくて、一歩間違えば、底なし沼にずるずると引きずりこまれるような構造の上にわれわれの生活が置かれていることを知らねばならない。

グローバル資本主義を支える共産主義国

第三に、次のことを述べておきたい。

二〇〇八年のリーマン・ショック以後、世界経済が少しは持ち直した理由の一つは中国の立ち直りが速かったからである。中国が世界の景気の底を支えたのだ。中国は、世界経済危機にさいして五〇兆円におよぶ巨額な財政出動をしながら財政赤字になっていない。しかも、巨額な貿易黒字によって、巨額の外貨準備を持っている。その世界第一の外貨準備を背景にして中国はアメリカ国債を支えているのである。

どうしてそのようなことが可能なのか。それは中国が自由・民主主義国ではないからである。中国経済を根幹において管理しているのは共産主義体制である。

為替を管理し、金融市場を管理し、独裁的な強力な政府によって十分な税収が確保されるという変則的な経済のおかげで中国経済は未曾有の成長を遂げ、しかもリーマン・ショック以後の世界経済を支えたことになる。

これはいかにも変則的な事態というほかない。いやまことに皮肉で滑稽ともいいたくなるような事態である。この変則的な経済に依存する形で世界経済が支えられたのであった。アメリカも日本もEUももはや中国を抜きには考えられず、そうなると、変則的で滑稽なのは中国経済だけではなく、世界経済全体の構造というべきであろう。

このことは何を意味するのであろうか。

今日の新自由主義政策によってグローバルな自由経済を生み出した資本主義国の経済が、なんと共産主義国に支えられているのである。マルクスが見れば、果たして歓声をあげたのか、それとも嘆き悲しんだのか、どちらなのであろうか。

ともあれ、これがグローバル経済の現実であり、グローバリズムが生み出したとてつもない逆説なのである。

しかし、考えようによっては、逆説というほどのことでもないのかもしれない。このことが意味するのは、実は次のような単純な真理だからだ。

それは、結局のところ、まったく無秩序で無政府的で自由な市場経済などというものはありえないという事実だ。いいかえれば、自己完結的なグローバルな自由競争市場などというものはわれわれの頭のなかに住むだけの抽象的な人造構成物なのであった。それが自由主義者の理想だったのか、無政府主義者の妄想だったのかはわからない。だが、ことここに至って突き付けられた真理は、最後には、無秩序を支える権力がなければならない、という単純な現実であった。

自由主義者や市場主義者やグローバリストは、多かれ少なかれ、「国家」を排除しようとしてきた。「国家」による「市場」への介入を嫌い、「市場」は「国家」とは無関係に自立したシステムを作りうると見なしてきた。「市場」は「自由」の領域であり、「国家」は「権力」の作動する世界だと見ていた。この両者を判然と区別できるというところに自由主義経済学の存在理由もあった。個人の自由にとっては、「国家」はもっともやっかいな、かつ呪うべき敵対者なのであった。

ところが、リーマン・ショックやEUの事態が明らかにしたことは、グローバル市場は最終的に政治的な「力」によって支えられなければならない、ということだった。

これは自由主義者や市場主義者にとっては大きな打撃である。「市場」と「国家」を、あるいは「自由の領域」と「権力の領域」を区別することなどできないのである。「市場」は最終的には「国家」によって支えられている。危機の事態となれば、「自由」は最終的には「権力」によって守られるほかないのだ。

したがって中国がグローバルな世界のなかで重要な役割を果たす理由も明らかであろう。一つはもちろん、人口、資源、市場、どれをとっても巨大な成長能力を持った中国経済の潜在的な可能性である。しかしもうひとつの理由は、その強力な政治的、軍事的な「力」なのである。

ところがこの「力」は常にプラスに作用するとは限らない。場合によれば他国に大きな脅威を与える。この「力」はまた、グローバルな経済秩序に対してマイナスにも作用する。しかも「力」を支えるものは、政治的な権力構造であり、さらには軍事力である。中国は、現在、アメリカ、ロシアに次ぐ軍事力を持ち、その政治的交渉力を持って「世界」に進出している。

このような「力」がグローバルな世界においてプラスとマイナスの両方に作用する基軸的なファクターでありうることは間違いないであろう。

その意味では、中国の共産主義が崩壊して、完全に民主的政府が成立して自由主義経済に移行してしまうほうが、グローバル世界にとってはリスクが高まるともいえよう。多くの自由主義者たちは、長期的には中国の共産党政権の崩壊を期待し、中国も民主化すべしと論じるが、果たしてそれがグローバルな市場経済にとってよいのかどうかは疑問だ。

いずれにせよ、無政府的なグローバル資本主義を支える「ラスト・リゾート（最後の支え手）」は、非資本主義的な政治権力なのである。ということは、この政府がグローバルな世界に対して責任を持たないとなると、グローバル世界そのものが著しく不安定化するわけである。

本書は、世界経済の将来についての予測をしようというわけではないので、この点に深入りすることは避けるが、長期的にいえば、世界経済を牽引している中国は、いずれ人口減少社会へ移行する。すでに、急激な成長率を落とさざるを得ない。またEUの停滞の影響を受けざるを得ない。すでに、急激な成長政策の矛盾は現出しつつある。そうなると、中国経済内部の不均衡が一気に表面化し、格差からくる民衆の不満が爆発しないとも限らない。

このような事態がいずれ現実化するとすれば、「最後の支え手」はその責任を果たすことができなくなる。中国の政治的「力」は、主として国内の秩序維持のためにかえって「外」へ向かうだろう。「外」へ向かう「力」は、いっそう「覇権主義的」なものになるだろう。

中国は、決して世界経済の安定化のために国内秩序の課題を無視することはありえない。国内秩序を維持するという課題のためには、対外的には覇権的な態度をとり、世界経済を不安定化するという選択をいとわないであろう。もしこのような事態が生じれば、グローバル資本主義がどこまで安泰かといえば、決して楽観などできないのである。

「国家」が市場に従属する

「ラスト・リゾート」としての国家の役割は、グローバリズムのさなかにおける中国というよりも、実は、国内経済においてすでにきわめて重要な論点になっていた。

それはすでに述べてきた「国債」についてだ。

「国債」とは何か。いうまでもなく、国家の借金である。借金であるからには貸し手がいなければならない。貸し手を引きつけるものは何かといえば、その国家に対する信頼である。信頼を形作るものにはいくつかの要素がある。国家の安定性、経済力、将来性、国際社会のなかでの役割、徴税能力など。いずれにせよ、国家としての「信頼」がなければならない。

重要なことは、「国の信頼性」がもっぱら「国債」の市場において評価されるということである。ここには、三つの問題がある。

第一に、「国の信頼性」が借金とその返済能力という金銭的基準のみで評価されること。第二に、それを評価するのはあくまで市場であること。第三に、その市場評価に影響を与えるものの多くは、金銭的な自己利益のみに関心を持つ投機的な投資家だということ。「国の信頼性」とは、その国の政府の安定性、国際社会における役割、国民的精神や国民性などという多様な要素を含んでいる。「国」とはもともと多面的なものなのである。だからある国に対する信頼性とは、それらの総合の上に立つものであろう。

だが市場はそうは考えない。市場にとっては「国の信頼性」とは、もっぱら財政赤字や国債残高などである。これは、企業経営と同じ視点で「国」を捉えようとするものだ。「国」の統治力とは、企業の統治力と同様に、赤字を出さない健全経営ができることなのである。この事態はいささか異常なものではなかろうか。

しかもそれを判定する審判役として格付け会社なるものが登場する。格付け会社が、各国政府に対してAランク、Bランクなどとレイティングを行う。それは市場の番人であるとともに、それ自体が市場のなかで市場原理にしたがって動いている。格付け会社は「市場の声」を代弁すると同時に「市場」を一定の方向へ導く。アメリカや日本やブラジルなどという「国」は、ここで金融市場のゲームの賭け金のようなもので、トレーダーたちは、日々、「アメリカ」を売ったり、「日本」を売ったりするのだ。

ここでは、「国の信頼性」という名目において、「国家」と「市場」の熾烈な綱引きが行われているのである。「国の信頼性」が賭けられており、「国の信頼性」をめぐる「国家」と「市場」の間の争奪戦が繰り広げられていることになる。「国家」の側は、様々な規制や制度によって「市場」を管理しようとし、「市場」は国家の力をできるだけそぎ落とそうとする。

もちろん、これは今日に始まったことではない。資本主義経済の歴史の重要なトピックは、常に「国家」と「市場」の間の対抗であった。

しかし、これまでは少なくとも「国家」は「市場」の外に立っていた。それは「市場」の外部にあって、「市場」を管理・監督しようとしていた。それに対して、「市場」は、その監督官の目を盗みつつ利益機会をうかがっていた。「市場」は「国家」の介入を嫌って、「政治」と「経済」を分離させようとしたのである。

だが今日、このような図式は成り立たない。「国家」はもはや「市場」の外部に立っているわけではない。「国家」と「経済」が分離されているわけでもない。「国家」は「財政」や「為替レート」などを通じて「市場」へ引きずり込まれ、「市場」の奴隷になりつつある。「グローバル化」と「金融経済化」が、国家を市場に従属させつつある。

明らかに、「市場」と「国家」の綱引きは、今日では「市場」の側に有利に作用している。様々な規制や制度によって「市場」を管理しようとする「国」は「市場」から敬遠される。資本は「市場」にとって都合のよい国に移動する。資本が引き上げられた国は疲弊する。

「市場」から多量の資金を吸い上げようとする「国家」も同じ運命を辿ることになる。「市場」からの資金を吸い上げる「国家」は「市場」に敬遠される。それは税率（特に法人税）の高い国であり、財政の肥大化する国だ。それらの「国」は「市場」に嫌われることになり、「市場」の評価が国債価格にも示されることになる。もし「市場」から嫌われることを避けようとすれば「国」は税率（法人税）を低くし、財政赤字をカットするほかない。つまり「国家」は「市場迎合的政策（market favored policy）」をとるほかない。「国家」は市場の顔色をうかがいつつ政策を採択するほかないのだ。

これはそもそもの自由主義の原則である、「国家」と「市場」の分離、もしくは「政治」と「経済」の分離にさえも反しているだろう。自由主義的経済学は、「国家」と「市場」を分離するという。経済原理は経済を自立させるべきだというのだから。

しかしここでは、「国家」は、「財政国家」へと解消させられて、その上で「市場」に屈服させられることとなる。「国債」という「市場化された国」を媒介にして、「国家」は「市場」に従属することになる。ギリシャ政府は「市場」によって統治者として失格だという判定を与えられたのであった。スペインが、ポルトガルがいつ失格の判定を出されるか、それは誰にもわからない。

かくて、「市場」に都合のよい「国」が信頼性の高い国ということになるだろう。財政規律を守り、規制の少ない開放的で自由な国こそが「市場」に好まれる「国」というイデオロギーができあがる。新自由主義とは、ただ「大きい政府」を嫌うというだけではなく、「国家」を市場に従属させる、というイデオロギー的役割を果たすのだ。

一時、アメリカはまさしくそのような「市場迎合的国家」の代表であった。アメリカこそが今日の新自由主義を唱えた国だからである。そして、そのおかげでアメリカにグローバルな資金が流入した。

しかし、そのアメリカも大きな矛盾をはらむことになってしまった。

アメリカがその景気を維持しようとすれば、バブル的構造を維持しなければならない。だがいずれバブルは崩壊する。となれば国は景気の悪化をふせぐために次には財政拡張政策をとらざるを得ない。だがそのような「国」は「市場」に嫌われることになる。また再び緊縮財政へ戻らざるを得なくなる。それは再び景気の悪化を招く……。

こういう悪循環に捉えられてしまったのである。これはどうにもならない悪循環というほかないであろう。この悪循環から抜け出すことは難しい。アメリカが払った代償はあまりに大きかったといわねばならない。

先に述べたように、危機的な事態において市場を管理できる「ラスト・リゾート」としての強力な国家がなければならないのだ。市場経済がそこそこうまくゆくためには、市場が著しく不安定化した時に、これを支える「国家」が、市場の外部になければならないのである。

したがって、これは自由な市場にとっても深刻なディレンマというほかない。不安定性はめぐりめぐって市場経済へと向かってくる。自由市場は政府による規制を嫌い、「小さな政府」を要求し、国家の介入を嫌う。ところが、国家による支えを失った自由市場は、逆にきわめて不安定になってしまうのである。

今日のグローバル資本主義の構造とはこのようなものだ。「国家」は貪欲に利益を狙う「市場」の僕《しもべ》となり下がってゆく。マルクスのいう上部構造は下部構造の奴隷となってゆく。もっともマルクスは、「国」は、その「権力」を資本家のために使うと考えたのであったが。

だが本当のディレンマは、「国」を奴隷化することによって逆に自由市場そのものが危機へと突入してゆく点にある。

私が述べてきたことは、確かにたいへんに深刻な展望というほかなかろう。最悪のシナリオということもできよう。しかし、想定されるロジックとしては、この事態は決して蓋然性《がいぜんせい》の低いものではない。このロジックは決して間違ったものではない。

もしもわれわれが現在のグローバルな市場競争経済を続けてゆく限り、いずれはこのような破局的事態へと向かう可能性は高い。われわれは、ケインズのいう「カッサンドラの予言」(不吉な予言)に呪縛されている。

とすれば、われわれはどうすればよいのか。この必然性の縄から逃れることは可能なのだろうか。私は不可能ではないと思う。ただそのためには、われわれの思考を大きく転換しなければならない。もしそれが可能なら、われわれは待ち構えている破局を何とかやりすごすことはできると思われる。

そのことを述べる前に、リーマン・ショックからEU危機へのなかで見えてきた「危機」を生み出したものは何か、それを三つの論点にしたがって改めて論じておきたい。もちろん本書の関心は具体的な「危機」の分析ではない。その「構造」にある。あくまで「危機」は素材である。そこで本書がこの危機を素材として着目したいのは次の三点である。

①「リスクをとる」という合理的行動が破綻した、ということ。いいかえれば、経済活動を「リスク」をとる合理的行動として理解しうるのか、という点。

②この危機の背後には、二十数年に及ぶ経済構造の変化がある、ということ。すなわち、今日の経済の構造は「グローバル化」と「金融中心経済」という特質を持つという点。

③この「グローバル化」と「金融中心経済」に対して、経済学の考え方はもはや有効性を失っているということ。それにもかかわらず、経済学の市場主義的思考が支配していることが経済危機において一定の役割を果たした点。

以上の三つの論点を提起したい。

私は、この三つの論点を無視しては今回の経済危機を理解したことにはならないと思う。それぞれについて、章を改めて説明していこう。

【学術文庫版付論】

二〇〇八年のリーマン・ショックから二〇一一年のＥＵ危機にかけての世界経済の変動は、グローバル資本主義のもつ矛盾を端的に示すものであった。リーマン・ショックからは、その後の先進国の大胆な金融緩和や財政政策と中国経済の立ち直りによって何とか持ちこたえたものの、その後のグローバル資本主義はとても万全とはいえない。

一方、EUの危機は、その後さらに、しかもじわじわと深刻さを増してくる。ギリシャ危機以降、イタリア、スペイン、ポルトガルなどにおいても財政危機は顕著になってくる。すると、これらのEU内の「後進地域」では、EUの原則である財政規律（財政赤字をGDPの三％以内におさえるという規律）に対する不満が高まり、また他方で、この「後進地域」を支援するドイツやフランスといった「先進地域」においても、EUの「劣等生」に対する不満が高まる。しかも、リーマン・ショック後の景気後退にあっては、緊縮財政はさらに景気を悪化させるのである。

もともとEUが内包していた矛盾がこういう形で噴出したのであった。経済発展の度合いも、また価値観や風土も異なった多様な国々を一律に経済統合するところにもともとの困難があったのだ。また、一方では経済を統合し、他方では政治的主権を各国に委ねる（たとえば各国の民主主義に基づいて政府が構成される）、という二重構造が矛盾をはらんでいた。

もちろん、EUの実験とは、そうした困難を承知の上でのことであり、ドイツやフランスを中心とする官僚主導の政治的構造をもったものであった。それはヨーロッパという「多様性」に基づいた「統合」という壮大な実験であった。この実験は、EU全体で経済が発展しておればよい。だが、経済発展に地域格差が生じたり、あるいは、EU全体での経済成長率が低下してくるとうまく機能しなくなる。どうしても格差は不満を生むのである。

しかも、その後のEUの動揺を決定づけたものは、中東から続々とやってくる難民であり、それは二〇一五年にピークを迎える。と同時に、EU各国のなかで移民排斥運動が顕著に生じてくる。移民に仕事を奪われたと感じる国内の労働者はEUの移民受け入れ政策に強い不満を持つようになり、彼らの支持を背景にしていわゆる右派政党が影響力を持つようになった。フランスのマリーヌ・ルペン率いる「国民連合」は移民政策を批判する急先鋒であるが、同様の政党は、ドイツの「ドイツのための選択肢」や、オーストリアの「自由党」、イタリアの「五つ星運動」など、それぞれの国内で着実に勢力を伸ばしてくる。スペインやオランダでも同様であった。

そして、この反EUのひとつのピークが、二〇一六年に国民投票でEU離脱を決めたイギリスのケースである。いわゆる「ブレグジット」である。イギリスのEU離脱の是非はイギリスの世論を真っ二つに分断した。国民投票の結果は、五一・九%という過半数ぎりぎりでの離脱決定であった。

二〇一七年に、イギリスで一冊の書物が出版されベストセラーになった。ダグラス・マレーというジャーナリストが書いた『ヨーロッパの奇妙な死』（邦訳『西洋の自死』）である。この中で、移民の受け入れがヨーロッパ中にもたらした混乱をレポートした上で、彼は次のようにいう。

ヨーロッパは移民を受け入れる多様性と寛容さを持った地域であることを目指した。その場合に、暗に、移民はいずれヨーロッパ文化やその価値観を受け入れて「ヨーロッパ化」するだろうという想定があった。しかし、それは間違っていた。移民も含めて、新たなヨーロッパのアイデンティティを創出しなければならない。言い換えれば、「ヨーロッパ」を特徴づける新たな「ものがたり」を生み出さなければならない。しかし、それはまったく見つからず、ヨーロッパ人は自信喪失となり、進むべき方向を見失っている。こうして「ヨーロッパ」なるものは死を迎えつつある。

それでも経済がよければ問題は顕在化しなかった。経済成長が困難な状況になると、それぞれの国や地域における不満は移民にぶつけられる。こうして、反移民、反EUを掲げる右派勢力が台頭する。自国第一主義がでてくる。エマニュエル・トッドがいうように、EUが崩壊するかどうかは別としても、結局、EUは、リーマン・ショックとそれに続くEU危機から立ち直ることはできなかったのである。

そして、本質的に同じことがアメリカでも生じたのであった。グローバル化の中で、大量の移民を受け入れてきた（その中にはメキシコを中心とした不法移民、推定一一〇〇万～一二〇〇万人が含まれる）。EUと同様、経済が成長しておれば問題は顕在化しないのだが、低成長になると、低賃金と雇用不安を強いられる国内の労働者層の不満が一気に高まった。それがトランプ大統領を生み出し、反移民政策、アメリカ第一主義を生み出したのであった。

ここでもまた、ボーダーレス化した経済と、政治的主権をもつ国家の間の矛盾が顕在化したのである。これがグローバル資本主義の姿であった。

ピケティは、資本主義は、もともとそれほど高い成長力を誇るものではない、と述べていた。先進国は、第二次世界大戦による経済の崩壊後の再建によって高度な成長が可能だったに過ぎず、近年の新興国の急成長は、先進国からの技術導入によるキャッチアップ・プロセスに過ぎない、という。いずれ、新興国も低成長へと移行するだろう。

低成長にもかかわらず激しい市場競争を行えば、一国の中でも格差は開き、国家間でも格差は開くであろう。そして人々の不満は、民主主義を通して、政治の場へと移しかえられる。かくて、政治そのものが不安定化するだろう。それが世界経済に対してどのような影響を与えるのかは不明であるが、この不安定な構造は、政策の失敗によって生じたといって済ますわけにはいかない。それはグローバル資本主義そのものが生み出したのであった。結局、リーマン・ショック後の資本主義の立て直しは、せいぜい一時的なものであって、「危機」は決して克服などできなかったのである。

第3章　変容する資本主義——リスクを管理できない金融経済

今日のグローバル危機は、二〇〇八年のリーマン・ショックに典型的に現れている。そこでもうしばらくリーマン・ショックに注目しておこう。リーマン・ショックはサブプライム・ローン現象によって引き起こされた。ではそもそも、なぜサブプライム・ローンのような問題が発生したのだろうか。どうしてあのようなグローバルな経済危機が発生したのだろうか。

それをこの章では、①「リスク」という問題、②「グローバリゼーションと金融経済化」という問題、として論じておきたい。③「経済学の誤り」という論点は次章に譲りたい。

「リスク」と「不確実性」

①の「リスク」に関わる論点。これは実は、「経済活動」をどのように理解するかという本質的な問題と関わっている。

次の点をまずは確認しておきたい。経済活動は、本質的に将来に向けて行われ、その決断を現在時点で行うものである。典型的には企業の投資がそうだ。それは将来得られる収益を目的として、現在時点で投資決定をする。消費者も、自動車や電気製品、住宅など、耐久性のある商品を購入する場合、当然、将来の家計状態や市場状況を考慮しつつ現在時点で決定を行う。

ところで「将来」は「不確定性」をもたらす。そこで、この「将来」がもたらす「不確定性」をどのように管理するかが、経済活動の一つの大きな課題となってくる。

なぜなら「不確定性」のようなランダムな要因が経済の核心に居座れば、企業は確かな収益を計算できないし、投資家は合理的に行動することができなくなる。これは、市場経済のパフォーマンスを著しく損なうことになるからだ。

そして、「将来」のもたらす「不確定性」がもっとも先鋭に現れ出てくるのが金融市場なのである。金融市場においては将来予測は決定的に重要なファクターとなる。金融資産への投資や資産保有（ポートフォリオ）の決定においては、デイ・トレードのようなその日の数時間後といった至近距離にある将来から、一〇年後といったかなり遠方の将来というように様々なレベルの見通しがきわめて重要な要素となる。

たとえばある株を購入しようとしているとしよう。この株の購入から得られる期待収益を現在価値に割り引いた値が現在の株価より高ければそれを買うだろう。

ところで、この株を保有して将来に売却して得られる期待収益とは、将来の配当を、通常は将来の期待利子率で割り引いた現在価値と、売却で得られるキャピタル・ゲイン（もしくはロス）を足し合わせたものである。そしてここには三つの不確定性がある。

第一に、将来の配当は将来の企業実績に依存する。第二に、売却益であるキャピタル・ゲインは将来の市場状況に依存する。第三に、将来の利子率はこれも将来の景気に左右される。これらはすべて投資の合理的行動を困難にする不確定性だ。

そこでもしも経済の状態が安定しており、長期にわたって一定の成長が見込まれるならば、将来の配当も利子率もそれほど見通しの悪いものではないだろう。不確定性はもっぱら売却益にあるが、これも市場動向を見ながら決定すればよい。

だがもしも、経済の将来的見通しが悪く、経済の変動が激しい時にはどうなるか。配当も利子率も見通しが立たない。長期的な株式保有はますます不確定性を高める。そこで、人々は短期的なキャピタル・ゲインを求めて投機的に売買するようになる。

ところが、投機的売買は本質的に不安定なものであり、リスクを管理することはほぼ不可能なのである。投機とは、市場の短期的な動向に自らを合わせて、しかもその先を読むという行動だからである。市場の短期的動向に合わせるということは、他の投資家の行動を読む、ということにほかならない。ところが「他の投資家」も「私」の行動を読もうとしているのだ。

このような市場では、それぞれの行動が他者の行動に影響を及ぼす。相互に相手の行動を読もうとする。これは一種の「相互的模倣」に基づく「競争＝張り合い（emulation）」である。ここでは、自らの行動が市場へ影響を与え、それが他者の行動を引き起こし、さらにそれが自らの行動を決定する、という複雑な位相を持ってくるのであり、通常の意味で合理的に行動することはできない。不確定性を管理することは不可能なのだ。

ここで経済学者のフランク・ナイトが行った重要な区別を導入しておこう。将来の状態は「不確定」だが、その「不確定性」を、ある程度、確率的に把握できる場合に、それを「リスク」と呼ぶ。またそれを確率的に把握できない、つまり何が生じるかまったく不明という状態を「不確実性（アンサーテンティ）」と呼ぶ、というものだ。

経済学者は、不確定性を管理するとは、まずそれを「リスク」に置き換え、さらに「リスク」を分散することだと見なす。それを合理的だと見なす。

ただここで注意しておかねばならないことがある。それは、このリスク分散という合理的行動は、あくまで個々の投資家にとっての合理性だということだ。個別の経済主体からすればリスク管理は当然のことであろう。金融市場において投資家は、様々な金融商品に投資を行う。そのさい投資家が関心を持つのは、投資物件からの収益率とリスクだ。一般的にいえば、収益率の高い商品はリスクも高いので、投資家からすれば、リスクを減らして収益率を維持するのがもっとも望ましい。

そこで、多様な証券化商品なるものが現れる。サブプライム・ローンもその一つであった。かなりリスクの高い低所得者向けのローンをいわば細切れにして（スライス・アンド・ダイス）他の金融商品と結合して新たな商品として売り出すわけである。その延長上にCD

O（債務担保証券）も登場する。

これらはすべてリスク管理の手法である。特定の一人や機関がリスクをすべて引き受けるのではなく、それは広く分散される。するとリスクは低くなり、市場全体に拡散してゆく。特定の個人が負うリスクはきわめて小さくなる。

たとえば、仮にサブプライム・ローンを証券化して単独で売り出せば多大なリスクが想定される。そこでリスクの高い劣悪なローンを、細切れにして他の安全な証券と混ぜて新たな金融商品を作り出す。CDOでも複数の住宅ローン担保証券を細切れにしてうまく組み合わせて売り出すのである。こうして売り出せば、リスクは隠され、この商品の格付けは低くはならない。これは個別の投資家からすればリスクが低下した合理的商品にみえる。

また同様の「リスク管理商品」として先に述べたCDS（クレジット・デフォルト・スワップ）がある。これも一種のリスク軽減商品である。もしも大手企業が破綻すれば保険金の支払いは膨大な額になる。そこで、この保険を証券化して売り出し、危険を分散するわけだ。しかし、大企業が破綻するなどということは通常は考えにくい。二〇〇八年九月が来るまでは、誰もリーマン・ブラザーズが破綻するとは思ってもいなかったのだ。

とすれば、この金融デリバティブは、通常の場合、きわめて収益性の高い安全な商品と見なされる。CDSを購入すれば、ただ座っているだけで確実に保証料が手に入ってくるのである。そして、銀行や証券会社はといえば、この保険に加入しておれば、破綻の危険をいとわずにいくらでも危険な金融商品を開発できる。その場合の危険は、CDSを通して市場に広く分散されているのである。

実際、こうしてアメリカの証券会社は次々とリスクの高い金融商品を開発し、それをたとえば保険会社のAIGが保証していったのだ。

しかし、実際には、二〇〇八年三月にベア・スターンズが実質破綻し、九月にリーマン・ブラザーズが破綻する。ゴールドマン・サックスもモルガン・スタンレーも破綻寸前に追い込まれ、AIGも経営危機に追い込まれた。AIGがCDSを大量に発行していたために、CDS市場はたいへんな混乱に陥ったのであった。

ジョージ・ソロスは、CDSのことを「大量破壊兵器」だと述べているが、それは、CDSの存在によって、ある企業が倒産することで多大な利益を得ることができるからである。そして、CDOにせよ、CDSにせよ、金融工学という高度な数理科学が生み出した高度に合理的な「リスク管理手法」なのであった。

一体問題はどこにあったのか。

端的にいえば、「リスク」と「不確実性（アンサーテンティ）」を区別できなかったからだ。

通常の投資決定においては、「リスク」と「リターン」の計算を行う。期待できる収益に確率評価されたリスクを掛け合わせたものが期待収益であり、合理的行動とは、様々な投資の可能性のなかで、リスク評価も含めた期待収益を最大化することであった。

だから、もしも起こりうる事態についてのリスクが確率的に計算できればそれなりに合理的に行動できる。

しかし、もしもリスク計算ができなければどうか。確率計算できる「リスク」ではなく「不確実性」が問題だとすればどうなるのか。合理的行動などできないことになる。

だがリスクについての確率計算とは何であろうか。

われわれの生きている世界では、「サイコロの1の目が二回続いて出る確率は三六分の一」などという理論計算は意味を持たない。リスク計算とは、せいぜい過去のデータによる統計的分布以外にないのである。この場合、リスク管理は一つの前提に基づいている。すなわち、世界はおおよそ安定しており、将来に生じることは過去の事例をデータとして蓄積すれば合理的に類推できるというのだ。

だが金融機関が次々と破綻するなどという大恐慌は、歴史上せいぜい一度しか起きてはいない。もう少し最近の事例を持ってきても、せいぜい、一九九七年のアジア通貨危機、そして九八年のロシア財政危機、LTCM（ロング・ターム・キャピタル・マネジメント）の破綻程度のものであった。

しかし、このことは本質的に矛盾をはらんでいる。なぜなら、CDSというデリバティブのもともとの性格は企業の破綻に対する保険だったからだ。

だが多くの場合、企業の破綻は連鎖する可能性が高い。ところがこの保険のリスクについての合理的計算は、過去の事例によっているために、深刻な経済危機を見逃してしまうのである。

つまり、それはその本来の性格上、きわめて深刻な経済危機を想定したもののはずなのだが、実際の計算ではそのような事態は想定されていないことになる。

確かに危機はめったに起きない。しかしひとたび起きればたいへんな事態になる。しかも、個々の投資家にとっては「不確実性」は決して見えないのである。彼に見えているのは、あくまで「リスク」であり、それは金融工学を使ったリスク分散商品によってうまく管理されている。

ところが、合理的リスク管理では予測できない事態が生じたとしよう。「不確実性」という悪魔が一挙に姿を現すのだ。そうすると、いくら個々の投資家が合理的に行動しようとも、市場という「システム」が機能しなくなるのである。「不確実性」が登場するやいなや、「システム」は悲鳴をあげる。「システム」を合理的に管理することはできないのだ。その結果、個々の投資家も手ひどい目にあうことになる。

この種の事例が示していることは、そもそも確率的なリスク計算などは不可能だったということである。過去の経験的データからみれば、異常な事態とは「不確実性」に属するものであって「リスク」に属するものではない。過去のデータに基づいてリスク計算をしても意味がないどころか、事態をいっそう深刻なものにしてしまうであろう。

「不確実性」を無視して「リスク」計算をした結果、投資家は「合理的に」投資行動を行ったことになる。「不確実性」という爆弾を隠し持った証券化商品は、次々と投資家の手に委ねられ世界へばらまかれていく。誰もが「合理的に」行動したつもりで、爆弾はあたかも地雷のように世界中の金融市場に埋め込まれてゆく。そして、その一つが爆発した時、世界中の地雷が一気に爆発するのである。

金融市場の発展が「ブラック・スワン」を作り出す

金融デリバティブのトレーダーで文芸評論家のナシーム・ニコラス・タレブは『ブラック・スワン』（ダイヤモンド社）と題する刺激的な著書のなかで、リスク計算をして合理的に行動すると自任している金融トレーダーを口をきわめて非難している。この世界で決定的に重要なことは、多くの事象が、まったく予期し得ぬやり方で偶然に生起する、ということだという。

それをタレブは「ブラック・スワン」と呼んだ。「黒い白鳥」など誰もありえないと思っている。しかし、それはまったく偶然に生起するのだ。この時に、過去のデータに基づく統計的確率計算など意味をなさない。

確かに白鳥にも色々いるだろう。くちばしの形がどうの、色が白いの濁ったのといるだろう。それならある程度、データを集めてくれば計算できるかもしれない。

しかし、「黒い白鳥」の登場はまったくの突然なのだ。それは「異常現象」であり、しかも「深刻な衝撃」をもたらす。「白鳥」の概念さえ根底から揺らぎかねない。にもかかわらず、それが生起した後に、人々は（特に専門家といわれる人々は）もっともらしい説明を行い、なおかつ「実はそれは予想可能だった」などというのである。これが「ブラック・スワン現象」である。

ここで重要なことはどういうことであろうか。金融市場のなかをたまたま「ブラック・スワン」が泳いでいたということであろうか。予測不可能な「ブラック・スワン」が突然現われたということであろうか。

決してそうではない。金融市場の発展が「ブラック・スワン」を作り出したのである。金融市場の展開が予測不能な「不確実性」を生み出していった。そしてそれにもかかわらず、われわれは金融市場の展開こそは「リスク管理」を可能とすると信じていたのである。

金融市場はたえずイノベーションを作り出してきた。株式や為替の通常の取引の次には先物取引やさらには空売り、レバレッジを生み出し、原油や農産物の投機的取引に続いて様々なデリバティブを生み出した。住宅ローンも細切れに証券化されて複雑な新型の金融商品へと作り変えられた。企業破綻の保険も証券化されていった。

こうして、次々と生み出されるデリバティブは、文字通り、もとになる金融商品から派生したものであり、枝分かれするかのように派生が派生を生み出していった。利子が利子を生み出すように、利益を生み出す金融派生商品はさらに派生商品を生み出す。注意を要することは、デリバティブという金融イノベーションは基本的にリスクをヘッジするものだったということである。

ところがすでに見たように、金融市場のイノベーションこそが「ブラック・スワン」を呼び込んでしまった。リスクのヘッジが、新たな不確実性をもたらしてしまうのである。

このことは、きわめて単純な例によっても理解することはできよう。先にも述べたように、たとえば株式市場においてもっとも安全で確実な収益が期待できる状況とは何か。それは、長期的に特定の企業の株を保有する安定株主として配当を得ることである。いいかえれば、株式市場が未発展で取引が著しく制約されているほうが不確定性は小さい。

ところが、われわれはこのような状態には満足できない。市場取引を活発化すれば短期的な株の売買でキャピタル・ゲインを得ることができるからだ。これはリスクを高める。いいかえれば大儲けする機会も増える。そうすると、資金はますます株式市場へ流れ込んでくるだろう。その結果、投機的な動きによる株価の変動も激しくなる。つまり株式市場が活性化すれば、収益期待は大きくなるが同時に不確定性も増大する。

そこで株価変動のリスクをヘッジするためにたとえば先物市場ができる。あるいはオプションが生み出される。だが先物取引が可能となり、さらにオプションが市場化されることによって、収益期待が高まるとともに市場の不確定性もまた高まるのである。先のＣＤＯもＣＤＳも同じことだ。

かくて、金融市場のイノベーションは新たな不確定性を生み出し、人々をより高い「不確実性」にさらすこととなる。端的にいえば、利得を求める人々のあくなき貪欲が市場にブラック・スワンを生み出す条件を作り出してしまうのである。

ただし、このことはもう少し注意深く理解しておかねばならない。いま私は、「利得を求める人々のあくなき貪欲が」と書いた。しかしこれは実は正確ではない。それはむき出しの貪欲というわけではない。

金融工学を駆使し、数学と統計に熟達した投資家は、決してむき出しの貪欲によって突き動かされているわけではない。彼らはきわめて「合理的に」リスク管理のテクノロジーを開拓するという野望によって動かされている。ＣＤＳを開発したある金融工学者は、そのもとになっている数学理論を発見した時、「なんと美しいすばらしい理論であることか」と述べているし、ＬＴＣＭに関わり、一九九七年にノーベル経済学賞を受賞したロバート・マートンやマイロン・ショールズは高度に数学的な経済学を研究していた。

ヘッジファンドの金融工学を支えている「ブラック・ショールズ式」というものがあるが、数学的にはたいそううまくできている。合理的にリスク管理を行い、収益を計算できるのである。ただ問題は、それはリスク計算をする場合に経験的なデータ群として正規分布を仮定している。正規分布の仮定によって、例外的事態の生起はあらかじめ存在しないことになっている。最初から「ブラック・スワン」は排除されているのである。

しかし逆説的なことに、完全にリスクを管理できる工学的手法の開発と、それによって見事に「合理的に」利得を得られる市場の開拓、この見事なまでの科学的・合理的精神こそが「ブラック・スワン」をもたらしたといってよい。タレブは、「ブラック・スワン」は異常現象であるが、だからこそそれは起きるという。「ブラック・スワンは予期されていないからこそ起きる」のである。

予期されていることが起きたとしても、それはたいしたことではない。それは確率の範囲に収まる。リスク管理の議論のなかに収まる。だがそこには収まらない「不確実性」があるのだ。この種の「不確実性」についていえることは、ただ「それは予期できないがゆえに起きる」ということだけである。

だからだいじなことは、われわれは不確実性のなかに暮らしているということを改めて肝に銘じることしかないだろう。「ブラック・スワンは予測できない。われわれはブラック・スワンの世界に順応するだけである」。しかし、われわれはしばしば「自分たちは予測できないことを忘れてしまっている」のだ。

世界経済を支えた生産と消費のインバランス

さて、二〇〇八年世界経済危機から学ぶ事柄の第二は、「経済構造の変化」である。すなわち「グローバル化」と「金融中心経済化」である。

そのことを考えるために、まずは、どうしてリーマン・ショックに至る二〇〇〇年代の金融市場での投機が生じたのかを考えてみよう。

そもそも一九九〇年代後半から二〇〇〇年代にかけての世界の経済構造はかなりバランスを逸したもので、日本や中国が生産過剰になり、それをアメリカが消費するという構造であった。二〇〇六年で、アメリカから東アジアへ動いた物流は、約二三〇〇億ドルなのに対して東アジアからアメリカに流れた物流は約五三〇〇億ドルに達する。アメリカから日本へ向かった貿易額は七〇〇億ドルなのに対して日本からアメリカへは一五〇〇億ドルが輸出されている。つまり、世界の生産物の流れは、もっぱら、中国、日本からアメリカへ向かったのであった。

その結果、日本と中国は大幅な経常収支黒字国になり、アメリカは赤字国となる。つまり、二〇〇〇年代の世界経済の成長は、もっぱらアメリカが「最後の買い手」となることで支えられていたのである。いわば市場原理主義を唱えるアメリカが、実際上、グローバルなケインズ主義の役割を演じたのだ。アメリカが最終的な消費者となって世界の有効需要を拡大したのである。何とも皮肉なことである。

するとどうなるか。対米輸出はドルで決済されるので、黒字国はドルを蓄積することになる。ドルを持った黒字国の企業や政府は、それをアメリカの金融市場に投資して利益を得ようとした。その一部は、ヘッジファンドのような投機的資本につぎ込まれるであろう。だがもっとも安全な資産はアメリカ国債である。

かくて、二〇〇二年あたりからアメリカ国債残高は徐々に増加し、それに応じて海外からの投資も急激に増加する。特にリーマン・ショック後の増加は著しい（図4）。同時にまた二〇〇四年あたりからアメリカの株式市場へ海外からのドル資本が流入するのである。国債市場への資本流入の中心は日本と中国であった。図5によると、日本は二〇〇二年から〇四年にかけてアメリカ国債の保有高を拡大し、中国は二〇〇〇年代の一〇年ほどで、その保有高を約一〇倍にしたのである。

かくて、一九八〇年代以来、アメリカは再び、経常収支の赤字と財政収支の赤字という「双子の赤字」を抱えることとなる。だがそれは決して別々の事柄ではなかった。過剰消費による経常収支の赤字が、アメリカ国債の海外資本による消化を可能としたのであった。

もっとも数字的にいえば、リーマン・ショック以前でアメリカの財政赤字が最大になるのは二〇〇四年である。それ以降リーマン・ショックまでは減少する。にもかかわらず経常赤字は拡大し、アメリカへの資金流入は止まらない（図6）。

ではその資本はどこへ向かったのか。図6で経常収支赤字分から財政赤字分を差し引いた残りのかなりが国債以外の資産に向かったと見てよいだろう。その大部分は、株式市場、不

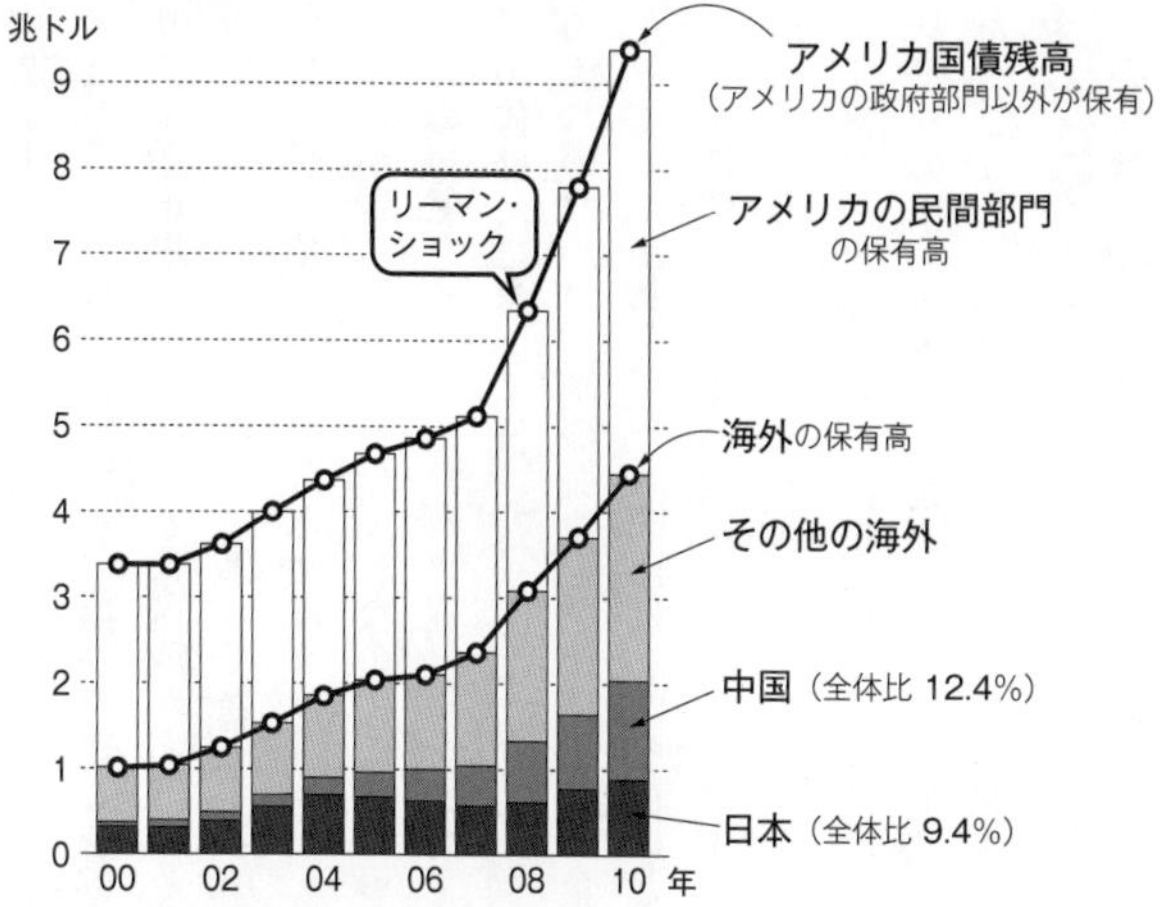

図4　アメリカ国債の保有残高　2000〜2010年
資料出所：アメリカ財務省・FRBホームページより
（吉本佳生『日本経済の奇妙な常識』（現代新書）より改変）

動産市場だけでなく商品市場などへ向かって投機マネーとなっていった。これは、二〇〇四年あたりからの原油などの資源価格と商品価格の投機的な高騰からも裏づけられることである。それは二〇〇八年まで続くのである。

これからわかることはどういうことだろうか。

一九九〇年代末から二〇〇八年までの世界経済を支えたのは、アメリカの過剰なまでの消費であった。ではその消費を可能とした資金はどこから出てきたのか。それは日本や中国あるいはアラブ産油国などの過剰資本であった。つまり、貯蓄と投資のグローバルな不均衡が生じていたのである。

とりわけ大きな経常収支の黒字を出し続けた中国によるアメリカ国債の購入があり、アメリカ金融市場へのドル資本の還流があり、それがアメリカの金融市場や不動産市場でのバブルを引き起こし、バブルによって発生する所得がさらにアメリカの過剰消費を可能とした。したがって、もとをただせば、リーマン・ショックをもたらした構造とは、グローバルな生産－消費のバランスの崩れなのである。つまり「グローバル・インバランス」こそがアメリカの景気を支え、それが世界経済を支えていた。

実体経済においては、「世界の工場」は中国へと移行しつつあり、グローバリゼーションの流れのなかで、国際競争力を保持したい企業は、工場を海外へ、特に中国へ移転していった。にもかかわらず、中国にはまだそれほど大きなマーケットは形成されてはおらず、アメリカが消費の中心であった。そこで、資本の流れは実体経済とは逆に中国からアメリカへ向かったということである。

アメリカと中国がちょうど凹凸の組み合わせのように利害を相互に一致させることで世界経済を牽引したといってよいだろう。だがそれは決してバランスのとれた発展ではなかった。こうして「グローバル・インバランス」こそがやがてはリーマン・ショックを引き起こすことになったのである。

それではこの「グローバル・インバランス」はどうして引き起こされたのであろうか。

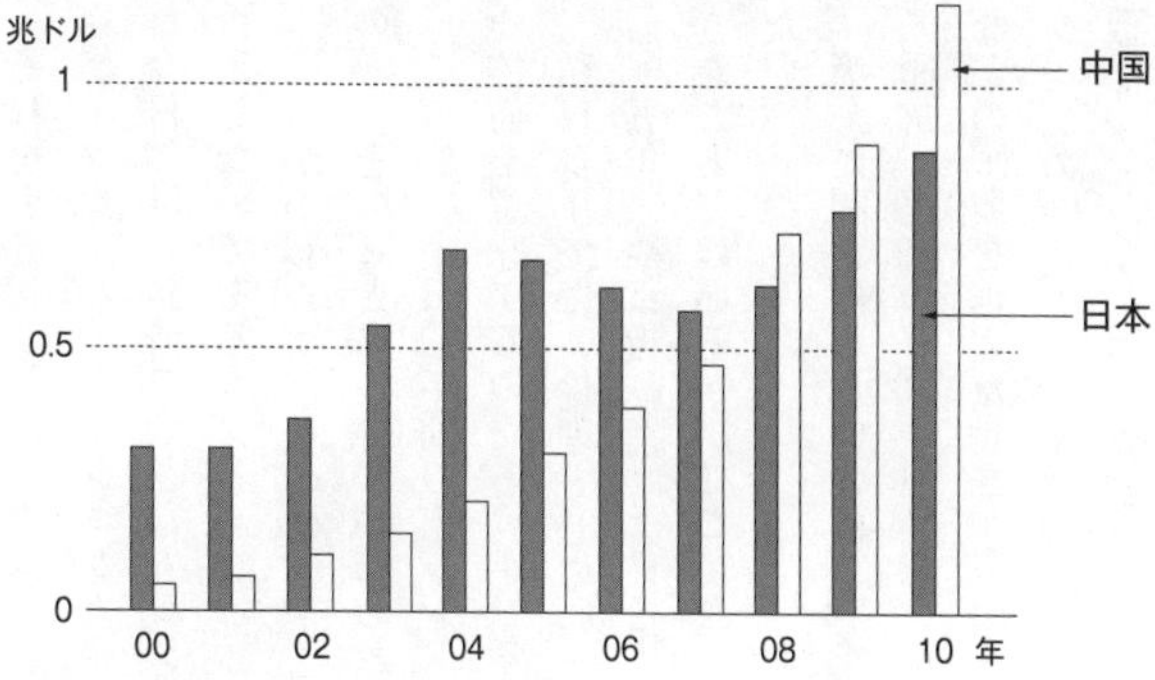

図５　日中のアメリカ国債残高
資料出所：アメリカ財務省・FRB ホームページより
(吉本　前掲書より改変)

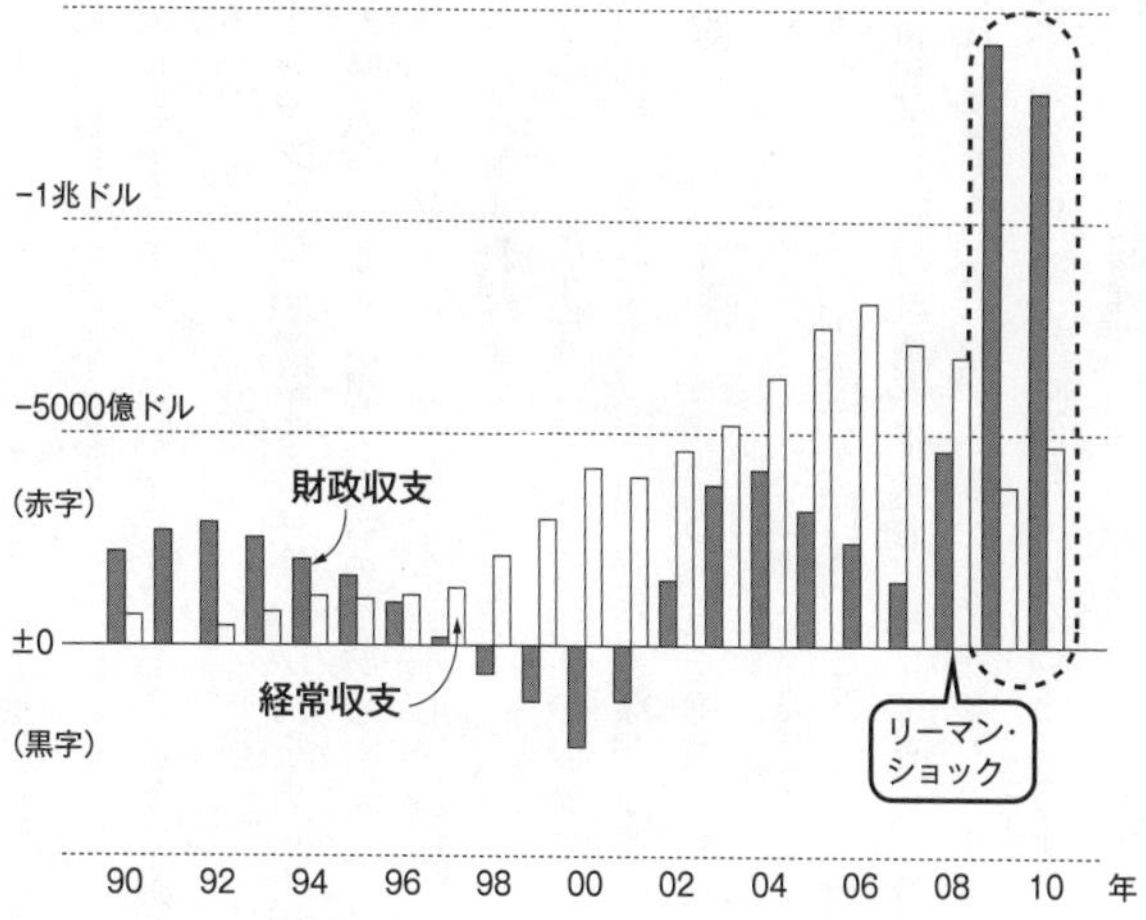

図６　アメリカの財政収支・経常収支　1990～2010年
資料出所：アメリカ財務省・商務省ホームページより
(吉本　前掲書より改変)

それを引き起こしたものは、一九八〇年代、九〇年代そして二〇〇〇年代と進展してきた経済のグローバリゼーションと金融中心経済への移行にほかならない。今日、世界経済の大きなトレンドがグローバリゼーションと金融中心化にあることは誰も否定しないであろう。

にもかかわらず、私には、「グローバリゼーション」や「金融中心経済」が何を意味するのか、そのことについてわれわれの間に十分な認識があるとは思えないのである。

この二〇〜三〇年間のトレンドである「グローバリゼーション」と「金融中心経済化」は一体何を意味するのだろうか。それをどのように理解すればよいのか。

私自身すでに『倫理としてのナショナリズム』（NTT出版、二〇〇五年→中公文庫、二〇一五年）や『大転換』（NTT出版、二〇〇九年→中公文庫、二〇一六年）などで述べてきたことではあるが、ここで改めて基本的な論点を述べておこう。三つの点を強調しておきたい。

第一に問題にしたいのは、「グローバリゼーション」と「国家」の関係である。

通常、経済のグローバリゼーションとは、世界的に市場経済が拡大し、モノ、ヒト、資本などの国境を越えた動きが自由・活発に行われることとされる。そこから、グローバリゼーションの時代とは、主権国家の重要性が減じ、国境にこだわる時代ではないというような「ボーダーレス化幻想」もでてくる。

一面では確かにそうなのだが、その意味は少し注意深く理解しておかねばならない。たとえば、この二十数年で世界的に経済のグローバリゼーションが進展するなかでもっとも成果をあげた国はどこか。アメリカは一九九〇年代から二〇〇〇年代にかけて確かに戦後最長の景気を持続することができた。

しかしそのアメリカ以上に経済発展を遂げた国はというと、いうまでもなく中国なのである。その中国に続いてロシア、インド、ブラジルなど、いわゆるＢＲＩＣｓ新興国が日の出の勢いで経済発展を遂げ、次いでは韓国が出てきていた。

ところが、中国にせよロシア、ブラジル、インドなど、決して模範的な市場経済の国ではない。自由貿易でもない。このこと一つを見ても、自由貿易やグローバリズムが自動的に国の利益をもたらすなどとはいえまい。

前章でも述べたが、冷戦が終わって自由経済が勝利した後の世界で、グローバル資本主義の恩恵にもっともあずかったのは共産主義国、中国なのだ。このとんでもない逆説に対して、「市場原理主義者」はどのように説明もしくは釈明をするのであろうか。

特に我が国では一九九〇年代以降、「冷戦以降の世界ではボーダーレス化が進み、国境はあまり意味を持たない。自由競争市場こそが世界標準である」などという能天気な言説が支配していたのであった。

グローバリゼーションと国家の役割

どうしてこうなったのか。グローバリゼーションという概念についてそのもっとも重要な点を理解していなかったからである。

そのことを理解するために「グローバリゼーション」と「グローバリズム」をまずは区別しておきたい。

「グローバリゼーション」とは一つの現実である。確かに、国境を越えたモノ、ヒト、資本などの移動についての規制が緩和され、またＩＴの普及につれ、その世界的な流動は著しく高まっている。これは「現実」である。

だが「グローバリズム」とは、「イズム」とあるように、何よりも理念であり「かくあるべし」という主張である。それは、イギリスの政治哲学者ジョン・グレイもいうように、一八世紀の西欧の啓蒙主義を受け継ぎ、世界を一体化することで、人類の幸福が増進し世界的平和を達成できるという啓蒙主義的な信念なのだ。世界を一体化する方法は、自由や民主主義の普遍化、人権観念の普及、そして市場経済の促進であるという。

これはあくまで理念であり理想である。ヨーロッパの啓蒙思想を引き継いだ理想だ。その理念が今日圧倒的に強い力を持つようになったのは一九九一年にヨーロッパで社会主義が崩壊したからである。冷戦以降、「グローバリズム」は現代という時代を理解するキーワードになってしまった。

だが「現実」のグローバリゼーションのさなかで生じていることは何であろうか。それは、一方では、確かにモノ、ヒト、資本そして情報などの国境を越えた移動である。しかし、移動の速度はまったく違っていることに注意しなければならない。資本と情報の移動はきわめて速い。時には瞬時に移動する。だがモノ・サーヴィスは違う。なかにはほとんど移動しないものもある。ヒトの移動となれば決して容易ではない。

したがって、資本、情報などに着目すればグローバリゼーションは急速に進展しているということになる。だがある種の財貨、サーヴィスに着目すれば決してグローバリゼーションなど生じていないことになる。労働力も簡単には移動できず、土地となれば所有権はともかくそれ自体はまったく移動できない。この落差がグローバリゼーションという現象をたいへんに複雑で難しいものとしている。

一般的にいえば、ITを使った資本の移動は著しくグローバル化しているのに対して、労働や生産・消費、すなわち実体経済はそれほど急激にグローバル化するものではない。生産企業のなかには、工場の海外移転をできるものもあればできないものもある。グローバル化に対する意味は企業によって大きく異なるのである。

これは当然のことだ。しかしこの当然のことを踏まえれば、決してグローバリゼーションとグローバリズムを取り違えるような議論は出てこないはずだ。

現実のグローバリゼーションのなかで生じることは何か。先進国についていえば、まずは賃金の低下や雇用の不安定というデフレ圧力であった。一九九七年あたりから日本の賃金水準は傾向的に低下した。しかも九八年あたりから格差は開き、消費者物価も低下している。

日本の場合、グローバリゼーションの進展のなかで、国内の労働や生産体制はきわめて不安定な状態に置かれているのである。そして国内の雇用や経済を安定させるものは政府以外にない。このこと一つをとっても、「国家の役割は終わった」だの「国家の退場（リトリート・オブ・ステイト）」どころではない。その逆で、グローバリゼーションの進展によってますます「国家の役割」は重要になっているのだ。

とすれば、一九九〇年から二〇一〇年へかけての二〇年ほどのグローバリゼーションにおける、さしあたっての勝者がアメリカ、中国、ロシア、インド、ブラジルそして韓国などである理由も明らかになってくるだろう。これらの国は「国家（ステイト）」が強力なのである。政治的指導者や指導層に集中された権力と政府の行政力が強力なのである。

その強力な「国家の意思」によって、それぞれの国が、それぞれの国の特異な生産要素を戦略的に利用したのである。

中国は安価で豊富な「労働」という生産要素にアドヴァンテッジを持っていた。ロシアは「資源」という生産要素にアドヴァンテッジを持っていた。インドは英語や数学的能力にアドヴァンテッジを持った知的層を抱えていた。ブラジルも「資源」というアドヴァンテッジを持っている。そしてアメリカはドル通貨の「資本」という生産要素に強力なアドヴァンテッジを持っていた。さらにいえば韓国は、ナショナリズムという国民的結束と学歴エリートという「人的資源」を戦略的に作り出したのである。

それらの国は、そのアドヴァンテッジを最大限生かすべき戦略を実行した。ここには強力な「国家の意思」があった。もっとも、そのようなアドヴァンテッジがいつまでも続かないのもまたグローバリゼーションの現実であり、恐ろしいゆえんである。そこでまた、国家間の競争が生じるのである。

これがグローバリゼーションというものである。問題は透明で公正な市場経済を実現したかどうかではない。強力な国家を持ちうるかどうかなのである。グローバル市場が形成されるなか、市場や資源をめぐる激しい競争が生じる。そのさい、競争を自国に有利に誘導しうる戦略を持てる政府が存在するかどうかこそがポイントになってくるのである。

では日本はどうであったのか。

方向がまったく反対であった。一九九〇年代以降の日本では、グローバル化のさなかにおける戦略性という発想はほとんど見られなかったといってよい。それどころか、産業政策も産業戦略も論議されることはなく、規制緩和から行政改革に至る動きに示されているように、市場に対する国家の力の弱体化こそが経済を活性化すると見なされたのであった。

官僚行政から権限を奪い取り、公共部門へ流れ込んでいる資金の流れを民間部門に振り分けることこそが経済を活性化する道だとされた。政府も経済界もマスメディアも「民活」といい「官から民へ」と唱和した。「官から民へ」という資金の流れを作り出すことさえできれば、グローバル経済のもとで競争力を実現できるものと見なされたのだ。

かくて、財政改革、行政改革、規制改革こそが経済再建の道だと唱えている間に、グローバル資本主義における日本の地位はどこまでも低下していったのである。

ここに一九九〇年代以降の日本経済の地盤沈下のもっとも基本的な理由がある。問題は、官の資本を民へまわすという点にあるのではなく、政府がグローバル競争における戦略性を持ちえなかった点にこそあったのだ。

こうみてくれば、「グローバリゼーション」を「グローバリズム」と取り違えるという錯誤は実は深刻な結果をもたらしたことがわかる。おそらく「グローバリズム・イデオロギー」を生み出したアメリカ以上に、日本こそがこのイデオロギーにふりまわされてしまったのであろう。

アメリカの「成長モデル」の転換と見せかけの繁栄

すでに述べたように、先進国についていえば、一般的にグローバリゼーションによって経済が活性化するという理由はどこにもない。

にもかかわらず先進国がおしなべてグローバリゼーションのなかで景気停滞に直面したわけではない。実際アメリカは一九九〇年代のクリントン政権から二〇〇〇年代のブッシュ政権にかけて戦後最長の繁栄を享受したのであった。

その基本的な理由は、すでに述べたように、二〇〇〇年代にアメリカは、双子の赤字を利用して資本をアメリカに還流させたからであった。いいかえれば、アメリカは、その本来の姿である重工業を中心とする工業立国から、ＩＴを使った金融立国へと姿を変えていったのであった。この「新しい経済」は、実体のあるモノ作りではなく、情報や知識の蓄積やそのやり取り、それに金融市場やクレジット市場を使った「虚業」による繁栄であった。

これはすでに一九八〇年代から始まっていたことであった。すでにアメリカは七〇年代から八〇年代にかけて工業生産や耐久消費財の生産力の低下に直面する。アメリカ経済の代名詞であった自動車や機械などの工業分野において生産性は急激に低下しつつあった。

モノ作りにおいてアメリカの生産性は、日本やドイツの後塵を拝することになる。さらにグローバル化のなかでアジア諸国の低賃金労働と競争するため、産業空洞化が進行する。

この経済の傾向的な衰退に対処するためにアメリカは産業構造の転換を行った。情報・通信と金融分野へと経済の軸を移したのである。

資本主義経済は常にフロンティアを求め、そのフロンティアにおいて新たな利潤を生み出す。フロンティアは多くの場合、イノベーションによって作り出される。そして多くの場合、フロンティアにおけるイノベーションは政府の強力な後押しによって可能となる。

一九九〇年代のアメリカのＩＴ革命と金融革命はまさにその典型であった。クリントンは

ITと金融をアメリカの戦略的な産業分野と位置づけ、高度に専門的教育を受けた人材をこの分野に誘導した。しかも、九五年から九九年にかけて財務長官を務めたロバート・ルービンはもともとゴールドマン・サックスの会長であった。これは後のブッシュ大統領も同様で、二〇〇六年から〇九年にかけて財務長官であったヘンリー・ポールソンもまたゴールドマン・サックスの会長であった。かくて政府と金融界の結びつきをきわめて強くした。いわゆるワシントン・ウォールストリート・コネクションである。

こうして一九九〇年代の後半には、アメリカはITと結合した金融市場でグローバルな優位性を確保することとなる。

その結果どうなったのか。

経済成長のメカニズムが大きく変化したのである。マルクス経済学者なら「資本の蓄積様式」の変化というであろう。ここでは「成長モデル」が変化したといっておこう。

従来の「成長モデル」は次のようなものだった。

工業分野や消費財分野での技術革新が生じ、それが大量生産とともに製品のコスト低減をもたらす。同時に労働生産性の向上とともに賃金水準が上昇する。こうして所得が増加し大量消費が可能となる。つまり、「技術革新」→「大量生産」→「所得上昇」→「大量消費」→……という循環のプロセスが経済を拡張してきた。これを「産業型成長モデル」と呼んでおこう。あくまでモノ作りが成長を可能としてきた。

しかし一九九〇年代以降のアメリカの繁栄は異なっている。

まず金融工学やITによってアメリカの金融市場で高い収益期待を生み出す。それはグローバルな金融市場で圧倒的に優位に立つことを意味する。こうして海外からの資本をアメリカの金融市場に集中し、いっそうの収益を生み出す。そこから発生した所得を消費にまわすことによって経済を活性化する。

つまり、「金融市場のイノベーション」→「グローバルな金融市場での優位」→「金融市場への資本の流入」→「資本利得による所得の増加」→「消費の拡大」→……という循環のプロセスができあがる。これを「金融型成長モデル」と呼んでおこう。

先進国はある程度経済が成熟するとどうしても既存の産業は活力を失う。仮に同じだけ投資をしても、すでに成熟段階にある先進国は、新興国に対して収益率は小さい。しかもグローバル化のおかげで国際競争力を失ってゆく。グローバリゼーションのプロセスにおいて先進国は経済衰退を余儀なくされるのである。一九七〇年代から八〇年代にかけてのアメリカも例外ではなかった。

アメリカの強さとは、この苦境を「資本（ドル）」と「情報装置（コンピュータ）」というアメリカの持つ相対的優位を最大限に活用して経済の再生をはかった点にある。アメリカはグローバル化のもたらす先進国の傾向的な衰退を、金融経済中心の構造へ作り変えることで乗り切ろうとした。「産業型成長モデル」から「金融型成長モデル」へと転換することで新たな成長メカニズムを開拓したのである。

一九九〇年代のクリントン政権の時代には、アメリカの経済ジャーナリズムや経済学者は、アメリカ経済は景気循環を克服したと豪語したものである。不況という概念はもはや無意味になったとさえ主張していた。「ニュー・エコノミー」の到来といわれたのだった。

しかし、それは間違っていた。それは見せかけだけの話である。景気循環を克服したかに見えるカラクリは、ただ「産業型の成長モデル」から「金融型の成長モデル」に転換したからにすぎなかった。

景気循環は確かに「産業型の成長モデル」に固有のものである。だから「金融型の成長モデル」への転換によって景気循環はもはや過去のものとなったかに見える。それはバブル経済だが「金融型の成長モデル」は別の不安定性を持ち込むことになった。それはバブル経済である。アメリカの繁栄は金融市場（および不動産市場）の活性化とそこで生み出される所得に依存していた。これはいいかえれば、金融市場や不動産市場でバブルを発生させるということである。

バブルは汗水たらして働かなくとも、安手の錬金術のようにカネを生み出す。こうして生み出されたあぶく銭によってアメリカ人は過剰なまでのモノを買い込んでいた。バブルによって所得が生み出されるという期待が定着すれば、自動車であれ住宅であれ、身分不相応など気にせずにローンで買えばよい。統計上、アメリカの貯蓄率はマイナスにまで落ち込むのである。

まさに見せかけの繁栄であった。相次ぐ金融緩和によってバブルに対する責任を負うべきはずのアラン・グリーンスパンFRB（連邦準備制度理事会）議長は、これを「根拠なき熱狂」といったが、確かに根を持たない繁栄であった。世界からアメリカに流れ込んでくる借金による繁栄であった。政府も同様で、アメリカ国債は中国や日本をはじめ世界から資金を集める手段となっていたのだ。

いうまでもなく「根拠なき熱狂」はいつまでも続かない。バブルはやがて破裂する。そしてバブルの崩壊がただ金融市場の一時的な混乱に収まればよいが、通常はそうはいかない。信用の収縮は実体経済への資金の循環を阻害し、実体経済そのものが大きな打撃を受けることになる。こうして、通常の景気循環などよりもはるかに大きな痛手を実体経済も経験することになったのである。

「成長モデル」の限界が露呈

このことからわかることはどういうことだろうか。

二〇世紀のアメリカはただ世界経済をリードしてきたというだけではなく、いわば「繁栄の標準的モデル」というべきものを作り出した。戦後の近代化とは産業化であり、アメリカこそが産業化のモデルを生み出した。それは、産業技術の発展によって生産プロセスを標準化し、大量生産、大量消費を可能とする。いわゆる「フォーディズム」と呼ばれるモデルである。

「フォーディズム」とは、いうまでもなくフォード自動車会社からとられた概念だが、それは、ただライン・システムによる生産プロセスの標準化・効率化による大量生産方式をさすだけではなく、戦後のアメリカ型の産業社会そのもののモデルをさす。

フォーディズムにおいては、先に述べたように、生産過程を標準化することで労働生産性を向上させ、賃金上昇は大きな購買力を持った中間層を生み出す。これが大量消費をもたらして経済の拡張を可能とする。

このような「産業型成長モデル」のもとになるのが「フォーディズム」であった。一九六〇年代には、「資本主義」というマルクス学徒好みの言い方は、「産業社会（industrial society）」というモダンで中立的な言い方に変わっていったのだった。

「フォーディズム」が戦後世界の経済発展の標準形になったのは、これが産業技術の画一化、生産プロセスの標準化、労働の単純化などを通して、世界中で普遍妥当性を持ちえたからである。日本はその優等生であった。アジア諸国がそれに続いてこのモデルを取り入れてゆく。日本を先頭としたアジア諸国も「産業社会」へと変貌してゆく。

ところが当のアメリカでは「フォーディズム」による「産業型成長モデル」は一九八〇年代に入るころにはすでにうまくいかなくなっていた。八〇年代にレーガン大統領が登場するが、彼の登場は、アメリカの産業化を支えた「フォーディズム」と「ケインジアニズム」の終わりを意味していた。そして、それに代わって打ち出されたのが「金融型成長モデル」と「新自由主義」だったのである。

だが一九九〇年代後半以降の繁栄は実体を伴わない「虚栄の繁栄」といわねばならない。リーマン・ショックは「金融型成長モデル」がうまくは機能しないことを示した。ここにリーマン・ショックから始まる二〇〇八年の金融危機の意味がある。

それは、短期的にいえば二〇〇〇年代のアメリカの住宅政策と低金利政策の失敗を意味し、投資銀行のあまりに無軌道な利得競争の結果であろう。リーマン・ブラザーズのリチャード・ファルド会長は、議会の公聴会に召喚されて「貪欲の権化」と評され、その度外れな蓄財を非難された。彼は一四年間で五億ドル（約四〇〇億円）の報酬を得たともいわれている。確かにそのような道徳的無規律もあるだろう。

だがそのもっと中心的な意味は、アメリカが開発して「グローバリズム」の名のもとに世界中を巻き込んでしまった「金融型成長モデル」のいきづまりにある。「金融型成長モデル」の持つ根本的な矛盾が露わになったのである。

しかし、だからといって「産業型成長モデル」へ回帰すればよいというものではない。だから問題はやっかいなのだ。オバマ大統領は自動車産業を中心にアメリカの製造業の再活性化を訴え、製造業への回帰を唱えたが、グローバリゼーションのなかで新興国とのコスト競争にさらされる限り、本格的に「産業型成長モデル」へ回帰するのは難しいだろう。

ではどう考えればよいのか。「産業型」であれ「金融型」であれ「成長モデル」を見直す以外にないと思われる。つまり、先進国においてはもはや無理やり成長を追求できる時代は終わったことを認識すべきなのではないだろうか。経済成長至上主義による経済発展という思考を変えなければならないのではなかろうか。しかし、この点はまた後に述べよう。

経済学の前提の誤り

最後に、この「思考を変える」ということについて少し述べておきたい。

今日のグローバル経済の危機をもたらしたものは結局、何なのか。

すでに私は多くのことを述べてきた。むろん、事態をあまりに単純化することは避けるべきだし、多くの要因が作用している。だがここで私が本当に関心を持つのは、今日のわれわれを強く支配している「経済についての思考」である。

今日、われわれは独特の「経済についての思考」を持っている。新自由主義的な傾向を持った「市場中心の経済学」がそれである。

だが「経済学」は科学ではなかったのか。「科学」であるなら特に問題はないではないか。「イデオロギー」でなければよいではないか。こういう反論がでるかもしれない。その点はまた次章で述べよう。

あらかじめいっておけば、「経済学」は、それが「科学」を自称するということも含めて、決して自然科学的な意味での「科学」ではない。多かれ少なかれ「イデオロギー」以外の何ものでもない。

にもかかわらず、それは「科学」であろうとした。あるいは「科学」の装いをまとおうとした。そして、実はそのことこそが今日のグローバル経済の混乱を生み出したのだ。

いずれにせよ、今日の経済学の中心には市場競争論がある。この自由な市場競争をよしとする今日支配的な「市場中心の経済学」をここでは単に「経済学」と呼んでおこう。人によってはもう少し専門的に「新古典派経済学」と呼ぶこともあるが、ここでは単にそれを「経済学」としておこう。

議論を先に進める前に、この「経済学」の基本的な特徴を書いておこう。今日の経済学は次の命題を高々と掲げている。「市場経済の基本命題」である。

自由な競争的市場こそは効率的な資源配分を実現し、可能な限り人々の物的幸福を増大することができる。

そして、この命題が成り立つためには、いくつかの重要な前提がある。そのうちの三つを書いておこう。

（1）人々は与えられた条件のもとでできるだけ合理的に行動する。行動に必要な情報は可能な限り合理的に利用する。

（2）経済活動の目的は人々の物的満足をできるだけ増大させることであり、この場合に、モノ・サーヴィスの生産・交換・消費という「実体経済」が経済の本質であり、「貨幣」はその補助的手段でしかない。

（3）人々の欲望は無限であり、消費意欲は無限である。これに対して物的生産の条件となる資源は有限である。したがって経済の問題とは、稀少資源をできるだけ効率的に配分するという点に求められる。

この三つの前提があって、上記の「自由な市場競争は効率的で望ましい」という結論が導かれる。多少の偏差はあっても、現代の経済学の中心に位置するのはこの考え方だ。ところで私は、この三つの前提は本質的に間違っている、と考える。現実はまったく違うのだ。にもかかわらず、政策はこの間違った「経済学」に基づいてなされてきた。そこに誤りの根源があったように思う。

右の三つの前提の意味を確認するためにも、その逆のことを書いておこう。私には、以下の前提のほうが正しいものと思われる。

（A）人々は常に不確定な状況のなかで将来へ向けて行動している。したがって、本質的な意味で合理的行動というものは定義しえない。

（B）「貨幣」は人間の経済活動にとって補助的な手段ではない。それは人の生活を支える独自の価値を持ったものであり、また、時には貨幣そのものが人の欲望をかきたてる。

（C）人間の欲望は社会のなかで他者との関係において作られる。それはあらかじめ無限なのではない。一方、今日の経済は、技術革新のおかげで巨大な生産力を持っている。もしも人間の欲望の「増加」が、生産力の増加に追いつかなければ、経済の問題とは、「稀少性の解決」へ向けた問題ではなく、「過剰性の処理」へ向けた問題となる。

この三つの前提から私は出発したいのだ。そのほうが私にははるかに現実的と思われる。そして、経済学の主要な伝統は、実はこの前提を保持していたのだ。それを現代経済学は忘れ去ってしまった。あるいは故意に無視しようとした。それも経済学という「科学」のために。今日の混乱はそのことと決して無関係ではない。それを次章以下で論じてみよう。

第4章 「経済学」の犯罪——グローバル危機をもたらした市場中心主義

経済学の多様な学派

今日のグローバル資本主義を考える場合に、無視できないのが「経済学」という問題である。

確かに、二〇〇七年から二〇一一年にかけての世界経済危機を招いた犯人が経済学者であるというと言い過ぎであろう。どこにも犯罪の証拠はない。だが、経済学という「科学」のありようが、間接的であれ関与していることは間違いない。

たとえばケインズ研究で知られるイギリスの経済思想家ロバート・スキデルスキーの次の言葉は手厳しい。「今回の危機の根本原因は、経済学の理論的な失敗にあると考えている。（中略）最近、圧倒的な力をもっていた新古典派経済学がどれほどの害悪を与えたかは、簡単には記せないほどである。歴史上、これほど奇妙な考え方に優秀な人たちが熱中した例はまずない」（スキデルスキー『なにがケインズを復活させたのか？』日本経済新聞出版社）。

ここで問題としている「経済学」とは、今日のアメリカ経済学の主流であり、政策についても圧倒的な影響力を持っている市場競争中心の経済学だ。スキデルスキーが「新古典派経済学」と呼んで批判しているものである。

もともと経済学には多様な「流派」があった。次のようにいえばいくらかはイメージをつかんでもらえるのではなかろうか。

一九七〇年代前半、私は大学院で理論経済学を学んでいた。そのころ経済学にはいくつかの「流派（スクール）」が並存していた。中心にあるのはアメリカの広義の「新古典派経済学（ネオクラシカル・エコノミックス）」と呼ばれるもので、これは大きく二つに分かれていた。一つは、「新古典派総合」もしくは「アメリカ・ケインジアン」であり、もうひとつは「シカゴ学派」であった。

前者は、自由な市場競争を原則にするものの、市場は万全ではなくマクロ的な安定のためには補正的にケインズ政策が必要だという立場である。これに対して後者は、あくまで市場競争にたち、マクロ的ケインズ政策、特に財政政策は意味を持たないと主張した。厳密な意味で（狭義で）いえば、「新古典派経済学」とはもっぱら後者をさす。ただ両者に共通するのは、いくぶんの濃淡の差はあれ、市場競争を軸にする資本主義のパフォーマンスに強い信頼性を置いている点であった。

この二つのヴァリエーションを伴った広義の「新古典派」がアメリカ経済学の中心であった。

しかしそれだけではない。たとえば日本の場合、経済学界の半分はマルクス経済学が占拠していた。

アメリカにおいてはマルクス経済学と称するものは存在しないが、マルクスの影響を受けたアメリカ版マルクス主義者とでもいうべき「ラジカル・エコノミックス学派」が存在していた。

ちょうどベトナム戦争反対運動が高揚し、学生運動のさなかで左翼ラジカリズムが大きな思想的影響力を持っていた時代である。「ラジカル・エコノミックス」が強調したのは、経済活動も本質的に「権力関係」だということであった。

さらにいえば、アメリカにはもうひとつ「制度学派」なるものがあった。一九世紀末から二〇世紀のはじめにかけて独自の立場を作ったジョン・コモンズ、ウェスリー・ミッチェル、ソースティン・ヴェブレンといった経済学者の流れを汲む人たちである。彼らも個人主義的な市場中心的思考を批判し、経済を安定させるための「制度」を重視したのである。

それだけではない。イギリスにはケインズの弟子であったジョーン・ロビンソンを中心に「ケンブリッジ学派」がまだ健在であった。彼らはアメリカ経済学を嫌い、新古典派に対して激しい攻撃を加えていた。

最後に付け加えれば、一九七〇年代に入って、ハンガリー出身の特異な経済史家であるカール・ポランニーが日本に紹介された。彼は、人類の長い歴史のなかで見れば、あるいは、世界の多様な経済構造のなかで見れば、市場経済などいわば歴史的産物であり、近代に入って意図的に作り出された一つの経済様式にすぎない、と述べていた。

ざっと眺めただけでも、一九七〇年代にはこれだけの経済学の「流派」が存在したのだ。

そして、当時、経済学を学ぶ大学院生たちは、これらの「学派」についてよく議論したものだった。私たちもこのすべてを一応、知っておく必要があった。その上でもっとも共感を持つ学派を選択したのである。

中心に居座っているのはむろんアメリカの「新古典派」であったが、前述した他の様々な学派は、市場競争に信頼をおく「新古典派」をこぞって攻撃していたのだ。自由な市場競争は決して万全でもなければ自明でもなかった。

むしろ、市場経済が万全ではないとすればそれを補うものは何なのか、という論点において、多様な流派が論争を繰り返していたのである。ケインズの流れを汲むものは政府の賢明さを強調し、制度学派は慣習的な制度の重要性を説き、ラジカル派やイギリス経済学は階級関係を強調したのだった。

これが一九七〇年代の「経済学」の状況である。

私自身は、市場競争が万能であるなどと一度も思ったこともなければ、そのように教わったこともない。シカゴ学派のような市場競争中心主義は、かなり極端な想定をおかなければ成立しないものであり、それはせいぜい社会主義に対抗する西側の極端なイデオロギーのように思われた。

むろん、自由経済かそれとも社会主義的計画経済かという体制選択を迫られれば、間違いなく広い意味での自由市場経済の側に立ったことは事実である。しかしその上でいえば、自由な市場経済が万全であるなどという理由はどこにもない。

それどころか、自由な市場競争は根源的な不安定性を抱えており、特に市場競争は経済システムだけではなく「社会」を不安定化するというのが、私の見方であった。いまでもそうである。

シカゴ学派の勝利

ところが一九七〇年代の半ばごろから情勢は急激に変化していった。アメリカでもベトナム戦争反対のラジカリズムが衰退し、日本でも左翼主義は崩壊していった。左翼ラジカリズムの退潮である。哲学者リチャード・ローティが述べたように、アメリカでも日本でも、左翼的なマルクス主義は、経済学部から文学部へ移籍していったのである。つまり階級闘争を放棄し、ジェンダーや文化的な多様性と差異をめぐる闘争へと足場を変えていった。

政治経済学のほうでは、ラジカリズムではなく、せいぜいゆるやかなリベラリズムが支配的となってゆく。ジョン・ロールズの『正義論』が出版されるのが一九七一年であった。しかしロールズ理論は、経済的な面からすれば、六〇年代の福祉主義を後押しする最後の砦にすぎなかった。リベラリズムの関心は経済問題というより、多様な少数派の政治的な権利の獲得や社会的承認へと移っていったのだ。

こうした思想的な動向のなかで、多かれ少なかれ市場経済に異を唱えていた（それは広い意味で左翼的と見なされていた）多様な学派は舞台から姿を消していった。マルクス経済学が衰退し、制度学派が新古典派に吸収され、ラジカル・エコノミックスが退場し、イギリスのケンブリッジ学派も力を失ってゆく。

最後まで残ったバトルは、広義の「新古典派」内部のものであった。「アメリカ・ケインジアン」と「シカゴ学派」の間の戦いであった。そしてこのバトルは、一九八〇年代に入るころにはすでに決着がついていた。「シカゴ学派」が勝利したのである。ここに、市場中心主義の思考はほぼアメリカ経済学を支配することになる。今日では「新古典派」といえば、ほぼシカゴ的な市場中心の経済学をさす。さらに彼らは、ケインズ主義に代わる新たなマクロ経済学を含む「新しい古典派（ニュー・クラシカル・エコノミックス）」なるものを提唱している。

しかもアメリカ経済学は、世界中から若手の経済学者やその卵を受け入れてまた世界へ送り出すという、グローバルな規模での経済学者製造機の役割を果たしていた。

こうしてアメリカ経済学の圧倒的な影響力が世界の経済政策に決定的な影響を与えることになる。

各国の経済政策の基本的な考え方は、アメリカからの精神的距離の違いによって多少の時差を伴いながらも、世界へ伝播していった。先進国の経済学的な思考は、日本であれ、ヨーロッパであれ、さらにはアジア諸国であれ、ケインズ主義的なものから市場中心主義的なものへと置き換えられていったのだ。

このことがいかにアメリカの経済的な覇権とからんでいたかは決して強調しすぎることはないであろう。一九世紀から二〇世紀初頭にかけての「イギリスの経済学」が「イギリス経済」と不可分だったように、「アメリカの経済学」は「アメリカ経済」から切り離すことはできない。

私が大学院で経済学を研究していたころの一九七〇年代の情景と見比べてみれば、今日、その様変わりに驚かされる。多様な流派はほとんど姿を消し、もっぱらシカゴ流の市場競争中心主義だけが残ったのである。

むろん、ケインズ的な修正の必要性がまったくなくなったわけではない。人によっては、アメリカ経済学は「淡水学派」と「海水学派」に分かれる、という。「淡水学派」は五大湖周辺で大きな力を誇っている「シカゴ学派」であり、「海水学派」は、MIT（マサチューセッツ工科大学）やハーバードやスタンフォードなど東西沿岸部の大学でまだ力を持っている多様な学派であり、そのなかにはケインズ主義的修正の必要性を唱える人もいる。

このような区別はまだありうるものの、一九七〇年代のあの多様性と論争に比すれば、とても二大学派などといえるものではない。「海水学派」も含めて著しく市場中心型に傾いたことは間違いない。アメリカ経済学は、五大湖の塩分の少ない淡水に飲み込まれてしまった。

経済学の持つ「ヴィジョン」が見えなくなった

私には、このことは見かけ以上に大きな意味を持っているように思われる。シカゴ的な市場中心主義が経済学の王座につくことで、そのイデオロギー性が覆い隠されてしまったからである。

確かに、経済学は現実を分析するための道具だ。経済学の教科書とはその道具箱にすぎないともいえる。多くの実務型の経済学者はそのように考えているのであろう。

しかし決してそれだけではない。そこには一つのものの見方が反映されている。ひとつひとつの道具は問題を解決するためのもののように見えるが、その全体を入れる箱は、一定の形状を持っており、ある種のものの見方を示している。

ヨーゼフ・A・シュンペーターは、経済学には二つの側面があって、一つは「道具（ツール）」でありもうひとつは「ヴィジョン」であると述べたが、私が強調したいのは「ヴィジョン」の側面なのである。いかに「道具」といっても、それを「新古典派」の道具箱から取り出す時には、そこにはアメリカ経済学のある種の「ヴィジョン」が背景になっている。それはマルクス経済学の道具箱とはまた違っているのだ。

その意味では、経済学は常に隠されたイデオロギーを含み持っている。中立的・客観的な経済学などというものは存在しない。一定の角度からの「現実の見方」が内包されている。一九七〇年代にはこの「現実の見方」こそが争われたのだった。

今日でも事態の本質は変わっていないはずだ。しかしそれが見えないのである。「ツール」の側面だけがやたら強調されて「ヴィジョン」が水面下に隠されてしまっており、結果として市場主義経済学の考え方が「正しい」ものとなってしまった。おまけにそれはアメリカではりっぱに「教科書」に仕立て上げられている。

だが教科書に書かれていることが「正しい」という理由は実際にはどこにもないだろう。一九七〇年代にある高名な経済学者が次のようにいったことがある。「経済学は科学である。なぜなら経済学には教科書があるから」と。

むろん、これは本末転倒にすぎない。「科学であれば教科書は書ける」かもしれない。しかし、「教科書があるから科学である」という理屈にはならない。「教科書」を疑う権利は誰にでもある。

にもかかわらず、市場中心主義は教科書化することで「正しい」ものとなり、そのイデオロギー性が押し隠されてしまった。そのことこそが大きな問題だと私には思われる。

「科学としての経済学」の装いの成立

本書の主題からは少しずれるが、実は、これは社会科学や人文科学の場合にはたいへん重要な問題である。この場合には経済学の「科学性」ということに関わる。

「科学」とは何か。「科学」の最大の特質は、それが「価値」を含まないという点にある。アイザック・ニュートンが発見した引力の法則は、ニュートン自身の嗜好や宗教を反映しているわけではない。ニュートンがケンブリッジのトリニティ・カレッジ（三位一体の学寮）に属するキリスト教徒だということは、彼が発見した万有引力とは何の関係もない。あるいは、その法則が「善い法則」か「悪い法則」かといっても意味がない。「私は万有引力は大嫌いだ」などと叫んでも意味をなさない。それは、一定の条件のもとで客観的、普遍的に成立するのであって、特定の人物や集団の価値判断を含んでいるわけではない。

この場合に、科学性を保証するものは「事実」によって確認されるかどうかという一点にかかってくる。「事実」に符合することだけが「科学性」を担保することになる。

物理学などの自然科学なら一応はこのようにいうことはできるだろう。実際には、その物理学でさえ、そもそも「事実とは何か」といえば問題はそれほど容易ではなく、量子論までくれば「観察された事実」などというものもあやしくなるようだが、いまそこまで話を厳密化する必要はないであろう。

自然科学の場合、右に述べた「事実妥当性」としての、それゆえ「没価値性」を持った「科学」が仮に可能だとしておこう。だとしても、それをそのまま社会現象に適用するわけにはいかない。

経済現象の場合、ある理論があったとして、それを実験によって確かめることもできず、事実に照らし合わせて観察することもできない。そもそも観察者自身が社会のなかで活動しているのだから、社会の外からそれを眺めるなどということができないからだ。たとえば経済学のもっとも基礎になっている単純な命題である「市場では需要・供給によって価格が決まる」という命題一つをとってみよう。

実は、そのことさえも厳密には実証できないのである。そのように解釈しているだけなのだ。「市場」というものが目に見えてあるわけではない。われわれは「市場」という概念を「需要と供給がであう場」というふうに理解しているだけである。そのように理論を組み立てて、現実を眺めているわけである。「現実」がまずあって「理論」を作っているのでなく、「理論」を前提にして「現実」を理解している。

ここにどうしても「価値観」あるいは、「ものの見方」が入り込んできている。「需要・供給によって価格が決まる」というように現実を見ているのであり、この「見方」すなわち「価値観」のもとに「市場」を理解しているのである。

近代の実証科学ではこの「理論」は「仮説」と呼ばれる。「仮説」はあくまで現実を説明するための頭の中の産物である。それが正しいのか妄想なのかを判定するのは、現実の事実にあうかどうかである。ところが、社会科学の場合、これを事実と照らし合わせるという

「検証」がたいへんに難しい。「現実」はあまりに多様であまりに複雑だからである。だから、ここに、すでに現実をみる一定の見方が持ち込まれてしまう。

ここにあるのは、客観的な意味での市場ではなく、一つの「ものの見方」なのだ。つまり「解釈」であり、それは暗黙裡に「ヴィジョン」を含み持っている。

したがって、経済学の考え方を自然科学的な意味で「正しい」ということは不可能である。せいぜいのところ、ある解釈を前提として「妥当だ」という程度のことだ。いいかえれば、ある「解釈」つまり「価値観」の枠組みのなかで妥当だ、とされるにすぎない。

それゆえ、本当に問われるべきは、解釈の仕方、すなわち「価値観」である。「実証」ではなく「解釈」が問題なのである。社会科学は「実証科学」なのではなく、現実をみるための「解釈」を与える指針と考えるべきである。

そこで、「価値観」をある程度、体系的でまとまったものに仕立てあげたものを「思想」と呼んでよいだろう。とすれば、経済学はどうしても「思想」から切り離せないであろう。むろんこれは経済学だけのことではない。いわゆる社会科学全般にいえることである。

私が経済学を中心とする社会科学の研究を始めた一九七〇年代前半は、まだこのような考え方が残っていた。少なくとも、経済学は「科学」なのか「思想」なのか、という激しい議論がなされていたものであった。

社会・人文科学と自然科学はまったく別物ではないか、という一九世紀末の新カント学派の議論がまだ意味を持っていたのである。マックス・ウェーバーの「学問の没価値性」をめぐる議論もリアリティを持っていた。社会科学の場合、「科学」と「思想」の関係、いいかえると「事実」と「価値」の関係は簡単に割り切れるものではないのである。

それを「教科書」にしてしまうと、この緊張が見えなくなってしまうのだ。社会科学がその前提として見えざる思想を含んでいるというだいじな点が隠されてしまう。それでは困るのである。ここに強い緊張がなければならない。「教科書」が恐ろしいのは、この緊張を押し隠してしまう目に見えない暴力性にある。

もちろん、私は、「教科書」にすべからく反対すべしといっているわけではない。「思想」を理解したり検討したりするためにも、最低限知っておかねばならない知識や、理解しておかねばならない理論はある。それは大切なことで、その意味での「道具箱」としての教科書まで否定する気は毛頭ない。ある程度、抽象的レベルでの理論もある。

特に今日の経済学の教科書などは、この「道具箱」の性格を強め、そこにはほとんどありとあらゆるものを詰め込んでいる。実際、経済学者はいうだろう。「教科書」といってもそれほど固定的なものではない。その内容も時とともに変化し、さまざまな考え方が取り入れられている。それを必要に応じてうまく使えばよいのだ、と。この「道具箱」を携えているものはとても思想やイデオロギーをかついでいるとは思わないであろう。

だがそれでも「教科書」にすれば、そこからはずれたものは「間違ったもの」になってしまう。学生は「教科書を学ぶ」のである。スミスやマーシャルやケインズやシュンペーターやハイエクの経済観に接するのではない。学生にとっては、教科書に書かれていないことは存在しないことになってしまう。「教科書」が基準になって正解と不正解に分かれてしまうとすれば、それは「教科書の暴力」といわねばならない。一九七〇年代にはまだ「教科書」への疑いがあったのだ。

だが何かが変わった。この緊張を当然のものと見なすわれわれの側の緊張感がなくなってしまったのである。すべてが「教科書」へと収斂《しゅうれん》し、「教科書」への従属が始まった。「教科書」を疑う、という当然の知的真摯さが失われてしまったように私には思われる。「教科書」を成り立たせている隠された前提を疑うことができなくなってしまった。そこには隠された思想があった。だが隠された「思想」をあえて隠蔽して「科学としての経済学」の装いを確立したところに、現代のアメリカの市場主義経済学の制覇が生み出されたのである。いつわりの覇権であり、虚飾の勝利である。

現実の「経済」と「経済学」の関係

そのことを前提にしてもう一度問えば、今日の市場中心主義的な経済学の制覇はより具体的にはどのようにして生み出されていったのであろうか。

イギリスの政治学者アンドルー・ギャンブルは、現実の「経済」と「経済学」の関係について次のような考えを提示している（ギャンブル『資本主義の妖怪』みすず書房）。

まずある種の経済学の考え方が主流となり、その経済学に基づいた政策がとられる。しかしやがて現実の経済は「危機」に陥る。すると従来の経済学に代わって別の経済学が登場し、しばらくはその考え方に基づいた政策運営がなされる。

だがそれもいきづまり、また次の「危機」に陥る。そこでまた別の経済学の考え方が採用される。現実の「経済」と「経済学」の間の関係はこのようなものであり、相互に影響しあっているのであって、この相互作用のなかで現実が進んでゆくのだ。

そこで、これまで現実の経済の大きな「危機」は二度あった、と彼はいう。第一の危機は一九二九年のアメリカ発の金融恐慌から始まった三〇年代の世界大不況。第二の危機は七〇年代の世界経済の混乱であった。そして、二〇〇八年の世界金融危機は第三の危機であり、今日、われわれは資本主義経済の第三の危機のさなかにいる。

第一の危機は明瞭であろう。それが資本主義の大きな危機であったことを疑うものはまずいない。続く一九七〇年代の第二の危機は、三〇年代の大不況に比すると捉えにくいかもしれないが、実はそれは大きな転換期であった。六〇年代末には戦後をリードしてきたアメリカ経済がうまく機能しなくなる。七一年のニクソン・ショック（ドル紙幣と金の兌換停止）や七三年のオイル・ショックをへてアメリカ中心の先進国の成長構造は挫折してゆく。戦後のブレトン・ウッズ体制が崩壊して、安定した国民経済の枠組みが崩れていった。

そして重要なことは、それぞれの「危機」が、その「危機」に対応する新たな「経済学」を要請した、ということなのである。

一九三〇年代の「危機」は大不況と大量失業を克服することを最大の課題とした。この課題に答えたのがケインズ経済学であった。ケインズ経済学は、雇用の確保こそが最大の課題であるという当時の課題に答え、さらに戦後の経済再建という社会的要請に呼応するものであった。ここにいわゆる「ニューディール体制」ができあがる。

ケインズ主義と福祉主義を市場経済の枠組みに統合するという「ニューディール体制」は、ただ一九三〇年代の不況克服だけではなく、戦後先進国経済の安定と成長を可能としたのである。

しかし「ニューディール体制」は一九七〇年代にはほころびを露呈してくる。アメリカでは、ケインズ主義に基づいた「大きな政府」こそがアメリカ経済の生産性低下の元凶だと指弾されるようになる。

さらに変動相場制やオイル・マネーの登場によって国内経済（ナショナル・エコノミー）と国際経済（インターナショナル・エコノミー）の関係はいっそう複雑で管理しがたいものとなってゆく。そしてその頃になると、主要な経済問題は、雇用問題ではなくインフレへと変わってゆくのである。

そのなかで登場したのがシカゴ学派を中心とする市場競争中心の経済学であった。新自由主義と呼ばれたり、市場原理主義などと呼ばれるものであった。

こうして、一九七〇年代後半に市場原理主義が登場した意味は明白であろう。ケインズ主義による「大きな政府」がアメリカ経済を弱体化させたという認識が広がり、問題の焦点が失業と雇用からインフレに変わったからである。

シカゴ学派のマネタリストは常々、経済問題の中心は雇用ではなくインフレだと主張していた。市場競争さえ機能すればもはや失業は問題とはならない。それは一時的には生じても、価格と賃金が変化すれば自動的に解消する。むしろ経済を混乱させるのは通貨管理の失敗だというのである。ミルトン・フリードマンからすれば、戦後三〇年たってようやく自らの時代がやってきた、という喜色満面の時代であった。

実は、「自由な市場競争」が果たして安定した「市場秩序」を形成するかどうかは決して自明なことではない。ここにはたいへんに重要な問題がある。「市場競争」と「市場秩序」は違っていることに注意しなければならない。

同じ「シカゴ学派」にくくられるが、フリードマンとF・A・フォン・ハイエクではその経済観は大きく異なっていた。フリードマンはできるだけ市場を完全なものに近づければ市場均衡が達成され、それがそのまま市場の秩序を生み出すとみる。

しかしハイエクにとっては、市場競争が均衡状態をもたらし、しかも資源配分上効率的であるということはさして重要なことではなかった。ハイエクが関心を持っていたのは、不完全で限られた情報しか持たず、おまけに常に誤った選択をやりかねない人々が寄り集まって、それでも市場は自ずと安定した秩序を作り出せる、という点だった。

人は完全な情報や知識を持って合理的に判断できる存在ではなく、ささやかな自分の身の回りの「局所的」な関心や知識しか持たない不完全な存在である。しかし、そのような「局所的」な活動の寄せ集めが、結果として、一つの大きな秩序を生み出す。それが「自生的秩序（spontaneous order）」なのである。市場は、限られた知識しか持たない人々が集まって、よりよい状態を発見していくプロセスといってもよい。

そこには計画性はいっさいない、これは人間の理性や合理的計算によって生み出されたものではない。歴史的に形成されたものである。だから市場は、完全に競争的で効率的であるから重要なのではなく、それが人間の合理性や理性に極度に依存せずとも自ずから安定した秩序を生成しうるから重要なのである。その本質は、競争の結果として成立する「市場均衡」にあるのではなく、分権的で不完全な知識にもかかわらず自ずと生成する「市場秩序」にある。これがハイエクの考えだった。だから彼は「市場秩序」のことを「カタラクシー」と呼び、それを通常の「市場経済」から区別したのだった。

本当はこの二つの概念は区別しておかなければならない。

しかし、シカゴ学派の市場原理主義者にはそのような認識はなかった。「市場競争」さえ確保すれば「市場の秩序」が成り立つと彼らは考えたのである。この誤った理解こそが後に、今日の大きな経済危機を招くことになる。

「合理的な科学としての経済学」という虚構

いずれにせよ、一九七〇年代には失業は決定的な問題ではなく、むしろ物価の安定こそがさしせまったテーマになっていった。オイル・ショックは一時的に原油価格を高騰させて経済を混乱に陥れた。七〇年代後半にはアメリカは激しいインフレに襲われていた。その結果、アメリカではスタグフレーションが生じたのであり、また、アメリカの製造業の生産性の低下によって、アメリカの雇用状況は悪化した。

インフレ率と失業率を足し合わせた「貧困率」という指標を見てみると、ニクソン政権下の一九七〇年代前半にはまだ一二％前後だったのが、レーガンの登場する八一年には一五％に達している。これはアメリカ経済史上、最悪の水準であった。

そこに、インフレ対策としてマネタリズムを採用し、生産性の回復として減税や規制緩和を含めた競争政策を採用するという新自由主義が登場したのであった。こうして一九七〇年代の「危機」に対応するものとしていわゆる市場原理主義が影響力を獲得する。「ニューディール体制」から「新自由主義体制」への転換であった。

そして、それから三〇年近くが経過する。確かにアメリカの失業率は一九九〇年代前期を除いて傾向的に低下した。インフレも抑えられた。経済指標の上では新自由主義は成功したかに見えた。しかし、それにもかかわらず三〇年後にこの「新自由主義体制」の破綻を誰の目にも示したのがリーマン・ショックであり、それに続く世界経済危機であった。

われわれはこの新たな世界的な危機に対処できる経済学を持っていない。「経済学の第三の危機」である。だがそう簡単に新たな経済学が出現するとも思われない。

そこで依然として市場原理主義的な思考がダラダラと続くことになる。

だが重要なことは、市場主義経済学は今回の「危機」に対応できない、というだけではなく、市場主義経済学が部分的であれ、今回の危機を生み出す一因となっている、という点なのである。

シカゴ学派の市場原理主義者たちは、かねてより、一九七〇年代の「危機」を生み出したのはケインズ理論という誤った経済理論に基づいた政策運営のせいだと主張してきた。

もしもそれと同じ理屈をここにあてはめるなら、二〇〇八年の「危機」を生み出したのは、市場原理主義という誤った経済学に基づく政策運営がなされたからだということができるだろう。

「経済学」と「現実」の関係は複雑である。決して「現実」を抽象化すれば「経済学」というような「科学」ができるというようなものではない。「経済学」の考え方が「現実」に反映され「現実」を動かす。それがまた「経済学」に跳ね返ってくる。一つの経済学に基づいた政策がなされ、それが現実を動かし、それがまた経済学という知識に跳ね返ってくる。

「学」と「現実」とのこの相互作用を「リフレックシブ（reflexive）」な構造と呼んでおくなら、「経済学」は常に「リフレックシビティ（reflexivity）＝再帰性」を持っているのだ。

これはむろん経済学に限らず、社会科学全般が持っている性格である。とりわけ社会学者のアンソニー・ギデンズが述べたように、近代社会においては、「現実」と「現実についての学問」は常に相関しており、経済学や政治学や社会学という「現実についての学問」がまた現実を動かしてしまうのである。

だが繰り返すが、そうである限り、社会科学は厳密な意味での実証科学にはなりえない。「リフレックシブな知識」は決して実証科学にはならない。だから、ギャンブルは、経済学をイデオロギーだと断じるのである。

それにもかかわらず、一九八〇年代に、市場競争中心の経済学は、あたかも客観的で普遍的な「科学」の装いを強めていった。同時に、七〇年代のあの多様な「学派」はほとんど消えていってしまった。最後にはケインズ主義も失墜していったのである。

それはどうしてであろうか。

その理由を知るキーワードは、「合理性」の水準ということである。市場中心主義の新古典派経済学だけが、徹底して経済行動を合理的に説明しようとしたからである。すべての経済的効果を、基本的には、個々人の合理的行動から説明できるとしたのであった。

人間の行動を合理的なものとして説明し、その結果としての市場のパフォーマンスを合理的に説明する。そうすれば、「合理的な科学」としての経済学ができあがる。

しかも、合理的行動、その結果として生じる市場のパフォーマンスは、基本的に数学的に表現できる。知識を「形式化」できるのである。とすれば、これほど客観的で普遍的な理論がほかにあろうか、というわけだ。

事実、一九六〇年代後半から七〇年代にかけて、アメリカを中心に経済学の「数学化」が激しい勢いで生じていた。経済行動を数学的に表現し、市場の構造を数学によって表現することが理論経済学者の仕事になっていった。最高度の「形式化」である。

先の「淡水学派」と「海水学派」という用語を使ったロバート・ワルドマンは、特に淡水学派はたいへんに難しい数学を使う。だから大学院生は数学を習得するのに多大のエネルギーを使い、それが適切なのかどうかなど考えている暇もない。こうして淡水学派は次々と信奉者を増やしていった、ということを述べている。

そして、実際、市場中心主義の経済学だけがもっとも高度な数学を駆使し、経済学の「形式化」に成功したのであった。マルクス経済学はもとより、ケンブリッジ学派にせよ、制度学派にせよ、ケインジアンにせよ、その理論を十分に数学化することはできなかった。ということは、これらの学派は十分に「形式化」できず、したがって、十分な「普遍性」を持たないと見なされたのだ。

その結果、市場中心主義の経済学は驚くべき「理論」を作り上げていった。これは特にマクロ経済学の分野で著しかった。また後に第7章でも述べるが、確かにケインズ理論にはある理論的な欠陥があった。それは、ケインズ理論が、企業や消費者や労働者などといったミクロ・レベルでどのような行動を想定しているかは不明確だという点である。そこで彼らは、マクロ的な状況を、ミクロの合理的行動から説明しようとした。「新しい古典派理論」である。

これは、合理的科学としての市場主義経済学の帰結というべきものである。一つの理論的方向を追究していった帰結である。そしてそのことが、今回の世界経済危機と決して無関係とはいえないのである。

市場主義経済学の掲げた驚くべき命題

市場主義経済学の基本的な立場は、人間の経済行動を徹底して合理的なものとして理解し、その理論的な帰結を徹底して追究するというものであった。「完全市場パラダイム」とも呼ばれているものである。そしてその結果として、市場中心的経済学は驚くべき理論的帰結をいくつか提示することとなった。経済政策との関係でいえば、次の四つの命題がそれである。

(A) 失業は存在しない。

（B）政府は景気を刺激することはできない。
（C）景気変動は存在しない。
（D）バブルは存在しない。

簡単に説明しておこう。

（A）「失業は存在しない」という命題。

むろん、これはわれわれの現実的な通念に反する。しかし、合理的経済学の理論からすれば少なくとも長期的には「失業はありえない」。

この場合の「失業」とは、仕事を探しているにもかかわらず仕事が見つからない人、つまり経済学でいう「非自発的失業」であって、福祉給付を得るためにあえて失業するとか、よりよい仕事を探すためにあえて働かないといった類いの「自発的失業」は入らない。

その上で経済学者は次のようにいう。失業とは労働市場において需給バランスが崩れている状態だ。企業の需要が足りないのである。ではどうしてそうなるのか。それは賃金水準が高すぎるからだ。この場合に企業が雇用を決定する賃金水準とは、名目賃金を物価水準で割った「実質賃金」である。

この場合、名目賃金は物価水準ほどスムーズには変化しない。そこで次のようなことが生じる。もし仮に景気が悪化して物価が下がったとしよう。にもかかわらず名目賃金は変化しない。するとどうなるか。実質賃金が上がり、企業は雇用を減らす。こうして確かに短期的には失業は生じる。

しかしこの状態が続くと名目賃金が下がってくる。とすれば実質賃金が下落して企業は再び雇用を増やすだろう。こうして長期的には雇用水準は変化しないことになる。

しかも、もしも個別の企業がそのことを学習して合理的に行動するとしよう。すると雇用調整はせいぜい短期的なものであることを知り、生産量の調整を労働時間や臨時雇用の調整によってしのぐだろう。かくて、雇用量が大きく変化することはありえない。短期的な調整過程での変化はあるとしても、長期的に失業率はほとんど変化しないのである。

この場合の失業率を「自然失業率」という。どの国にも必ず一定の失業者はいる。それはその国の社会的・文化的な条件によってほぼ確定しており、それは長期的にみればあまり変化しないという。

失業、つまり過剰労働力という概念がなければ、一国の総生産量に影響を与えるものは、労働人口や資源の量となる。だから資源や労働人口が確定すれば総生産量も確定する。

そのことを経済学では「長期的にマクロの総供給量は一定」と表現される。要するに、一国の総生産量を決めるものは、資源や労働人口など「供給側」の要因であって、総需要を拡大することではない、というわけだ。もしも短期において一時的に失業が生じるとしても、賃金や価格が速やかに動くよう競争条件を整えれば、いずれ失業は解消する。かくて「失業は存在しない」のである。

(B)「政府は景気を刺激することはできない」という命題。

もしも「失業は存在しない」という命題が成り立てば、政府の雇用促進政策はどうなるのだろうか。原理的にいえば、そもそも失業者はいないのだから雇用政策も意味を持たない。しかしそれでも短期的には経済変動は生じる。だから短期的にいえば景気政策が必要となるのではないか。いわゆるケインズ政策である。

ところが市場中心の経済学者によるとケインズ政策は無意味である。どうしてか。

通常、ケインズ政策は次のような考え方に基づいている。それは、不況時にあっては、政府の財政拡張・金融緩和政策が採用され、とりわけ財政拡張によって総需要を増加させ、それによって生産活動に刺激を与える。企業の生産活動が活性化すれば雇用は増加し失業は減少する。これがケインズ政策の考え方である。

ただこの場合、総需要の拡大が景気回復をもたらすにつれてインフレ傾向が見られる。ここから、失業率とインフレ率の間のトレードオフ関係が想定される。いわゆる「フィリップス曲線」だ。つまり、トレードオフを前提に、多少のインフレを覚悟すれば、ケインズ政策によって失業率を低下させて景気を刺激することはできることになる。実際、A・W・H・フィリップスが計測した一九六〇年代には先進国ではおおよそフィリップス曲線が観察されていた。

ところがシカゴ学派の市場中心主義者はこの考えを否定する。もしもフィリップス曲線なるものが観測されて、ケインズ政策によって失業率の減少とインフレの発生が見られるなら、人々はそのことを合理的に予測して、あらかじめ経済行動のうちに取り込んでしまうであろう。「合理的期待形成仮説」といわれるものだ。

「合理的期待形成仮説」によると、もしもケインズ政策がとられるなら、インフレが予測される。とすれば、「合理的な」人々は将来のインフレを予測してその前にモノを買おうとするだろう。かくて、政府がケインズ政策をとるとした途端に物価が上昇することとなる。

一方、雇用はといえば、企業が雇用を拡大するのは実質賃金が下がるからであるが、インフレになればやがて名目賃金も上昇するはずだ。そうなれば早晩実質賃金は上昇し雇用は減少する。そこで将来を予測して行動しようとする「合理的な」企業は、そのことを織り込んでしまう。かくて彼らにとっては、特に雇用を拡大しようというインセンティブは働かないのである。

となればどうなるか。政府の景気刺激政策はただインフレを引き起こしただけであって、雇用状態に影響を与えることはできない。失業率は先に述べた「自然失業率」の水準にとどまったままだ。かくてケインズ政策によって失業を抑制し、景気を回復することはできないどころか、むしろ無用なインフレを生み出すだけだ。それはただいたずらに経済を混乱に陥れるだけなのである。

（C）「景気変動は存在しない」という命題。

これは、「実物的景気循環理論（リアル・ビジネスサイクル・ハイポセシス）」と呼ばれるもので、おおよそ「自然失業率仮説」と「合理的期待形成仮説」からも類推されることであろう。

市場主義経済学の基本的な考えは、市場がうまく機能しておれば、経済全体の総生産量を決めるものは需要側の要因ではなく供給側の要因であり、供給を決定する最終的な要素は資源や労働量であるという。

確かに、短期的には、賃金のように価格がスムーズに変化しないために市場の調整に時間がかかるかもしれない。しかし長期的には価格は変化し、市場はうまく作動する。

そうだとすれば、総供給（つまりGDP）はその国の利用可能な資源や労働量、技術の状態などの「供給側の条件」によって決定される。それらが一定であれば、総供給は変化しないのである。

ではGDPが変化し景気変動が見られるのはどうしてか。それは市場の外部から市場に対する実物的なショックが与えられるからにほかならない。たとえば新たな技術革新が生み出される。新たな資源が発掘される。また一九七〇年代のオイル・ショックのように資源供給が制限される。あるいは大地震のような巨大災害が発生する。このような「実体経済」に対する外部的なショックによって景気変動が生じるのであって、金融的な要因は景気変動には関与しない、という。

これが「実物的景気循環理論」であるが、この仮説からすれば、金融市場でいくら混乱が生じてもそれは実体経済にはほとんど影響を与えない、ということになろう。

この考えは、シカゴ学派の総帥であるフリードマンが信奉していたマネタリズムの当然の帰結といってよかろう。フリードマンは、少なくとも長期的には、貨幣供給量は実体経済には大きな影響を与えないという。貨幣供給量が影響を与えるのはせいぜい物価水準だけである。とすれば、金融政策によって景気刺激をすることも意味を持たない。

とすると、インフレやデフレはどうして生じるのか。それは政府の貨幣供給量が変化するからだ。それならインフレを抑えるためには、政府は貨幣供給量を一定に保てばよい。そうすれば物価水準は安定するはずである。

そこから、フリードマンの提唱する「k％ルール」がでてくる。政府・中央銀行がすべきことはただ貨幣供給率をたとえばk％に保つことだけであり、それだけだ。無理に裁量的な景気調整などすするべきではない。かくて、政府が余計な政策をせず、市場メカニズムさえ作動すれば、基本的には景気変動などありえない、というのである。

(D)「バブルは存在しない」という命題。

市場主義経済学は、株式市場で「バブルは存在しない」という。どうしてか。理由は簡単である。

もし人々が合理的に株式に投資しているとすれば、彼らはいまこの時点で与えられた情報をすべて合理的に利用しているであろう。そうすると投資家は、たとえばある企業の今期の業績がわかっており、資産状況の変化や、将来へ向けた開発投資計画などをすべて知っている。その上で、いま手に入る情報に基づいて将来の経済状態を予測しているだろう。

そこで企業の実体的な状態や経済の実態を「ファンダメンタルズ」といっておこう。すると、「ファンダメンタルズ」の状態はすべて情報として取得でき、合理的な投資家ならそれをもとにしてあるべき「適正な」株価を予測するだろう。

とすれば、もしも現実の株価がこの「適切な水準」より高ければ、彼はその株をすぐに売るだろう。なぜならいずれ株価は「適切な水準」まで下がってしまうからだ。一方、もしも株価が「適切な水準」より低ければ、それをすぐに買うだろう。すると株価はすぐに値上がりするはずだ。

こうして株価は常に「ファンダメンタルズ」を反映した適切な水準に落ち着くことになる。「バブル」とは、株価が「ファンダメンタルズ＝適切な水準」を反映せずに高騰することであるから、「バブル」は存在しないことになる。

これが「効率的市場理論」と呼ばれるものだ。投資家が与えられた情報をすべて使って合理的に行動する株式市場では「バブル」など起きようがないのである。

では現実に株価が変動するのはどうしてか。それは、次々と新しい「情報」が提供されるからだ。常に何らかの新たな情報が市場に提供される。すると、この新たな情報を織り込んでもう一度、「適正な水準」が計算され直すのである。

だから変化は常に「外生的」に生じる。いままで知られていなかった情報が「外部から」もたらされることで不意打ちをくらったかのように生じる。「外生的」な変化はあくまで予測不能だ。それに対処する方法もあらかじめ株価に織り込むことは不可能である。とすれば、株価の変動があるとすれば、それは「ランダム」としかいいようがない。

ということは、株価の変動をあらかじめ「予測」して売買益を得ようという「投機」など、そもそもありえないことになる。「ランダム・ウォーク」している株価で儲けるなどということがありえないのだ。かくて「投機行動」は合理的行動からすれば想定できない。

確かに株価は常に変化している。だがいかにランダムに見えようとも、人々はそのつどそのつど与えられた情報のもとで合理的に行動している。だから株価は常にその時々の「ファンダメンタルズ」を反映した合理的なものなのだ。

これが、市場主義経済学の帰結である。むろん、容易に納得するわけにはいくまい。にもかかわらず「効率的市場理論」は、株価は常に適正だ、という。バブルなど存在しないのである。となれば、そもそもバブルを問題視する政策もありえないことになる。

現実離れした理論が政策を動かした二〇年間

このように、市場主義経済学では、原則的にいえば、失業もなければ景気循環もなく、バブルも生じない。したがって、様々な経済変動は経済システムの「外部」から生み出されるのであって、市場経済そのものはきわめて良好なシステムであり、政府による介入やケインズ政策はまったく無用の長物だと主張する。

合理的経済学の形式理論から導かれる帰結はこのようなものであった。そしてこの「完全市場パラダイム」にはいくつかの理論的な特徴がある。

第一に、経済主体はあくまで合理的に行動している。この場合の「合理的」とは、経済主体は、与えられた状況下であらゆる情報を利用し、利得や効用などで定義された経済上の価値を最大限に実現しようとしている。

第二に、経済の規模を決定するものはあくまで労働量や資源など供給側の要因であって、需要側の制約は存在しない。つまり生産されたものはすべて売られるのである。供給過剰ということはありえないのだ。

第三に、貨幣は原則的には実体経済にさしたる影響を及ぼさない。いいかえれば、貨幣はモノの交換手段となっており、実体経済に対して補助的な意味しか持っていない。

さてこの三つの前提が、第3章で述べた「市場経済学の基本前提」と同一であることはいうまでもないだろう。この前提のもとで「市場競争は効率的な資源配分を実現する」という、あの「市場経済の基本命題」も実現するのである。

しかしまた、ここでとりあげた、「失業は存在しない」「政府は景気を刺激することはできない」「景気変動は存在しない」「バブルは存在しない」という四つの命題がいかに現実からかけ離れたものであるかも、改めていうまでもなかろう。

にもかかわらず、この現実離れした理論が政策を動かしたのである。実際にはそのことが、この二〇年に及ぶグローバル資本主義の混迷の無視しえない原因となったのであった。

第５章　アダム・スミスを再考する――市場主義の源流にあるもの

今日の市場中心の経済学は、三つの前提を持っていると前に書いた。もう一度繰り返しておこう。

市場主義経済学の基本モデル

①経済主体は与えられた情報を使って合理的に行動する。
②経済の目的は人々に物的満足を与えることで、貨幣は補助的役割しか果たさない。
③人々の消費意欲は無限にあり、経済問題とは稀少な資源の適切な配分にある。

これらの前提のもとで市場主義経済学は成り立っており、そして、それが今日の新自由主義やグローバリズムのもととなっている。

近年は第４章で述べたように、この理論は標準化されて「教科書」となってしまった。そのことの弊害は、経済理論を歴史的な観点から眺めることができなくなってしまった、ということだ。経済学史や経済思想史といった「歴史的」見方が難しくなったのである。

もしも、経済理論が「進歩」するものであれば、確かに思想史的研究はさほど意味はないかもしれない。古い経済学は新しい経済学に吸収されるか、もしくは克服されるということになろう。最新の理論だけがだいじなのであって、古いものはせいぜい歴史的ドキュメントということになろう。

そしてこれが現代経済学の立場なのである。いわば「教科書経済学」の立場なのだ。そうすると、おおよそこういうことになる。「市場理論のもとはアダム・スミスによって作られた。それはその後、多くの経済学者によって改良され洗練され、今日の市場経済理論へと発展した」と。

もしこの主張が成り立てば、もはや学説史的研究など不用となる。しかし本当にそうなのだろうか。実は、経済思想史という観点からすれば、いささか異なった見方が出てくる。市場主義の「教科書経済学」からはまったく見えてこないものが見えてくるのだ。

この章では、アダム・スミスを中心にしてそのことを述べてみたいのだが、その前に、市場主義経済学の基本的な立場を改めて確認しておこう。

市場主義経済学のもとを作ったのは、一九世紀のいわゆる「新古典派」と呼ばれる経済学者たちであった。オーストリア人のカール・メンガー、イギリス人のウィリアム・スタンレイ・ジェヴォンズ、そしてフランス人のレオン・ワルラスの三名が特に有名である。

この三名の仕事をふりかえっておくだけの紙幅の余裕はここにはない。ただ、今日の市場主義経済学の「基本モデル」が、この三名、とりわけレオン・ワルラスによって与えられたものであることを確認しておきたい。

市場主義経済学の「基本モデル」は、「伸縮的な価格が市場を調整すれば、市場競争は均衡状態に落ち着き、しかもそれは資源配分に関して効率的である」と主張する。

この命題の「基本モデル」を与えたのがワルラスであった。

その発想はきわめて簡単なものである。

いま、経済体系のなかにn個の商品（財）があるとしよう。すると、市場においては、このn個の商品についてn個の市場が成立する。これは交換されるすべての商品を含むので、さしあたっては「貨幣」も含まれている。「貨幣」もさしあたっては交換される商品の一つなのである。

そして、それぞれの市場においてその商品についての需要と供給があり、市場が均衡した状態とはこれらの需給が一致した状態である。それは次のような方程式の体系として描かれるであろう。D_1は第一番目の財への需要、S_1は供給、P_1は第一番目の財の価格を表し、D_1（P_1……P_n）は、第一番目の財の需要がすべての財の価格に依存することを示している。

$$D_1(P_1, P_2, \ldots\ldots P_n) = S_1(P_1, P_2, \ldots\ldots P_n)$$

$$D_2(P_1、P_2、\cdots\cdots P_n)=S_2(P_1、P_2、\cdots\cdots P_n)$$

$$\vdots$$

$$D_n(P_1、P_2、\cdots\cdots P_n)=S_n(P_1、P_2、\cdots\cdots P_n)$$

こうして、市場とは、理論的に抽象化すればn個の変数を持ったn個の連立方程式で示される。この方程式が解ければ、一定の条件のもとにn個の変数は解を持つ。この場合の変数とは「価格」のことだから、価格がうまく変動して「解」に至れば、市場は均衡することになる。これがワルラスのアイデアだった。

ただし少し修正が必要となる。どうしてかというと、n個の価格は、その値を何らかの財によって測られており、それを測る価値尺度は実は貨幣なのである。そして商品はすべて貨幣で交換されている。つまり、商品の流れを追えば、その裏側に貨幣の流れがついてまわっていることになる。

ということは、この方程式の体系は、たとえばn番目の商品として「貨幣」を含んでいるのだが、それは、n－1の市場が均衡すれば自動的に均衡するので、数学的にいえば独立した方程式にはならない。

こうして貨幣の市場を独立に扱う必要はない。だから実際にこの体系を構成しているのは、貨幣で測ったn－1個の価格を持つn－1個の商品からなるn－1個の市場なのである。

こうした修正が必要になるが、いずれにせよ一定の条件のもとでこの連立方程式は「解」を持つだろう。つまり価格の調整機能さえ働けば、市場経済はうまく均衡状態になるというのだ。

さらに、市場主義の「基本モデル」は次のように考える。この場合、「需要」や「供給」はどのようにして生み出されるのか。よく知られた需要曲線や供給曲線はどうやって描き出されるのか。それは次のように説明される。

需要を生み出すものは、消費者の合理的な行動であり、供給を生み出すものは企業などの生産者の合理的行動である、と。消費者は、多様な商品の価格を比較しながら、満足を最大にするよう商品を選択する。生産者もまた市場価格を見ながらできるだけ利益が大きくなるように生産するだろう。

こうして、需要曲線の背後には、満足を最大化しようという消費者の合理的行動があり、供給曲線の背後には、利潤を最大化しようという生産者の合理的行動がある。となると、需給が一致した市場均衡においては、その状況のもとでは消費者も生産者も満足している。これは望ましい状態といってよいだろう。こうして市場的活動は制約条件つきの最大化問題として数学的に表現できるのである。

これがワルラスら「限界革命」の経済学者たちが想定した市場の原理であった。「限界革命」というのは、価格決定が消費者の満足の増分と生産者の生産量の増分という「限界量＝微分値」によるからである。市場主義経済学の「基本モデル」がここにできあがる。

ここですでに次のことに注意していただきたい。このモデルには、いっさい「政府」が登場しない。ここでは市場はいわば自立的な自己完結系であって、政府の干渉や介入を必要としていない。それは「自己調整的システム」であり、システム論的にいえば「閉鎖系（クローズド・システム）」となっている。

「政府」や「国」が登場しなければ、この体系を世界中へと拡大すれば、世界規模の市場経済ができるだろう。つまりグローバル市場経済は原則的にうまくゆくことになろう。

ところで、この「基本モデル」はいくつかの大きな特徴を持っている。

第一に、ここでは「時間」がまったく無視されている。すべての取引も決済も同時的に行われており、時間を通じて経済活動が続いてゆく、という点が勘案されていない。実際には、たとえば消費者は将来が不安なために貯蓄をするし、企業もまた将来へ向けた投資をするだろう。そのことを少なくとも明示的に考慮していないのだ。

これはだいじなことで、もしも人々が将来へ向けた行動をするとすれば、そこに「不確定性」が生じる。この「不確定性」は、また後に述べるが、市場経済を攪乱する一大要因になる。「基本モデル」は、この「不確定性」を少なくとも明示的には考慮に入れないのだ。

第二に、「基本モデル」は「貨幣」をほとんど無視している。先に、市場経済の体系がもともとn個の連立方程式だったのがn－1個の連立方程式へと修正されると述べたが、実はそれが可能なのは、貨幣にほとんど何の意味も与えられていないからであった。

ここでは貨幣は、他の商品の価値を測る尺度（ニュメレール）であり、ただ商品の交換の背後で逆に動く交換手段にすぎないのである。貨幣はここではほとんど何の意味も持っていない。重要なのはあくまで商品の交換なのだ。

第三に、消費者は満足を最大化するものと見なされている。いいかえれば、企業が生産を増やして商品が増えれば増えるほど消費者の満足は増大する。この点はこの「基本モデル」では明示的に出てはいない。経済成長がどうして生じるのかはここでは問題とはなっていない。

現実には成長も変動もあるのだが、「基本モデル」の含みとして次のことがいえるであろう。

資源や労働力の増加とともに経済は成長する。しかし経済成長は市場均衡には何の影響も与えない。なぜなら、市場の均衡は、そのつどそのつどの与えられた資源の状態のもとで瞬時的に行われているからだ。資源が増加するということは「基本モデル」の外部における変化に過ぎず、その変化に対して市場は適応力を持っている、ということになる。

ここでは、企業ができるだけ効率的に生産をし、市場が競争によってできるだけ効率的に資源や商品を配分しさえすれば、消費者の満足は必ず高まるのである。

後の経済学は、この「基本モデル」に様々な修正や限定をつけ、一九六〇年代には、ワルラスの一般均衡理論はきわめて数学的に高度化された。しかし、市場主義経済学の支柱はあくまでこの「基本モデル」にある。

ということは、①無時間性、②確定性、③貨幣の中立性、④消費の無限性、という基本的性格はそのまま保持されてきたことになる。そして、このことは十分に疑ってみたほうがよいのではないだろうか。

アダム・スミスは「市場経済学の祖」なのか

ところでワルラスもそうだが、「限界革命」の市場主義経済学は、しばしば「新古典派経済学」と呼ばれる。では「古典派」とは何か。いうまでもなくアダム・スミスやデイヴィッド・リカードの経済学だ。

スミスやリカードこそは市場メカニズムの最初の発見者であり、ここに自由主義的な経済理論が生み出されたとされる。今日の市場主義経済学は、このスミスやリカードの古典派の継承と見なされることになる。

だが、それは正しいのだろうか。

たとえばスミスが市場を「発見」したといわれる。それは間違いなかろう。市場経済の生み出す巨大なエネルギーを「発見」したことも事実であろう。自由な経済活動を支持したことも間違いなかろう。あの大部の『国富論』には市場主義へと流れ込んでくる面があることも否定できない。

こうして、本書の冒頭にも書いた、新自由主義者、あるいは現代のグローバリストの典型的な議論が出てくる。「スミスに始まる市場競争理論の正しさは今日では広く受け入れられている。それゆえグローバルな市場経済こそが望ましいものである」というものだ。

私には、このような考えは間違っているだけではなく、ある意味ではたいへんに危険なものだと思われる。というのも、スミスを市場主義へと押し込め、「市場経済学の祖」へと祭り上げ、さらにそれをグローバル経済の正当化に使うことは、ある決定的に重要な論点を見失わせてしまうからだ。

『国富論』はたいへんに大部であるだけではなく、そこには様々な論点が詰め込まれた書物である。なかなか一筋縄ではいかない書物だ。そこには、理論的な記述があり、政策論があり、歴史の記述があり、現実の描写があり、それらが混然一体となっている。しかもその全体は一八世紀のイギリス社会を前提にして、当時の通念を批判するために書かれたものなのである。

ここで『国富論』の読解や解釈を行おうというのではない。ただ、スミスを市場主義者と見なすことで見えなくなってしまうものがある。それを改めて救い出したい。

なお、私自身のスミス論は『アダム・スミスの誤算』（ＰＨＰ新書、一九九九年→中公文庫、二〇一四年）で書いたので、できればそれを参考にしていただきたい。以下のスミス論も同書と重なってくることをお断りしておきたい。

スミスの生きた時代

スミスは何をいいたかったのか。何を問題にしたのか。そのことを知るにはまず、彼の生きた時代を知らねばならないだろう。なぜなら、『国富論』は、その時代の経済政策や通念への批判の書物だからである。

一八世紀のイギリスの経済上の通念とは何か。それは重商主義と呼ばれるものであった。重商主義の基本的な命題は何か。それは「貨幣こそが富である」というものだ。この時代の貨幣とは金銀である。金銀があれば外国からいくらでも必要なものを買うことができる。それゆえに、金銀を持つ国こそが富国と見なされていた。

ではイギリスのように金銀を持たない国はどうすればよいのか。それは、自国の特産品を海外に輸出し、他方で海外からの輸入を抑えるほかない。そうすることで貿易差額としての金銀がイギリス国内に流れ込んでくるからだ。

では貿易差額を生み出すにはどうすればよいか。それは政府が積極的に輸出産業を補助して産業を育成し、意図的に輸出を拡大し、他方で輸入には高額の関税をかけたり輸入制限を行うという保護主義が必要となる。こうして、政府が「商業」を保護して貿易差額を生み出し、金銀を確保する政策が「重商主義（マーカンティリズム）」であった。

重商主義はむろんイギリスだけのものではなく、フランスなど当時の新興国に共通の政策であった。そしてそこには、それなりの歴史的背景があった。

一五世紀末に新大陸が発見されて以来、一六、一七世紀にはヨーロッパに富が一気に流入する。大航海の時代とは何よりまず、ヨーロッパ、新大陸、アジアが結びつけられる時代であり、端的にいえば最初の「グローバル化の時代」であった。イマニュエル・ウォーラーステインは、それを「世界システム」の形成と呼んだ。

とりわけアジアの物産は、ヨーロッパ人の消費マインドに火をつけ、インドや中国、東南アジアの綿花、キャラコ、陶器、お茶、香辛料、それに新大陸の砂糖やタバコがヨーロッパ人の欲望をくすぐった。注意していただきたいが、これらは決して生活必需品というわけではない。もっとも、香辛料など医薬品としても用いられるのでいくぶん生活必需品の面はあるが、基本的にこれらの財貨は贅沢品である。

その多くは、上層階級の虚栄のための嗜好品であり、生活の装飾的な意味を持っていた。こうしてヨーロッパの宮廷文化を軸にした経済発展が生み出されるのだ。ここにヨーロッパの「消費革命」が誕生し、消費文化が生み出され、それこそがヨーロッパの資本主義を牽引した、とジョオン・サースクは述べている（サースク『消費社会の誕生――近世イギリスの新企業』東京大学出版会）。

ところでこの富を手にするためには貨幣がなければならない。当時の国際的決済方式はまだ確立されていないものの、金銀が貨幣の役割を果たすのは当然であった。そしてヨーロッパは金銀を新大陸から調達したのである。ポルトガルとスペインが中南米の金銀を略奪し、ヨーロッパに多量の金銀が流れ込み、この浮遊する貨幣をめぐって各国が争奪戦を演じることになる。

重商主義とはまさにヨーロッパを浮動する金銀の争奪戦にほかならなかった。金銀を確保しなければアジアの物産は手にすることができない。アジアの物産を手に入れるためには重商主義しかなかったのだ。

ではどうしてイギリスでもっとも経済が発展したのか。当時イギリスよりも豊かなのは、広大な農地を持ち華やかな宮廷文化を抱えるフランスであった。しかし実際にはより貧しいイギリスが経済発展を可能とする。

それは、イギリスが徹底した重商主義政策を行ったからである。つまり意図的に「国力」をめぐる貿易戦略を発動したのである。

当時の富を生み出す最大の要因は商業であった。なにせアジア、新大陸をつなぐ巨大商業網ができあがったからであり、それだけではなく、ヨーロッパ域内貿易も一気に膨らんだからである。経済史家のいう「商業革命」である。

そこでまずイギリスは、当時の最先進国であるオランダに対抗するために「航海条例」

（一六五一年）を制定する。これは、イギリスへの物産の持ち込みをイギリス船に限るというもので、イギリスに関わる貿易から外国船を排するという典型的な重商主義政策であった。これによって、当時最大の商業貿易国であったオランダに大きなダメージを与えたのである。実は、そのオランダこそが、当時、「航海の自由」を唱える自由主義国だったのだ。

さらにイギリスは次の手に打って出る。この時代、地球大の大規模な商業活動を行うためには強大な軍事力が不可欠だった。大商業活動とはまた海賊との戦いだったからだ。軍事増強のためには安定した強力な財政がなければならない。そのためにイギリスは長期国債を発行する。同時にイングランド銀行を整備し、国債を引き受けさせる。

こうしてイングランド銀行や他のいくつかの銀行は、政府の信用を背景にして銀行券という信用貨幣を発行する。その結果、国債や銀行券などを軸にした金融市場が形成されてゆき、流通貨幣は金銀に限定される必要はなくなってゆく。

さらに金融市場の形成とともに、ユグノー（カルヴァン派）の国際的な金融取引家やオランダの銀行家などがこの市場に参入し、イギリス国債はこれらのアムステルダムの投資家たちによって引き受けられることとなった。金融グローバリズムが形成されていったのだ。

このように、イギリス財政の資金源と国際的な金融市場の展開が連動する。その中心にはイギリス国債があった。かくて、イギリスが大国化するにつれ、イギリス国債の信用力は増大し、イングランド銀行の銀行券と国債が高い信用力を背景として金融市場でいっそうの流通力を発揮してゆくことになった。

経済史家は、これを「金融革命」および「財政革命」と呼ぶが、ここに「商業革命」と「消費革命」を加えれば、「商業」「財政」「金融」「消費」という経済上の四つの「革命」が一八世紀初頭には生じていたことになろう。生じていないのは「産業革命」だけだったといってよい。それにはまだもう少しの時間が必要であった。

とはいえ、この四つの「革命」を背景として重商主義政策は成り立っていた。また、重商主義政策がこれらの「革命」を可能としていたのであった。一八世紀の初頭といえば、まだ名誉革命から少ししかたっていない時期なのである。

名誉革命は一六八八年のことであった。名誉革命とは、端的にいえば、旧来の大土地所有者である地方貴族に対して、ロンドン中心部の新興の商業階級や金融階級が自らの政治的立場を確保するという「無血革命」であった。大土地貴族にかわって、商業資本と金融資本が政治を動かすという事態が出現する。「商業」「金融」「財政」を結びつけたのは、この新興資本であった。それが「ウィッグ支配体制」と呼ばれるものであり、それこそが重商主義なるレジームにほかならなかった。

なぜスミスは重商主義を批判したか

スミスが生きていた時代とはこういう時代だった。そして、彼はこの時代の通念を批判した。とすれば、スミスは一体何を問題にしようとしたのであろうか。

重商主義の基本命題をもう一度繰り返そう。「貨幣こそが富である」というのがそれだ。

これに対してスミスが打ちたてた命題は「労働こそが富である」というものであった。すなわち、アジアの物産を買い入れるためには確かに貨幣がなければならない。しかし貨幣を手に入れるためにはモノを売らなければならない。そしてモノを生み出すのは労働以外の何ものでもない。かくて労働こそが本当の富を生み出す。

このスミスの命題に何もおかしなところはない。実にもっともな論理である。貨幣（金銀）は天から降ってくるものでなければ、新大陸から「略奪」してくるほかなかった。だが略奪も不適切だとすれば、何らかの生産物によって金銀を買い取るほかない。

したがってスミスはいう。「世界のいっさいの富が本源的に購入されたのは、金銀によってではなく、労働によってである」と。労働こそが「根源的な価値」なのだ。土地に働きかける労働こそが「根源的」なのである。

ここから周知のテーマが出てくる。では労働の生産性を高めるにはどうすればよいのか。それは「分業」である。では「分業」によって分散された生産要素や生産物を結びつけるにはどうすればよいのか。それは自由な「市場」を形成すればよい。かくて「分業」と「自由市場」によって一国の生産性は高まるだろう。すべては国内の労働による生産性を高め、生産物を増大させるためである。これがスミスの経済学であった。

このことを否定する理由はない。それはそれで正しい。しかしそれではもっとも肝心の論点が脱落してしまうのである。

肝心の論点とは、改めていえば、なぜスミスは重商主義に反対したのかという点だ。すべては、重商主義が一国の「富」を、あまりに不確定性の高い、不安定な構造の上に置いている点にあった。それがスミスが重商主義に対立した理由である。

重商主義者は、一国の富を、グローバルな商業網とグローバルな金融システムに依拠させようとした。しかし、グローバルな商業はあまりに不安定であり、その商業を支える巨大な財政基盤も、イギリス国債とイングランド銀行券という頼りない単なる「信用」に基づいているのだ。

確かに「単なる信用」なのである。「信用」とは、最終的には、その根拠を人々の揺れ動く頼りない心理に委ねて浮動するものである。イギリス政府やイングランド銀行への人々の信頼があれば、それはその限りで機能する。しかしこの「信頼」など、風の向きによってい つ変わるやもしれない集団心理にすぎない。それは人々の心理のあやふやな相互作用のかすかな均衡に乗っかっただけで、この心理はいつどのように反転するかしれないのである。

実際、一七一九年にはインド会社のミシシッピー開発をめぐる投機的バブルが発生し、そのバブルの崩壊によって経済は大打撃を受けたのであった。これはイギリス人のジョン・ローがフランスのルイ一五世の摂政オルレアン公をたきつけて起こしたバブルである。ローの私設銀行は政府へ貸し付け、そのことによって信用を獲得し、その収益をミシシッピー開発に投資するというふれこみでインド会社の株式バブルを引き起こした。しかしバブルの崩壊とともに、ローの銀行の「信用」も地に落ち、ローの銀行だけではなく、国家財政までとりかえしのつかない大打撃を受けたのだった。

スミスが警戒したのは、このような構造なのである。一国の「富」の基盤を、金融という不安定で不確かなものの上に置くことであった。「信用」とは、一国の富を支えるにはあまりに脆弱で不安定であった。それをスミスは、重商主義は経済を「人為的なもの」によって支えようとした、と表現する。それは経済の持っている「自然」の構造を歪めてしまったという。

では経済の自然な構造とは何か。それは、まずは、身近な土地に働きかける労働から始めるべきである。「土地に働きかける労働」は何よりまず「農業」を発展させる。続いて手工業などの「製造業」が発展する。その次に農産物や工業品を交換・流通させるための「商業」が発展し、最後に国内市場が飽和すれば「外国貿易」が出てくる。

これが「事物の自然の秩序」であった。

「事物の自然的運行によれば、あらゆる発展的な社会の資本の大部分は、まず第一に農業にふりむけられ、つぎに製造業にふりむけられ、そして最後に外国商業にふりむけられる。事物のこの順序は、ひじょうに自然である」（『諸国民の富』第三編、岩波文庫版）というのだ。

そして、ここから自由主義擁護論がでてくる。政府が意図的な政策をとらずに「自由」に任せれば自動的にこの「自然の秩序」が実現できる、というのである。

どうしてか。人々はまずは身近な場所に投資をする。それは確実で安全だからである。

「利潤が等しいかまたはほぼ等しいばあいには、たいていの人は、自分たちの資本を製造業または外国貿易に使用するよりも、むしろ土地の改良や耕作に使用するほうを選ぶであろう」（前掲、第三編）という。

また次のようにも述べている。


「あらゆる個人は、自分の資本をできるだけかってを知っているところで、したがってまた自分ができるだけ多くの国内産業を維持するように、使用しようと努力するのである」（前掲、第四編）

だからスミスにとっては、外国貿易やグローバル金融などに投資することは合理的でないばかりか、道徳的にも間違った行為であった。

たとえば次のようにも彼は書いている。

「(外国貿易への投資は) 自分の財産をしばしば風波にゆだねざるをえないばかりではなく、自分がその性格や境遇を十分に知ることもめったにできないような遠方の国々の人々に大きな信用をあたえることによって、人間の愚劣さや不正といういっそう不確実な諸要素にもそれをゆだねざるをえないのである」(前掲、第三編)

すべては明らかであろう。スミスが重商主義を嫌ったのは、それが人間の「性向」にかなった「自然の秩序」を崩してしまうからである。

重商主義は順序を無理やりに逆転させている。まず「海外貿易」から始めて貿易差額で利益を生み出し、ついで商業、製造業へとカネをまわそうとしている。これは順序が逆だというのである。そのやり方は「人為的」なもので「自然の秩序」に反する。そこで政府が余計な「人為」をはずして「自由」にすれば、自ずと「自然の秩序」が実現するというのだ。これが有名な「見えざる手」の原理であった。

「見えざる手」について彼が書いているのは次のようなことだ。

「かれは、公共の利益を促進しようと意図してもいない。……外国産業の支持よりも国内産業のそれを選好することによって、かれは自分自身の安全だけを意図し、……自分自身の利得だけを意図しているわけなのであるが、しかもかれは、このばあいでも、……見えない手(an invisible hand) に導かれ、自分が全然意図してもみなかった目的を促進するようにな

るのである」（前掲、第四編）

スミスの重商主義批判の要点はこうしたものであった。彼にとっては「自然の秩序」の実現こそが重要だった。なぜならそれこそが人間の性向に合致しているからであった。

そして人間の自然な性向からすれば、人々は、何よりまず不確かなものを避け、身近にあってよく知っているものを大切にしようとする。これを保守的傾向というのなら、人の本性は保守的なのである。

アジア貿易で利益をあげようという大商人やユダヤ系の金融業者ならともかく、「普通の人」なら、得体の知れない海外貿易に出資するのではなく、勝手知ったる国内や地方の産業や農業に資金を提供するであろう。「普通の人」は確実性と安定性を求めるものだ。

そうだとすれば、政府がわざわざ海外貿易を保護するのをやめれば、自然に国内へ資本が向き、結果として国内の農業や製造業が活性化し国富は増大する。

彼は、海外貿易とグローバル金融市場といういきわめて不確実な富の構造に依存するのではなく、国内において農業や製造業を発展させるという、より確かな富の構造に依存すべきだ、といったのである。海外貿易や「信用」に基づく金融という「不確実なもの」に依拠するのではなく、国内産業という「確実なもの」の上に富を定義しようとしたのであった。

「大地」に根ざした経済を擁護

これがいかに市場主義者スミスなどという通念とは程遠いか明らかであろう。ましてやグローバリズムの先駆者などという像から、いかに隔たったものかも明らかであろう。今日の市場主義者は、不確実性こそが利潤の源泉だといい、不確実性が大きければ大きいほどビジネス・チャンスは拡張するなどというのである。

今日的にいえば、重商主義者の直面していた「現実」こそ、金融や貿易のグローバル化が一挙に進展した世界だったのである。重商主義とは、グローバリズムに直面して、その現実のなかでイギリスに富をもたらすための意図的な政策なのであった。

ところがスミスは、そのグローバリズムそのものを批判したのである。金融中心的経済とグローバル化をこそ批判したのである。それは「事物の自然の秩序」ではなかったのだ。

スミスがやろうとしたことは、「金融革命」「商業革命」「財政革命」がもたらした当時のグローバル化状況のなかで、それに抗して、より確かな富の基盤をまずは国内の生産力の強化に求めることであった。それが「富の確実な基礎」であった。

だからスミスにとっては、何よりまず自国や自分の住んでいる地域における産業の振興が重要なのである。「土地と労働」である。いってみれば「大地」に根ざした経済であった。「大地」に根ざした経済こそが一国の確かな富を生み出す。これに対してグローバルな市場を浮動する「金融」はあまりに不安定で不確かなものであった。こうして、土地と労働という「大地」と、国境を越えて浮動する「金融」が対比される。ここにこそスミスの経済学と重商主義の対立がある。

この時代、イギリスではしばしば「貨幣的利益（moneyed interest）」と「土地の利益（landed interest）」が対比された。あるいは、「貨幣的人間（moneyed man）」と「土地的人間（landed man）」が対比された。浮遊する「貨幣」と確かな「大地」の対立である。あるいは、「不確かなもの」と「確かなもの」の間の対立である。

スミスが、この対立において「不確かなもの」に対して「確かなもの」を擁護しようとし、「貨幣的利益」ではなく「土地の利益」の側につこうとしたことは間違いない。

もちろん、彼は、イギリスがもはや農業段階にはないことはよく知っていた。一八世紀後半といえばすでに産業革命に入りつつある時代である。時代が新たな産業を求めていることはよく知っていた。彼は決して農本主義者などではない。しかし、国内の地域（大地）に基礎をおいた労働にこそ経済の基盤を求めたことは否定できまい。

そこで、スミスの市場理論なるものを、現代の状況へあてはめてみるとどうなるか。当時の重商主義こそ、今日のグローバル経済であり金融中心経済ということになろう。スミスはこのグローバル経済に反対し、国内の雇用（労働）を確保し、国内の製造業を発展させることをこそ説いたことになるのではなかろうか。

一八世紀のイギリス経済は、確かにいくつかの経済上の「革命」が重なり合って一気に経済発展を生み出していた。それを生み出したものは、イングランド銀行をはじめ、それなりに整備された銀行制度であり、政府発行の国債であった。

外国人投資家までも集めたイギリス国債は、グローバルな金融市場の中心的存在になってゆき、イングランド銀行の銀行券とともに、金銀に代わる流動性の役割を果たしてゆく。また海軍を中心とする軍事力と比較的安定した政治構造が、国債と銀行券の「信用力」を担保したのであった。

これを現代に即していえば、アメリカによる金融グローバル化と何ら変わらないであろう。今日のアメリカの経済的覇権は、世界にあふれだすドルと国債に基づいている。二〇〇〇年代に入ってから数年間のアメリカの経済的繁栄は、まさしくドルと国債の「信用力」に依存していた。この「信用」を支えたのは、世界の半分ほどを占めるアメリカの巨大な軍事力と、それを背景にした政治力であった。

そして二〇〇〇年代後半に入り、イラク戦争の失敗、ブッシュ政権の経済政策の失敗によってこれらの「信用」に陰りがでるや否やリーマン・ショックが起きたのだった。「貨幣的利益」を基盤にした富などというものがいかに脆いものかを、誰もが目の当たりにしたのではなかったろうか。

アメリカに限らず、今日の金融グローバリズムのもとでは「貨幣的利益（マネイド・インタレスト）」がもっぱら優先される。「大地の利益（ランディッド・インタレスト）」つまり「国と地域に根ざした利益」は時代遅れとされる。もっぱら浮動する金銭を動かして利益を得る「貨幣的人間（マネイド・マン）」がもてはやされて「大地に根ざした人間（ランディッド・マン）」はなおざりにされる。

スミスが批判したのは、金融グローバリズムのなかでもっぱら「貨幣的利益」によって富を生み出す経済であった。もっと確かな「大地」（つまり、ネーション、一国の労働、土地）といったものの上に富を生み出すべきだと述べたのである。

この一国の労働によって生み出される富が国内消費を超えれば、それを輸出すればよいのである。それは自由貿易でよい。なぜなら、自由な経済活動を保障すれば、まずは国内の産業が発展し、その後に海外貿易が展開されるからだ。

だいじなことは、自由主義そのものではない。現代の市場原理主義や新自由主義者のように、規制を撤廃した自由競争そのものが正義という論理ではない。スミスは決してそんな原理主義者ではなかった。彼が関心を持ったのは、いかに一国の富を人間性にかなった確かなものの上に基礎づけるか、ということだった。

とすれば、もしもスミスが現代に生きておれば、間違いなく彼は今日のグローバリズムと金融中心経済を批判しただろう。彼は決してグローバリストでもなければ新自由主義者でもなかったであろう。

これは、次のことを少し考えてみてもすぐにわかることだ。

しばしば、「私益は公益なり」こそがスミスの根本的な命題だといわれる。「消費者も生産者も私の利益だけを追求すればよい。そうすれば自動的に社会全体の利益が実現される」という。先の「見えざる手」の原理である。この「見えざる手」は今日でいえば「市場メカニズム」にほかならないとされる。

しかしこの命題は今日では成り立たない。今日もしも日本のある企業が利益をあげようとすれば、中国やインドなど海外に工場を移転したほうがよい。しかしそうすれば国内の雇用は減少し、内需は低下する。こうして日本経済は決してよくならない。

つまりグローバル化のもとでは「私益は公益なり」というスミスの命題は成り立たないのだ。個別の経済主体が自己利益を追求すれば一国の富の増加になる、などということはもはやありえない。ということは、「公益」の実現のためには、時には「私益」は制限されなければならないのだ。

このこと一つをとっても、スミスの市場理論を持ってきて今日のグローバル経済を擁護するなどということは決してできない。

国富は戦略で決まる

同様に、今日のグローバリズムのもとでは、もはや自由貿易主義は決して双方の国に利益をもたらさない。このことにも注意しておく必要があるだろう。

スミスは、確かに、国と国の間の自由な貿易が国富の増進につながると述べた。だがそれも既述のように、まずは国内の生産力を高めて国内の需要を満たし、それでも余剰生産物があれば相互に貿易すればよいという論理であった。

この論理をもう少し発展させたのがリカードの比較優位説であった。必ずしも余剰を交換するのではなく、双方の国が双方の得意分野に特化し、それを交換すれば双方とも利益を得る、というわけだ。布の生産に適したイギリスはもっぱら布を作り、ワインの生産に適したポルトガルはもっぱらワインを造り、それぞれを交換したほうがよいという。

この比較優位理論に基づく自由貿易論は、その限りでは正しい。しかしあくまで「その限り」であって、ここでは、生産要素は相互に大きく動かないという仮定が置かれている。つまり、両国の得意分野が、土地や国土や国民性といった「大地」によって決まっているのである。イギリスでもポルトガルでも似たようなものが作り出せるという状況は排除されているのだ。

もちろん、今日の経済学はリカードの比較優位説から出発しながらももう少し複雑になっている。「ヘクシャー・オリーンの定理」なるものを持ち出して、両国が似通った生産技術を持っていても、国際分業（水平的分業）は成り立つ、という。

だがその基本構造は変わらない。生産要素は基本的に移転しないのであり、生産要素の構造に大きな違いがあるとされている。「大地」的な条件において双方の国に大きな差があるのだ。双方の国に落差がある限り、確かに国際分業はある程度成り立つし、自由貿易は一定の範囲で双方の利益になる。

しかし、今日のグローバリズムの世界はもはやこのような牧歌的な世界ではない。第一に、生産要素が容易に移転してしまう。特に資本と情報と技術はきわめて容易に移転する。最近では労働も移転しつつある。こうなれば、リカード的な比較優位型の理論は成り立たないし、「ヘクシャー・オリーンの定理」で想定されている生産要素の賦存状況も変化してしまう。今日のグローバル経済とは、まず資本が瞬時に移転し、また工場などを海外に移転できる時代なのである。産業技術も移転できるし、また模倣も可能となる。こうなれば比較優位という概念にどれほどの意味があるのだろうか。

第二に、そもそもの比較優位という現象は固定的なものではない。それは作り出されるのである。この点はすでにリカードを批判してT・R・マルサスが述べていたことであるが、実際、今日の経済では比較優位はある程度、作り出すことができる。教育や職業訓練によって質のよい労働者を作り出すことはできるし、政府の公的資金による開発支援によって新たな産業技術を開発することもできる。いやそれが常態になってきているのである。

かつてあるアメリカの経済学者が次のような皮肉をいったことがあった。もしも日本が優秀な産業技術のもとでハイテクのチップを効率的に作り、一方、アメリカは豊かな農園を背景にしてじゃがいもを効率的に生産することができるとすれば、比較優位論が教えることは何か。それは、日本はコンピュータのためのシリコンチップを生産し、アメリカはもっぱら胃袋のためのポテトチップを生産し、両者が自由貿易で交換すればよい、ということだ。これで双方とも利益を得ることができる。だけど、果たしてアメリカはそれで満足するであろうか。

ここに自由貿易論の大きな陥穽《かんせい》がある。アメリカは決してポテトチップ大国で満足などできないのである。とすれば、比較優位の構造を政府が作り変えてゆくだろう。ここでは国家の基幹産業は何であるべきか、あるいは国家を支える産業はどうあるべきか、という価値選択が不可欠になる。

しかも情報産業のように、今日の市場ではいわゆる「規模の経済」が生じる可能性が高い。要するに市場の獲得シェアをめぐって「オール・オア・ナッシング」となることが多い。こうなると、いち早く特定の産業を育成して市場を制覇してしまうことが、大きな利益をもたらすのである。

かくて国富という概念は決して比較優位などによって自然に決まるのではなく、まさしく一つの意図を持って「人為的」に決められるものである。そのためには比較優位の構造そのものも作り出されてゆくのである。

ここに戦略性がある。それをポール・クルーグマンはかつて「戦略的産業政策」や「戦略的貿易」と呼んだ。何を得意分野にするかはその国の「戦略」によってかなりの程度まで決められるのだ。貿易も自由貿易によって自動的に国際分業が実現するわけではない。程度の差はあれ、どの国も「戦略的貿易」を行うのであり、これがグローバル経済の現実なのである。

こうして、現代の経済学者たちがスミスに帰するような自由な市場競争の調和という物語はどこにも存在しない。もしも市場競争理論がスミスに発するのだとすれば、それはこの現実とはまったく整合しない。グローバリズムの現実とは、スミス、リカードから始まる自由貿易とはまったく異なった様相を呈しているといわざるを得ないだろう。

ここで以上に述べてきたことを少しまとめておこう。

①スミスの「私益は公益なり」という議論は今日のグローバル経済のもとでは妥当しない。

②スミス、リカードに端を発する自由貿易論はグローバル経済では成り立たない。

③スミスは重商主義を批判したが、そのスミスの批判した重商主義こそ今日いうところのグローバル金融経済であった。

④スミスが関心を持ったのは、一国の富を「確かなもの」の上に基礎づけることであった。その立場からすると、金融グローバリズムの上に富を築こうとした重商主義は間違っていた。

⑤今日の文脈にスミスを移植すると、彼はグローバリズムや市場原理主義を批判したと思

われる。

これが「スミスの本当にいいたかったこと」ではなかっただろうか。それは、「スミスこそは市場主義経済学の祖である」という今日の通念とは大きく異なっている。ましてや、「スミスこそがグローバリズムの先駆者」などという俗論とはまったく異なっている。どうやらわれわれは「経済学」を大きな誤解から始めてしまったように思われるのだ。

第6章　「国力」をめぐる経済学の争い──金融グローバリズムをめぐって

国力と経済学

経済には普遍で不変の法則というものはない。したがって経済学にも普遍の真理というものはない。もちろん、ある程度、一般的で抽象的な因果関係や理論はあるが、それが具体的にどのように作動するかは、その国の制度や慣習、国民性や文化のなかで決まってくる。

では経済についての知識は実際には何を目指しているのだろうか。端的にいえば、それは「国力」もしくは「国益」をめぐってだ、といってさしつかえないであろう。

もっとも「国力」といっても、また「国益」といっても様々だ。国際政治学者のジョセフ・ナイは「国力」には、政治力、軍事力、経済力などの「ハード・パワー」と、文化、イデオロギー、情報発信能力などの「ソフト・パワー」があるというが、本書で論じているのはあくまで経済的な観点からの「国力」である。

そして通常、経済力の向上とは、生産効率の向上と国民の生活水準の向上と見なされている。だから「効率性」が「国力」をもたらす基軸にすえられることになる。

もっともその場合、生産効率はともかくとして、「国民の生活の向上」のほうは実はそれほど簡単に定義できるものではなく、多様な内容を包括しており、実際には「国力」の具体的な内容は多様なものとなる。福祉の充実なのか、災害からの安全性の確保なのか、市場の多様性なのか、それに応じて経済政策や経済上の思考方法は変わってくるだろう。

だから、一律に市場競争さえ確保すれば効率性が向上し、「国力」が上昇するなどというわけにはいかないのである。ここにどうしても「国力」を定義する上での価値観が持ち込まれざるを得ない。

実際には、われわれがそのなかで生きている現実の経済は、本質的に「国力」と切り離すことはできない。実務家なら誰もこのことを疑う者はいないだろう。これは教科書流の「経済学」を眺めている限りは決して見えてこないものである。

だがその一方で、実際には経済学さえも常に政策論として現実政治のなかに置かれ、政府の施策に大きな影響を及ぼしてきたことも事実であり、だからこそ、新自由主義やケインズ主義、福祉主義、重商主義、重農主義などの多様な経済学の立場の違いも生まれる。それは「国力」の理解の仕方と切り離せないのだ。

戦略としての自由主義、戦略としての保護主義

さて、それでは「国力についての思想」という観点からした場合、経済学は何をめぐって論争し、また、思想を展開してきたのだろうか。

そこには実は一つの大きなテーマが伏在している。一八世紀に源流を持ち今日まで続く経済学という大きな流れを少し注意して見れば、そこにはある一つの重要な思想の対立を見出すことができよう。

アダム・スミスが時の支配的な経済思想である重商主義との対決を意図したものであったことは先に述べた。改めて繰り返しておくが、そこで重要なことは次のことだ。

重商主義とは、当時のいわばグローバル経済を前提とし、この現実のなかで貿易と商業の管理を通して貨幣を獲得するという国家的政策であり、今日流にいえば「グローバル金融経済における輸出拡張政策・資本導入政策」というべきものであった。重商主義者からすれば、それこそが「国力」の伸張の基盤だったのである。

だから、今日よくいわれる「日本は輸出立国だから輸出産業の競争力を上げなければならない」とか「金融市場を自由化して資本を導入しなければならない」というような言説そのものが本質的に重商主義的ということになる。ＴＰＰもそれを「輸出戦略」と見るなら、一種の重商主義ということになる。

スミスが反対したのは、このような無条件のグローバリズムの受容であった。彼は国内における「土地」と「労働」の効率化を唱え、生産性の向上と配分の効率性を主張した。そのためには「事物の自然の秩序」に即した「自由な経済活動」こそが望ましいとしたのである。その意味でいえば、スミスはまさしくグローバルな市場主義に対する「抵抗勢力」であった。

そこから、通常、思想的に対立する二つの立場が出てくるとされる。一つは市場を自由放任に任せる「自由主義」であり、もうひとつは、政府が市場に介入し特定の産業や企業を保護する「介入主義・保護主義」である。

だが、「国力」の経済学という観点からすれば、この両者の対立はあまり意味がない。それは共に「国力」をめぐる考え方の相違であり、両者とも自国の「国益」なり「国力」の増進を目指している点では同じなのだ。

もちろん通称『国富論』と呼ばれるスミスの主著は、正確には『諸国民の富（The Wealth of Nations)』というように、イギリス一国の富ではなく「諸国民」の富について論じたものではあった。

だが実際に『国富論』を読めばわかることだが、イギリスこそがもっぱらスミスの関心の中心であったことは疑い得ない。特に諸外国の富について論じているわけでもないし、抽象的な一般的法則を論じているわけでもない。「諸国民」へ一般化できるという含意はあるとしても、スミスの関心があくまでイギリスの国富にあったことは間違いない。

だからこそ、当時の後進国であるプロシャの経済学者であるフリードリッヒ・リストは、スミスの自由主義経済論は、あくまで先進国イギリスに都合のよいイデオロギーだと批判したのであった。

リストの書いた『経済学の国民的体系』（一八四一年）は、スミスのような自由主義的経済学の教義を批判したもので、後進国ドイツの保護主義政策を擁護したものという位置づけになっている。もっともこの書物をとりあげる者は現代では稀で、経済学のなかではまったくといってよいほど無視されているのだが、これは重要な書物であり、もっと読まれてしかるべき書物であろう。

リストはいう。スミスの自由貿易論のような「世界主義的な原理」をそのまま鵜呑みにしてはならない。だいじなのは、コスモポリタン的な抽象論ではなく、国民の利益を実現するその国に即した「政治経済学」なのである。「国力」や「公益」に基づく経済学であり、それはそれぞれの国の歴史や発展段階によって異なっている。経済の課題は、個人から出発していきなり「世界」へつながるコスモポリタンのものではなく、世界と個人をつなぐ「国」のレベルにこそある。だから、経済学も抽象的一般論ではなく、あくまで特定の「国民」のレベルで定義されねばならない。

個人と人類の間には、特有の言語と学芸を持ち、固有の由来を持ち、特有の習俗、習慣、法律、制度を持ち、存在、独立、進歩、永遠に対する要求を持ち、区画された領土を持つ、国民が存在している。（リスト『経済学の国民的体系』岩波書店）

そして「正常な国民」とは、農業、工業、商業、海運が均等に発達した経済を持った国民だ。だからだいじなのは、海外市場に経済展開することではなく、国内市場をバランスよく発展させることである。「バランスのとれた発展」とは、国内経済を競争させてバラバラに切り離すのではなく、多様な産業分野や個人の活動を「うまくつりあった状態」に置くことなのである。特定の産業に特化することではなく、産業の全体をバランスさせることが重要なのだ。それをリストは「生産諸力の均衡もしくは調和」と呼んだ。

自由競争の結果として市場が均衡することよりも、「生産諸力の均衡」が優先されるべきである。しかも彼にとっては、生産諸力を高めるものは、ただ物的な資源だけではなく、道徳性、宗教心、知識の増大、政治的自由、生命財産の安全確保、国民の独立などでもあった。ここに「国民」をことさら持ち出す意味もある。要するに、「国力」とは、諸産業のバランス、国民の道徳心、精神的気風など、その国の「総合力」なのである。

これからわかるように、リストにとっては、自由競争にたつグローバル市場などというものは何の国民的基盤をも持たない誤った「世界主義」にほかならなかった。

だから世界主義という理想主義の外観に惑わされてはならない。実は、スミスの自由市場論はただの誤った「世界主義」というだけではない。それは、普遍的原理どころか、イギリスの国富の増進を目指した「政治経済学」でもあった。そこに古典的自由貿易主義の隠されたイデオロギー性もあったのである。

イギリスのように、その工業力が他の国を大きく凌駕したところでは、自由貿易によって、その工業的支配権を世界において最大限に拡大することができるのだ。だから、イギリスにとっては、一見したところ普遍的に見える「世界主義」と、国益に根ざした「政治経済学」が一致するのである。ドイツがそれと同じことをしてはならない。

たとえば、すでにある程度産業革命を成功させ近代的工業技術を手にした国と、そうではない農業国が自由貿易をすれば、工業化の先進国が軍事力も含めた強大な経済力を持ち、他方で農業国は生産性の低い農業に特化していつまでも後進国に留まらなければならないであろう。だから、工業化し近代化しようとすれば、ある種の工業については保護主義を採用するほかない。

かくて、リストのドイツにおいては、自由貿易主義は「国力」の観点からは容認できるものではなかった。保護政策は、後進国が自らの「国益」を守るための必要不可欠な政策手段なのであった。

実際、このような「国益」や「国力」という立場を明示すれば、前章でも述べたように、日本人はもっぱらハイテクのシリコンチップを作り、アメリカ人はひたすら農場を耕してポテトチップを作るというわけにはいかない。だから仮に自由貿易主義にたっても、実は比較優位の構造を作り出すための「戦略的政策」が不可欠となるのである。いや、グローバル化のなかの自由貿易主義こそが「戦略」を必要とするのだ。

「戦略」を持つとは、何を「国力」と見なすか、という価値の問題でもある。実際、「自由主義」を強く唱えたクリントン政権下のアメリカでも事実上この「戦略的政策」は採用されたのであり、さもなければ、一九九〇年代後半のアメリカのＩＴや金融への急激なシフトと、それによる国際的な比較優位の形成は説明できない。

こうしてみれば、自由主義か介入主義か、あるいは自由貿易か保護貿易か、という対立は、せいぜい戦略の違いをめぐるものといってよいだろう。自由貿易は科学的な法則にのっとった真理であり、保護主義はそれを人為的に歪めたイデオロギーだ、というようなものではない。実際にはそのどちらもが「国益」や「国力」をめぐっての政策判断といわざるを得ないのである。

「国力」という観点からすれば、自由主義も介入主義もどちらも広い意味の「戦略」ということができる。自由市場さえも、実際には意図的な政策によって作り出されるのである。だからこそ問題は「国益」や「国力」をどのように理解するかにかかってくるのだ。

これは経済史家のカール・ポランニーも述べたことであった。自由市場の創出そのものが「強い国家」の後押しのもとにはじめて可能となった、と一八世紀から一九世紀のイギリスを分析しながら彼はいう。

世界でもっとも早い時期に自由市場を形成したとされる一九世紀初頭のイギリスでは、規制の撤廃、従来の商習慣の廃止、労働慣行の変更、自由な物流の保護、救貧法の制定などがなされた。これらは政府による強力な政策実行能力がなければ不可能だったのだ。「自由競争の市場」は、それ自体が「強い政府」によって生み出されたのである。

それはまた一九八〇年代のアメリカでも生じた。そして九〇年代の構造改革も、まさしく自由競争市場を政府が生み出そうという試みだった。それを実現するには「強い政府」がなければならない。「強い政府」と「大きな政府」とはまったく違っている。「大きな政府」を「小さな政府」に変更するためにも「強い政府」が必要とされるのである。

ではリストが批判したように、自由主義も保護主義もせいぜい戦略上の相違だとすれば、「国力」をめぐる経済論の対立はどこにあるだろうか。発展段階の違いなのだろうか。

「富の基盤」をめぐる二つの思考の対立

そこで改めてスミスと重商主義の対立を思い起こしてみよう。両者の対立は、自由主義か保護主義かというだけではない。ここにはより重要な論点があった。

それは、前章でも述べたように、金融グローバリズムへの対応だったと見ることができる。金融グローバリズムはなるほど海外資本を導入することで巨大な利益機会を提供するだろう。重商主義者は、この流れに棹さし金融グローバリズムのなかでの資本の獲得に活路を見ようとした。

だがそれに目を奪われてはならない。富の基盤はもっと確固としたものの上に置かれなければならない。これがスミスの考えだった。だからスミスは富の基礎を国内の「土地」と「労働」によって確保しようとし、重商主義者は、グローバルな資本のもたらす利潤機会に富の源泉を獲得しようとした。

繰り返すが、スミスにとって重要なことは富を生み出す基盤の「確かさ」であって、不確実性を可能な限り回避することであった。「富の確実な基盤」こそ彼が必要としたものだったのである。

ここに経済を見る視点の決定的な断絶がある。経済思想史を貫く一つの大きな裂け目がある。グローバルな資本の動きとそれに先導されるヒトやモノの動き、すなわちグローバル市場にこそ経済力の根源を見るのか、それとも、まずは国内の生産基盤を確保し、国内の雇用確保と需要を満たし、その上で海外貿易に乗り出すのか。すなわち「富の基盤」をどこに置くのかということだ。スミスと重商主義の対立はそこにあった。

そして、実はこの対立はその後の経済学の歴史のなかにおいて繰り返し出てくるものなのである。経済学の歴史を貫く一つのテーマは、経済についての「二つの思考」の対立なのだ。

ウェーバーとゾンバルトの対立点

「富」の基礎を、勤勉な労働による生産物、つまり「モノづくり」に置くのか、それともグローバルな資本の流れが生み出す利潤に置くのか、この二つの経済原理の対立は、少し変形されてではあるが、一九世紀末から二〇世紀はじめにかけてのドイツを舞台にしても展開された。マックス・ウェーバーとウェルナー・ゾンバルトの間の対立である。

ウェーバーの『プロテスタンティズムの倫理と資本主義の精神』（一九〇四〜〇五年）は、プロテスタントのカルヴァン派の教義と資本主義の精神の間の深い関連性を主張したことで知られている。

よく知られた議論だが改めて要約しておこう。スイスのジュネーブに発して、フランスを北上し、オランダやイギリスに流れ着いた一七、一八世紀のプロテスタントのカルヴァン派こそが資本主義の精神的な基盤を準備したとウェーバーはいう。カルヴァン派の教義の核心にある世俗内的な禁欲の倫理とその独特の教説である「予定説」によって、世俗内における成功や経済的な利得が是認されたというのである。

「予定説」は、神による救済はあらかじめ決定されているとする。神の意志は測り知れず、人は己の運命を知ることはできない。しかしそうであればこそ、信仰深いカルヴァン派の信徒たちは、生あるうちに「救済の確証」を得ようとした。かくて、彼らは世俗内で徹底した禁欲的生活を送る。彼らは勤勉に働き、正直で誠実に生活し、世俗的な生活を秩序正しく合理的に遂行しようとした。

その結果、勤勉な労働や仕事への合理的な熱意は、彼らに経済的な成功をもたらすだろう。そこで次のような論理が出てくる。勤勉に働き、合理的に仕事を組織し、禁欲的に生活した結果が経済的な成功であれば、そこに「救済の確証」を見ることができるだろう。

このような経緯を辿って、勤勉な労働の結果としての経済的利得が合理化される。しかもその合理化は、完全に神の意志にそったはずのものであった。もはや利殖に対する宗教的疚《やま》しさは存在しない。それどころか、富を得て、それを善きことに使うのは、信仰深いキリスト教徒の務めなのである。キリスト教のなかでももっとも厳しい信仰心で知られたカルヴァン派こそが、富の蓄積を合理化したのである。

かくて利潤や富を得ることが道徳的な悪と見なされていた伝統的なキリスト教のなかから、経済的利得を是とする資本主義の精神が正当化されるような教義が出現することとなった。

注意しておく必要があるが、ウェーバーは、カルヴァン派のなかから資本主義の精神が生まれたといっているのではない。また、カルヴァン派は資本主義を容認したといっているわけでもない。カルヴァン派の信徒にとっては、世俗内的な禁欲としての労働はただ善行というよりも宗教的「義務」なのであった。

この「義務」の遂行のなかから経済的利得が必然的に生じたのである。もちろんそれはあらかじめ意図したものではない。結果として生じるのだ。だが、たまたま結果として生じるわけでもない。結果として必然的に生じるのだ。その意味で、カルヴァン派の倫理と資本主義の精神の結びつきは、いってみれば「運命的」なのである。

こうして、カルヴァン派を中心にして、勤勉な労働の精神、その帰結としての利潤や富の獲得という資本主義の精神が積極的に称賛されるようになる。ウェーバーは、このような倫理的な資本主義の精神の体現者の典型を、スミスと同時代のアメリカ人であるベンジャミン・フランクリンのなかに見出したのだった。

ところで、ウェーバーの資本主義論に対して、同時代の経済史家であるゾンバルトはいちはやく反応し、激しい批判を投げかけた。

資本主義の精神とは、何よりもあくなき利潤追求の冒険的な精神ではないか。そうだとすれば、それは一七、一八世紀に出てきたものではない。古代のフェニキア人にまでさかのぼることのできる歴史的に普遍な現象ではないか、と彼はいう。

これに対するウェーバーの回答は次のようなものであった。彼のいう資本主義の精神とはあくまで「近代的で合理的な資本主義の精神」である。それは、歴史貫通的に見られる冒険的なあくなき利潤追求などではない。それはもっと確かな合理的経営と勤勉の精神に支えられた「近代資本主義」である。さもなければ、救いの確証など得られないであろう。

ここにウェーバーは二つの資本主義についての有名な区別を提示する。合理的・近代的な「市民的資本主義」と、ユダヤ的な「賤民的資本主義」である。前者は、労働に基礎を置く合理的な経営とモノづくりの資本主義であり、後者は、主としてユダヤ人によって担われた利潤追求の冒険的な資本主義であった。「市民的資本主義」は、一つの場所に根付いた近代的で合理的なものであり、「賤民的資本主義」は本質的にグローバルな舞台における利潤追求にほかならない。

こうしてゾンバルトが述べる冒険的・利潤追求的資本主義から合理的な「近代的資本主義」を切り離すというのがウェーバーのもくろみだった。

これに対してゾンバルトは反論する。仮に「近代的」ということに限ってもユダヤ人こそが資本主義の推進者だ。どうしてか。それはユダヤ人こそがプロテスタントに負けず劣らず合理性と抽象性と世俗内的禁欲の精神と勤勉さを発揮したからだ、と彼はいう。

実際、偶像崇拝を禁止し、オルギア主義（宗教的熱狂）や先祖崇拝や神秘主義を否定するユダヤ教は、カルヴァン派と同様に合理的であり、禁欲的であり、世俗内の禁欲生活を実行するのである。それはウェーバーが近代性の特質と見なす「脱呪術性」を十分に持っていた。この禁欲的で合理的な精神とグローバルに活動するユダヤ人ネットワークこそが近代資本主義の発展の原動力だとゾンバルトはいう。

さらにそこにユダヤ人独特の宿命が付け加えられた。それは「祖国」を持たない、ということであった。定住地すなわち「大地」を持たない「浮動性」こそ、ユダヤ人に対して独特の「金銭主義」をもたらした。「大地」を持たない者は「貨幣」や金銀財宝に自らの生存を託すほかないからである。大地に根ざす「不動産」ではなく、携帯可能で場所を選ばない

「動産」に頼るほかないのである。

「浮動する者」は、世界を浮遊する「貨幣」によって富を確実にするほかない。「貨幣」もまた「浮動するもの」なのだが、「浮動する」ことによってそれはどこにおいても同一の価値を示すのである。場所が変わっても「金銀」や「貨幣」こそは価値を確かなものとする。「浮動する者」にとって唯一確かな富は「大地」ではなく「貨幣」なのであった。

と同時に、ここでも注意しておかねばならないことがある。ジャン゠ポール・サルトルはユダヤ人と金銭の結びつきにはある種の抽象性がある、と述べた。しばしば、ユダヤ人の金銀への愛好は、金銀財宝それ自体の具体的な稀少性や貴重性にある、と見なされるのだが、実際にはそうではない、という。

ユダヤ人は、金銭として無記名証券や小切手、手形などを好んで保持し使用した。つまり、「浮動性」は金銀財宝よりも、いっそう徹底した抽象性と無名性を持っており、この抽象的な富の形象において世界を浮動するのである。無記名証券は、「大地」という具体的な名を持ち登記される富とは対極にある。

だからこそ、貨幣は「黄金愛」として退蔵されたり金庫の奥深く秘匿されたりするのではなく、社会の表面に出て流通させられる。そして人から人の手に渡る（貸し付けられる）ことで富を増殖する。かくて貨幣は資本へと転化する。ユダヤ人こそは「資本」主義の推進者なのであった。

したがって、ユダヤ人の勤勉さや禁欲や労働意欲は、土地に働きかける労働として発揮されるのではなく、「浮動する貨幣」を増殖させる方向へと働きかける。富は「大地」にあるのではなく、世界を浮動する「貨幣」にあるのだ。かくて重商主義の側にこそ資本主義の本質があるとゾンバルトはいうのである。

ゾンバルトのいう「ユダヤ人」を文字通りのユダヤ人と受けとめる必要はない。「脱大地化」したグローバルな世界をめぐって資本を動かす「ユダヤ的なもの」というぐらいの意味と理解しておこう。

ゾンバルトはまた、この「ユダヤ的なもの」と同時に、とりわけアジアの貴重品や新奇な物産に心躍らせて高価で買い付け、贅沢で虚栄に満ちた生活を送る宮廷貴族たちの欲望もまた資本主義の推進力だという。グローバル化された世界における浮動する「貨幣」と、宮廷における贅沢三昧の「欲望」こそが資本主義を突き動かしたということになる。

ウェーバーはというと、終生、ユダヤ教やユダヤ人の意味を気にかけていた。その理由の一つは、おそらくは、彼のいう「合理的・市民的資本主義」と「ユダヤ的・賤民的資本主義」の区別が気になっていたからであろう。

晩年に書かれた大著『古代ユダヤ教』でこの問題を再説しているが、この点に関する限り、費した分量の割には内容においてあまり説得力のあるものではなかった。ただ次のように彼が述べるその論点は無視しえない何かを持っている。

確かにゾンバルトがいうように、合理性や世俗内的な禁欲性という論点は特別にプロテスタントを際立たせるものではない。それはユダヤ教も同じなのである。ゾンバルトは「プロテスタントとはユダヤ人である」とまでいっている。

では両者を分かつものは何か。ウェーバーはいう。ヤハウェの神によって選ばれた「選良」としてのユダヤの民は、まず身内とその外という区別を厳格にし、ここに二重の道徳を持つ。この道徳の二重基準、もしくは二重倫理こそがユダヤ教の特徴だ、と。

そして面白いことに、この道徳の二重基準がグローバル資本主義を生み出したというのだ。いわば「身びいき」によって、ユダヤ人は同胞からは利殖目当ての利子はとらないが、対外取引においてはいくら高利を貪ってもかまわない。かくて「あこぎなユダヤ人」というイメージが作り出される。ユダヤ人のシャイロックにとってはヴェニスの商人アントーニオはよそ者だったわけである。

こうして、対外取引における資本主義活動が何の規制もなく自由に行われるようになる。ユダヤ人は国境を越えて散らばっているから、結局のところ、自由な経済活動は国境を越えて拡張することになるであろう。まさしくグローバリズムなのだ。すなわち最初からグローバル経済を前提にして資本主義活動は始まったことになる。

「内」と「外」を区別する排他的なユダヤ性から自由な資本主義が展開した。この「対内」「対外」の区別は、特にユダヤ性によって特徴づけられるというわけではなく、より一般化され得るだろう。今日的にいえば「対内的」は「身内の資本主義（クローニー・キャピタリズム）」であり、「対外的」は世界標準（グローバル・スタンダード）の「グローバル資本主義」という区別なのである。

もっとも、この場合の「自由」な経済活動はあくまで「対外」的なもので、「対内」的には保護や規制によって守られ様々に制約されたもの、ということになるだろう。「国内」のルールと「国際」のルールは違うのだ。国内では過激な競争はせず、規制等で一定の秩序を持っている。だが利益は対外的なグローバル経済によって稼ぎ出すのである。

一方、ウェーバーの述べたカルヴァン型の資本主義は、そのような倫理の二重基準は持たない。経済についても「対内」と「対外」の区別は設けない。だからこそ、どこにおいてもその場所で、勤勉で禁欲的な労働を義務とするのである。その結果、経済活動はまずはある特定の場所における隣人愛の実践、という意味を持ってくる。勤勉な労働によって隣人たちに喜ばれるようなモノを作るのである。資本主義的な富は、グローバリズムではなくローカリズムと結びついているのだ。

ここまでくれば、もはやユダヤ人とかユダヤ性にこだわる必要はないであろう。議論をあまりに安易にスライドさせることは避けなければならないが、「精神的類型」としていえば「ユダヤ的資本主義」は明らかに重商主義的であり、「カルヴァン的資本主義」はスミスの「土地」と「労働」に基づいた自由主義に近い。

ここで対立しているのは、経済についての二つの見方である。経済の「富」を生み出す源泉についての二つの見方である。「浮動性」を持った「貨幣」のグローバルな運動にこそ「富」の源泉を求めた重商主義やゾンバルトの資本主義に対して、ある場所において勤勉な労働の合理的な編成によって「富」を生み出そうとするスミスやウェーバーの資本主義が対立しているのである。

一方には、「浮動性」「世界性（グローバル性）」「貨幣」「商業」「不確実性」「利潤原理」といった系列があり、他方には「固着性」「大地性（ローカル性）」「労働」「モノづくり」「確実性」「安定性」といった観念がある。スミスは後者にこそ「富の確実性」を求め、ウェーバーは「救いの確実性」を求めた。それは前者のリスクをおかす冒険的な利潤追求の精神とは対比されるものであった。

「交換の経済」と「生活の経済」

さて、スミスと重商主義、そしてウェーバーとゾンバルトという対比を見てきたが、そこに流れているのは経済についての二つの思考であり、経済を構成する二つの様式であった。貨幣（資本）のグローバルな動きをめぐる経済活動と、一定の場所における土地と労働を基軸にする経済活動である。

貨幣（資本）は本質的にグローバルな面を強く持っている。資本の運動は、ひたすら利潤を求めて国境や土地を越え出てゆく。その意味で、それは「脱国境的」であり「脱場所的」である。それは無名的であり常に浮動する。

しかし労働・生産は特定の場所（土地）に置かれ、具体的な顔を持った人間のつながり、つまり組織を必要とする。それは特定の場所や土地に基礎づけられているという意味で「大地的」であり、そこには「歴史」があり、「文化」があり、「社会（人間のつながり）」や「慣習」がある。モノを生産するということは、これらをすべて「土台」として、その「土台」の上にやぐらを組むことなのである。

カール・ポランニーは、経済を次のような二つの類型に区別した。一つは「交換の経済（economy of exchange）」であり、もうひとつは「生活の経済（economy of livelihood）」である。前者は、利得を目的とする市場経済であり、後者は、人々が生命を維持するために生計をたて生活をするための経済だ。

その点では、「生活の経済」は必ずしも市場経済である必要はない。自給経済であってもよいし、局地的で地域的な経済でもよい。必ずしも利潤追求的である必要もない。

また、経済史家のフェルナン・ブローデルは、ポランニーのいう「生活の経済」を「物質経済」といい、「交換の経済」をさらに二つに区別した。「市場経済」と「資本主義」の区別である。国や地域というある範囲において制度化され、秩序化された交換体系としての「市場経済」と、グローバルに国境を越えて利潤の無限拡大を意図する「資本主義」を彼は区別した。

ポランニーに耳を傾けるにせよ、ブローデルを引き合いに出すにせよ、ここには、二つ、ないしは三つの経済の類型が区別されていることに注意しておこう。

この区別の基本的な観点は本質的には同じといってよい。一方には、われわれの生活や土地や生計の場所に密着した労働による生産があり、他方には、国境を越えて動く資本がもたらす利潤追求がある。われわれがいう市場経済とは、一方で「浮動する経済」を、他方では「大地的な経済」をともに含みつつ、両者が混融した一つの巨大な、しかも多様な経済活動の集積と見ておく必要があるだろう。

ケインズの自由放任批判

ところでこの「二つの経済」の対立をよく理解していた大経済学者が実はもう一人いるのだ。ケインズその人である。

ケインズは、不況時の財政支出、公共事業の必要を説き、自由放任的な古典派の経済学に正面から異を唱えた経済学者としてよく知られているが、『雇用、利子および貨幣の一般理論』（一九三六年）は確かに経済理論に一大転換をもたらした画期的な書物であった。

同時にケインズは、イギリス大蔵省のために働き、当時の国際経済と貨幣理論の専門家でもあった。つまり、為替や国境を越えた資本の動きや国際貿易に関わる実務にも精通した経済学者であった。しかも彼はそれを常にイギリスの「国益」という観点から捉えようとするタイプの人物であった。

実際、国際経済に関わる実務的で実践的な関心はケインズの生涯を貫いている。それは一九二〇年代、第一次世界大戦後のイギリスの金本位制への復帰についての諸評論や、その前後の国際金融とイギリスの金融政策についての評論や講演などから始まり、最後は、彼の命を縮めることにもなる第二次世界大戦後の世界経済秩序を構想するブレトン・ウッズ会議まで続くのである。

ケインズは、確かに不況時における政府主導の公共事業を説いた。これが一九三〇年代の世界大不況から先進国を立ち直らせる一つのきっかけになったとされるし、またその経験をもとにして、戦後世界は、いわゆるケインズ政策と呼ばれる財政出動によって経済成長が可能となったともされている。

もっとも、ケインズは、あくまで不況時の景気回復として財政出動を主張したのであって、経済成長を促すような恒常的な財政支出を訴えたわけではなかった。

だがもっとだいじなことだが、ケインズが政府主導の公共事業の重要性を訴えるのは、必ずしも一九三〇年代の不況に入ってではない。この点はほとんど認識されていない。ケインズが政府による公共事業を唱えるのは本来は不況対策とは少し異なった理由からであった。ケインズは自由党の党員でもあったケインズはもともと自由競争を信奉していた。しかし一九二〇年代の半ばごろから彼はその立場を急速に変化させる。二二、二三年頃にはボールドウィンの保護主義的政策を批判していたケインズは、二三年末に自由党の倶楽部で講演を行い、自らの立場を変える。

自由党は伝統的に自由放任の党であった。それは経済学者が自由放任を説いたからである。であればこそ経済学者がいまこの党を自由放任から救い出さねばならない。もはや個人主義的競争では社会はうまくいかない、と彼はいうのである。

一九二四年になると『ネーション・アンド・アシニーアム』誌に発表した論説において明瞭に自由放任を批判することとなる。その場合の論点は、何よりもまず国境を越えた自由な資本移動に対する批判であった。

たとえばアムステルダム市がロンドンにおいて年率五％のポンド建て起債を行った。これに対してケインズは反対する。それはいかに優良な公債であったとしても、イギリスの産業を振興させることにはならない。ただポンド相場を不必要に下落させるだけだ。それでは、ただ「イギリスの公衆のなかのバカな部分」が自分の利益だけを考えて外国証券に投資しただけであって、イギリス経済の進展にはつながらない。このバカな海外投資によって為替相場が不安定に変動することのほうが深刻だという。

ここで問題になっている事柄はまさしく金融グローバリズムのもたらす混乱である。金融グローバリズムは確かに個々の投資家の利潤機会を増大させるだろう。当時の状況ではイギリス国内は投資機会が少なく、過剰貯蓄の状態であった。その意味では海外への資本投下は投資家にとっては利益をもたらす。だがその結果として資本が海外に流出する。それはイギリス国内の失業率をますます高めるだろう。

つまり、金融グローバリズム下での自由な資本移動が、すでにデフレ傾向に陥っているイギリスにとってはいっそうのデフレをもたらす、というのだ。

そこで『ネーション・アンド・アシニーアム』誌（一九二四年五月二四日）では次のようにいう。国内での運用の機会がないために、国内の貯蓄が海外に流出している。それでは国内経済はいっそう不活発な状態に陥る。であれば、海外に投資される資本を政府が国内に誘導するのがよいだろう。そのために政府は国内で建設投資などの「資本開発」を行い、それによってまずは「国内均衡」を達成するべきである、というのだ。「国内均衡」とはいうまでもなく国内における貯蓄・投資バランスをとることである。

さらに同誌（六月七日）には次のように書く。対外投資についてのわれわれの考えを改めなければならない。そして「それに対して悪い名称を与えて『資本逃避』と呼ぶ時である」。ではどうするか。「私は国家をもちこむ。自由放任を捨てる」というのだ。

こうしてケインズは自由主義の伝統から離れた。一九二六年には有名な論説「自由放任の終焉」が発表されることになる。

もちろんケインズは最後まで「自由主義者」であり、社会主義や国家主義、あるいはその両者を合わせた「国家社会主義（ナチス）」を支持したことはなかった。むしろ、自由社会の枠を守るためにこそ自由放任主義から離脱したのである。政府主導による過剰資本の管理を導入しなければ、グローバリズムはあまりに経済を不安定化する、という。

こうして金融グローバリズムのもとでは決して「私益は公益なり」というアダム・スミスの命題は成り立たない。そもそも不況に陥った国の場合、金融グローバリズムは資本の海外移転をもたらすだけだ。それは国内における投資をいっそう困難にするし、為替レートの下落をもたらす。それを回避するために利子率を上げれば、これはいっそう不況を深刻にするだけであろう。

では仮に金融グローバリズムによるとしても、海外資本が国内に投下されればよいのではないか。もちろんそれは不況時には考えにくいことだが、資本流入があればそれでよいのか。

ケインズはそれもまた間違っているという。短期的な資本流入は必ずしもその国からみて長期的に適切な部門に投資されるとは限らないし、しかも短期の流入資本はすぐに引き上げられてしまうだろう。その決定権を握っているのはあくまで海外の投資家なのである。海外の投資家が、その国の長期的な利益を考慮した真に重要な投資をするという保証が一体どこにあるというのだろうか。これはその国の経済をただ不安定化するだけである。

まったく常識的できわめて適切な見解というべきではなかろうか。ケインズが述べたのは、金融グローバリズムが国内経済を不安定化してしまう、ということであった。そのリスクを回避しなければならない。それを可能とするのはただ国内の過剰資金を政府が管理して公共投資にまわすことだけであった。

金融グローバリズムのもとでは投資家の「私的利益」と国民全体の「公的利益」は一致しないのである。自由競争主義の基本命題は成り立たないのだ。

そしてその場合には、「公的利益」を実現するためには政府の出番を待つほかない。政府は、いまこそ、道路や鉄道などの輸送システムの整備、住宅整備、それに田園生活のアメニティの確保といった社会的インフラストラクチャーの整備を行うべきである。こうした長期的な公共投資こそいままさに求められているものだ、とケインズはいう。

一九二〇年代イギリスの「新しい現実」とケインズ

では一九二〇年代とはイギリスにとってどういう時代であったのだろうか。

それは、第一次世界大戦が終わり、アメリカという新興国へと経済の中心が移行するさなかの混乱に見舞われ、没落の予感と過去の栄光のはざまに揺れる時代だった。大英帝国の没落を十分に予感する詩人もおれば、それにしがみつく政治家もいる時代だった。そのなかで経済の様相も大きく変わりつつあった。

第一次世界大戦までの国際経済は金本位制を採用していた。自由貿易と自由な資本移動は金本位制と結びついたものであった。金本位制のもとでは貿易収支の変動は国内の賃金や物価の変動をもたらす。それによって両国の物価水準が相対的に変動して貿易収支を再び均衡させる。

すなわち国と国の間の経済の「国際的均衡」は、国内経済の変動を通じてなされるのである。貿易収支という「国際的な均衡」を選べば「国内の均衡」が崩れてしまう。国と国の間の経済が調整されるために、国内でインフレやデフレが生じるのである。

もちろん、このメカニズムのもとで一九世紀ヴィクトリア朝のイギリスは、世界に冠たる経済大国になった。だがそれは実際には、世界に広がる植民地のおかげであった。英連邦内の植民地への資本投下が現地での産業を興し（たとえば鉄道建設など）、そこへイギリスの工業製品が輸出され、そのおかげでイギリス国内の投資が活性化して国内の繁栄をもたらしたのだ。

この「帝国的循環」を支えたものは、英連邦圏というブロック経済のポンド通貨であり、イングランド銀行の金利政策（資本貸出）であった。ヴィクトリア朝の自由主義的なイギリスの繁栄は、自由貿易という教義によってもたらされたのではなく、植民地主義のもとでの金融資本主義によってもたらされたのである。

しかし、第一次世界大戦はこのような条件をすべて破壊してしまった。もはや英連邦の植民地は機能せず、国内の物価や雇用変動はただ国民の不満を高めるだけであった。経済政策も国内の不満から自由ではなくなっていた。それぐらいには民主主義は進展したのである。

そこへもってきて、アメリカ型の大企業体制と、A・A・バーリとG・C・ミーンズが「資本と経営の分離」と呼んだ現実が展開されてきていた。株式市場の大規模な進展によって「資本家」と「経営者」が分離し、企業は大規模化するとともに、従業員はサラリーマン化する。同時に、一般大衆までが証券市場に参入してにわか投資家になりうる時代となった。

こうした経済の構造変化が欧米を襲っていた。もはや、植民地とポンドの優位に依存した「帝国的循環」など機能すべくもない。イギリスはもはやその繁栄の頂点を過ぎていた。それなりの成熟経済に達したイギリス国内においては、すでにそれほど魅力的な投資機会はなかったのである。

このなかで従来の経済構造をとり続けることはイギリス経済に大きな負担を強いた。特に金本位制が強いる国内経済への負担はあまりに過重なものとなっていたのである。だいじなことは、物価、賃金、雇用の変動によって国際均衡を保つことではなく、国内経済を安定化させることであった。

二〇世紀の大衆化した民主的社会のもとでは、何よりも国民生活の安定こそが求められたのである。それこそが「新しい現実」であった。賃金、物価、雇用の安定こそが最重要課題となったのである。

この「新しい現実」に直面し、その現実に立ち向かおうとした経済学者こそがケインズである。自由放任という名の自由競争市場と金本位制はあまりに国民経済を不安定化するのであり、国民生活にリスクを強いるものであったのだ。

だからケインズはまず金本位制に対する激しい攻撃を開始する。「呪うべき黄金欲」を攻撃する。金本位制は、成長経済に対してはその足かせになっている。

かくて彼は、金本位制を廃して国家による通貨管理を提唱する。金本位による通貨量の自動的な変動ではなく、国家によって通貨量は管理されねばならない、という。

なぜか。国民の生活を安定させることが決定的な課題だったからだ。国家の管理によって物価水準が安定化することが、国民生活を安定化させる第一歩なのであった。また同時に、通貨価値の安定は企業の投資にとっても決定的な意味を持っていた。

だから一九二〇年代のケインズは、今日のマネタリストと見まがうばかりの通貨価値安定論者である。通貨価値の安定こそが経済の基本だと彼は考えていた。もっとも、今日のマネタリストが主として問題にするのはインフレであるが、二〇年代後半のイギリスにおいて、問題はインフレだけではなく、デフレでもあった。デフレと不況の克服こそがケインズ経済学の終生のテーマだったのである。

「金融グローバリズム」と「ナショナル・エコノミー」の対立

このように見てみると、大不況におけるいわゆるケインズ政策は、一九三〇年代に入っていきなり出てきたものではない。政府による公共投資の重要性は、決して不況対策として降って湧いたように説かれたものではない。理論的枠組みは三六年の『一般理論』によって提示されたとしても、政策上の基本的なアイデアはかなり以前から唱えられていたのである。しかも重要なことにそれは金融グローバリズムに対抗するためであった。そのことをもっとも明確に述べたのは一九三三年に発表された「国民的自給自足（National Self-Sufficiency）」と題する論文においてであった。

これはしばしばケインズの経済哲学を端的に表明した論文とされているが、確かにここにはシュンペーターのいう「経済のヴィジョン」が集約的に表出されている。

それは『一般理論』の思想的側面を表現していると同時に、一九二〇年代来のケインズの反グローバリズムの立場を典型的に示したものであった。

そこで彼はいう。一〇年前、自分はまだ自由競争主義のドクトリンに囚われていた。自由主義者たちは自由貿易に基づく「国際主義」が世界を平和にする方法だと思っていた。だがこの「経済的国際主義」つまり経済グローバリズムでは世界は平和にならない。「外国貿易に精を出し、国内経済を外国の資本家の影響のもとに置く」グローバリズムのやり方は決して平和など達成しない、と彼はいう。「資本の気まぐれな移動」を管理し、適度な孤立主義をとることこそが必要とされるのである。

国際的な投資家は、その企業のこともほとんど知らない外国の株式や債券に投資し、ただ利潤だけを目当てに適当に売り抜けようとしている。それはその企業の命運をまったく無責任な投資家の「浮動する資本」の手に委ねることであり、それは一企業にとっても一国経済にとってもとても危険な事態である。

このように述べるケインズの口調はアダム・スミスの反重商主義の論調とさして変わらないであろう。スミスもまた、重商主義が一国の命運を海外貿易と海外投資に委ねることの計り知れないリスクを問題としたのであった。

もちろん表面的にいえば、ケインズは自ら重商主義への親近感を表明しており、スミスの自由放任主義を批判しているかに見える。ケインズのほうが重商主義の継承者であるかに思われる。

だがそれは皮相な見方にすぎない。重商主義とスミスの対立を「保護主義」対「自由放任主義」と解するからその種の誤解が生まれるのであって、本書で述べてきたように、両者の対立の本質が、「金融グローバリズム」と「ナショナル・エコノミー」にあるとすれば、ケインズがむしろスミスに近いことは明らかであろう。

そして論文「国民的自給自足」のなかでケインズは述べる。現代のような標準化された技術のもとでの大量生産型の工業では、ほとんど似た製品がどこででも作れるようになるだろう。「豊かな社会」である先進国では工業生産はさして重要なものではなくなるだろう。それよりも住宅や生活に関わる多様なサーヴィス、生活のアメニティ、都市の景観といったものこそが重要となるだろう。そしてそれらは基本的に「国際的商品」ではなくあくまで「国内の商品」なのだ。

しかもそれらは必ずしも十分な利潤を生み出すものではない。だから、われわれはそろそろ金融経済の利潤動機から離れなければならない。この金融的な利潤原則こそが、ロンドンを煤《すす》だらけの街にし、田舎の美しさを破壊し、土地を貧しくして農村に残る古き良き慣習を失わせたのである。

「かくてわれわれが手にしている、頽廃的で国際的で個人主義的な資本主義（decadent international individualistic capitalism）は決して成功していない。それは知的ではなく、美的でもなく、公正でもなく、有徳でもない。われわれはそれを軽蔑し始めている」

このようにケインズは述べるのだ。

繰り返すが、ケインズは決して社会主義者でもなければ、社会民主主義者でもなかった。後年にハイエクはケインズ主義をほとんど社会民主主義と同様の国家介入主義と断じ、それこそが社会主義という「隷従への道」につながるとして批判しているが、それはいささか過剰な批判であった。

ケインズはあくまで自由主義者である。それは、彼が資本主義の原動力を企業家精神（アニマル・スピリット）に見出し、企業の投資こそが社会発展の原動力だと考えていたことからもわかる。その点では、ケインズはシュンペーターにほぼ同調したであろう。

しかし、それにもかかわらず資本主義を停滞に陥れるものは何か。それはグローバリズムのもとで展開される「浮動する」資本の気まぐれな投資であった。金融グローバリズムのもとでの貨幣の「投機」的な運動。それこそが企業の長期的な投資を衰退させるのだ。

ケインズの生きた時代は、もちろん、かつての産業革命の初期で、広大な土地を基礎にした生産活動の支配するスミスの時代とは違っていた。だからケインズは、スミスのように「土地と労働」とはいわない。「大地的なもの」へと容易に回帰できる時代ではない。

むしろケインズの時代にあって問題だったのは、企業家（経営者）と労働者の関係であった。つまり「生産の組織」であった。その「生産の組織」として人々がつながり、独自の文化を形成する企業を、ただ金融市場で証券として評価したり、利潤の対象にしたりする投機的資本こそが、生産体としての企業への一大敵対者なのである。

このように見てくると、経済学の流れを通じて、一つのテーマが浮かび上がってくるのではなかろうか。「金融とグローバリズム」に富や経済活動の基軸を求めようとする思考と、「生産労働とネーション」に富と経済活動の基軸を求めようとする思考である。前者は、不確実なものにこそ利潤機会がある、と見なす。後者は、生産の確実な基礎にこそ経済の基本があると見なす。

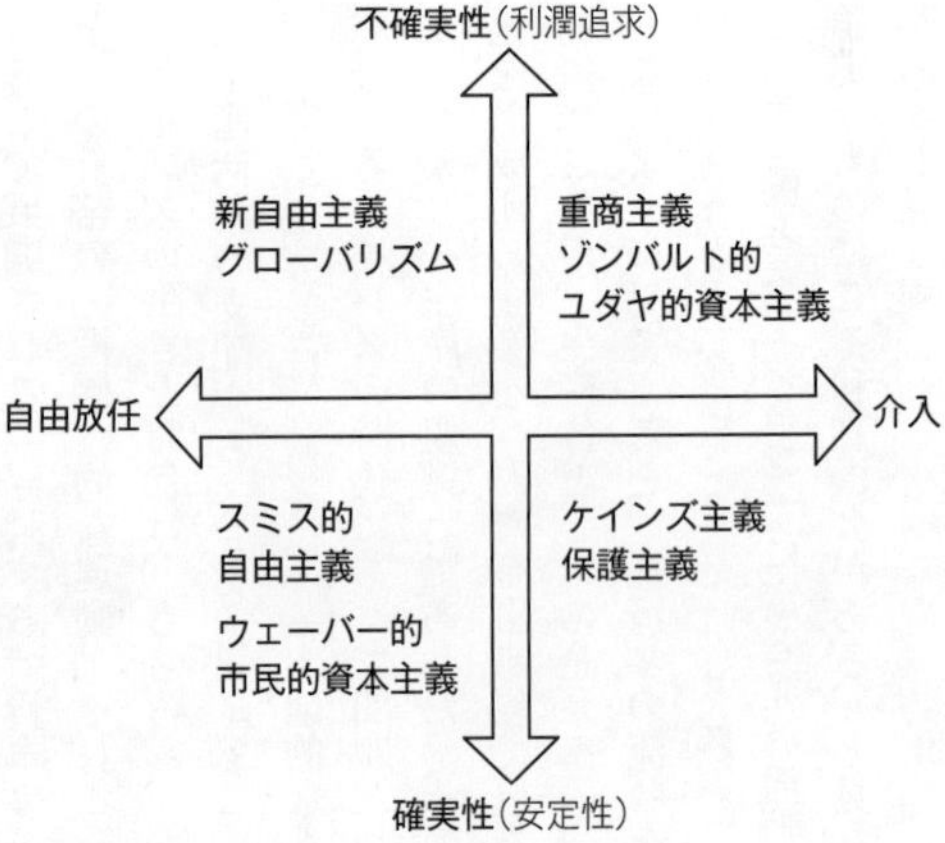

図7　経済的思考の四つの類型

結局、経済的思考をめぐる対立軸は二つある。一つは「自由放任」か「介入」かの対立であり、もうひとつは「不確実性」か「確実性」かという対立である。それに応じて、図7のような四つの類型に区別されるだろう。

　重商主義とスミスの自由主義の対立は「介入」か「自由放任」かの対立とも見えるが、経済の基盤を「不確実性」に置くか「確実性」に置くかの対立とも見なされる。スミスの自由主義とケインズの対立も「自由放任」か「介入」かとも見なされるが、しかし「確実性」の探求という点では同じなのである。私には、従来の「自由放任」か「介入」かよりも、経済を「不確実性」に依拠させるか、それとも「確実性」に基礎づけるかのほうがはるかに重要なものと思われるのだ。

もちろん現実にはこれらは整然と区別されるわけではない。入り交じっており、どちらが良いかというわけでもない。両者の秩序だった組み合わせこそが望ましいであろう。にもかかわらず、「思考の様式」としていえば、どちらから始めるかはかなり重要な論点になるであろう。われわれは、この「二つの経済」の間に深刻な対立が生じうるということを知らなければならない。それを間違うと、「自由な市場競争はグローバリズムのなかで世界全体の利益を実現する」などという一見正しそうでその実トンチンカンな命題に騙されることになるのである。

第7章　ケインズ経済学の真の意味——「貨幣の経済学」へ向けて

「ケインズは死んだ」のか？

一九八〇年代の市場主義（新自由主義）の台頭以来、ケインズという名前は、経済学のなかではほとんど悪役の代名詞のようなものになってしまった。

ケインズは『雇用、利子および貨幣の一般理論』の末尾に「経済学者や政治哲学者の思想は、それが正しい場合にも間違っている場合にも、一般に考えられる場合よりもはるかに強力である」と書いているが、皮肉なことに、一九八〇年代以降の経済についての見方は、完全に市場中心的なものへと変わっていった。確かに、経済学者の思想は思いのほか大きかったのだ。

経済学のいわゆるマクロ経済学という分野は、実質的にはケインズ理論の出現によって成立したものだ。したがって、マクロ経済学は、まずはケインズの有効需要の理論の解説から始まり、続いて企業の投資活動を論じ、次に金融市場の分析（流動性選好理論など）と続き、最後に財政政策と金融政策を論じる、というのが少し前までの定石だった。

ところが近年のマクロ経済学は大きく様変わりしてしまった。いささか極端なのはロバート・J・バロー（ハーバード大教授）の『マクロ経済学』なる教科書で、ここでは、GDPや国民所得の定義の後にいきなり経済成長論、続いて景気変動、物価と貨幣と続き、もはやケインズの有効需要の理論も流動性選好理論も出てこない。

現代の経済学者のなかで比較的ケインズ寄りとも見なされているクルーグマンやジョセフ・E・スティグリッツの『マクロ経済学』でも、ケインズの有効需要の理論はもはやあからさまには出てこない。両者とも、少なくとも長期的には失業は深刻な問題ではないと見なしている。

一九七〇年代から八〇年代にかけて、マクロ経済学の分野では論争が繰り広げられ、有効需要の理論によって財政・金融政策の有効性を説く従来のケインジアンに対して、「古典派のマクロ経済学」なるものが登場し、ケインズの考え方をほぼ全面否定してしまった。

この論争の中心テーマはケインズ政策の有効性にあった。市場中心主義者からすれば、一九六〇年代から七〇年代のアメリカ経済を支えたケインズ的財政政策や福祉政策はただ非効率な「大きな政府」に帰着しただけだった。そこで「大きな政府」こそが彼らの攻撃対象となる。

しかし同時に、その背後には、もっと理論的な課題があったことも事実である。

経済学には、個々の企業や消費者の合理的な行動分析から始めて、それを合成した市場の働きを論じる「ミクロ理論」と、国民総生産や国民所得や失業の問題、経済成長といった経済全体の集計量を扱う「マクロ理論」がある。

ケインズ理論の功績は、個々の経済主体の分析や市場分析という「ミクロの論理」とは異なった「マクロの論理」を発見した点にある。たとえば労働雇用量（いいかえれば失業率）がどのように決まるかは、労働市場というミクロの問題ではなく、GDPのようなマクロの集計量の問題だというのがケインズの発見だった。

ところで「ミクロ」とは区別された「マクロ」が成立するということは、個々の経済主体の行動や個々の市場をただ合成すれば経済全体のパフォーマンスが得られるものではない、ということだ。個々の行動や市場をただ加算しても全体にはならないのである。

たとえば、日本の個々の企業が生産性を上げるために無駄な人員を削減したとしよう。これは確かに個別の企業の生産性を高め、業績を良くする。しかしそれを全体に加算すれば、日本経済全体の生産性が高まり日本経済は活性化するだろうか。

そうはならない。なぜなら経済全体でいえば雇用が縮小し、経済全体の総需要が低下するからである。失業者の存在は、資源の有効利用がなされていないことを意味し、結局、マクロ的には非効率だということになる。「ミクロ」でいえば効率性を達成したのに、「マクロ」で見れば逆に効率性は低下したのである。これは「合成の誤謬《ごびゅう》」と呼ばれる現象だ。

とすると、「ミクロの論理」とは異なった「マクロの論理」が存在することになる。では「マクロの論理」を生み出すものは何か、という課題が生まれてくるであろう。

こうなると問題は少し面倒である。なぜなら、「ミクロ」と「マクロ」が切り離されてしまうと、そもそもどのようなメカニズムによって「マクロ」の論理が作動するのか、そのメカニズムの説明が難しくなってしまうためだ。

たとえばマクロ的にGDPが変化するとしよう。これは企業の生産量の変化を意味している。ではどのようなメカニズムによって個々の企業は生産量を変化させるのか。この「ミクロの論理」がよくわからないのである。つまり「マクロの論理」と「ミクロの論理」がうまく接合しないわけだ。

「ミクロの論理」では、企業の生産量の変化は、通常、価格などの市場状況の変化に基づいている。だが、ケインズ理論では、個々の市場分析を持たないために価格や賃金がどのように決まるのかは論じられていない。

これはケインズ理論に対する理論的な批判であった。確かにこの批判は有効で、ケインズ理論はここに大きな難点を抱えていた。マクロ理論とミクロ理論が整合的に理解できない、ということである。いわゆる「新古典派総合」は破綻するのである。

その結果、一九七〇年代になると「マクロ理論のミクロ的基礎づけ」なる試みが登場する。「マクロの論理」を、個々の企業の合理的行動や市場での価格決定から論理的に構成しようというのだ。

その結果、今日のマクロ経済学は、ほとんど、総需要と総供給の均衡で物価水準と生産量が決まるという、いわばミクロの市場理論をマクロへあてはめたような考え方をとっている。すると、総需要と総供給が一致しない場合には価格や賃金が変化して不均衡を調整するので、少なくとも長期的には失業は問題とはならない。ケインズのような失業が問題となるのは、せいぜい、短期でしかも賃金などが変化しないといういわば特殊ケースにされてしまうのである。

しかし考えてみれば、そもそも「マクロのミクロ的基礎づけ」という課題そのものに無理があるともいえる。もしそれができれば、「ミクロとは異なったマクロの論理がある」とする本来のケインズの考えは骨抜きにされることになろう。市場競争を前提にして企業も消費者も合理的に行動するという「ミクロの論理」とは異なった論理がマクロには働いている、というのがケインズの考えだったからだ。

だが、一九八〇年代に入るころには、理論的にも政策論的にもケインズ主義はほぼ否定されてしまった。「ケインズは死んだ」といわれたのだ。そこには、失業よりもインフレが問題だという当時の政策的な関心もあっただろう。先にも述べた「合理的期待形成仮説」が登場して、「個々の経済主体が合理的に予測しながら行動すれば経済政策は無意味になる」という命題を打ちたてることで、理論面ではケインズ政策の息の根はほぼ止められてしまった。今日のマクロ経済学においては、そもそも「失業」は短期の一時的現象にすぎず、ケインズ政策の有効性はほとんど否定されている。

だがそれで話はすむのであろうか。私にはそうは思われない。

確かにケインズは不況時には財政・金融政策（特に財政政策）が不可欠だといった。それは決して例外的事態なのではない。市場経済は常に停滞へ向かう可能性を秘めたきわめて不安定なものだという認識があった、ということである。

これに対して、市場主義経済学は、経済主体の合理的行動からなる自由市場はうまく機能すると考える。短期的には一時的な失調が生じるかもしれないが、それもせいぜい一時的現象にすぎない。結局のところは価格変化によって市場経済は自動調整機能を発揮する。これが新古典派の支配的な見解なのである。

さて問題は、これはただ理論や政策論上の見解の違いというだけなのだろうかという点にある。市場メカニズムへの信頼度の違いなのだろうか。

私にはそうは思われない。それどころか、このような対比に解消してしまっては、両者の間にある決定的に重要な論点が見失われるように思われるのだ。

ケインズ理論と市場主義経済学では、まったく経済についての考え方が違っている。ヴィジョンが違っているのである。それは同じ経済分析の「マクロ編」と「ミクロ編」として教科書のなかに並列できるようなものでは決してない。基本的なヴィジョンの相違だ。

貨幣の発生は合理的には説明不可能

それを説明してみよう。まず次のことを考えてもらいたい。

市場理論の出発点は物々交換である。人類の最初の経済現象とは、二人の人間による物々交換だ。山にすむ（A）が海にすむ（B）と物々交換をする。市場経済の原型はここにある。ただそれが三人になり、四人になりと人数が増えると物々交換ではうまくいかない。そこで交換をよりスムーズにするために「貨幣」が発明される。「貨幣」がモノと交換されれば、交換の体系はいくらでも膨らんでゆく。

これが市場の基本構造だ。貨幣はここでは単なる交換の媒体であり、「交換手段」にほかならない。それは経済において何の役割も果たしていない。重要なのはモノが動くことであって、貨幣はその手助けにしかすぎないのだ。これが市場主義経済学の立場である。

さてこの市場交換のロジックは一見、当然のように思われるかもしれない。しかし本当にそうだろうか。

考えていただきたい。この交換は（A）と（B）の二人から出発した。だが、三人になればどうなるのか。山にすむ（A）、海にすむ（B）のほかに、村にすむ（C）がいるとしよう。この三者の交換はどのように行われるのだろうか。

（A）は（B）の持つ「魚」をほしがり、（B）は（C）の持つ「米」をほしがり、（C）は（A）の持つ「山菜」をほしがっているとしよう。このままでは物々交換は不可能だ。確かに、もし貨幣があれば、すべてはうまくゆくであろう。

しかしこれはあくまで、「もし貨幣があれば」の話だ。「貨幣があればうまくゆく」といっているだけで、「どうして貨幣が発生するのか」を説明していない。物々交換のなかから貨幣が発生するロジックは説明されていないのである。

当初想定された状況では、そもそも「貨幣」というものを誰も知らないのだ。このような状況にあって物々交換しか知らない者が一体どうして貨幣を生み出すことが可能なのだろうか。

これは実は経済学のロジックにとっても決定的な事柄である。というのも、経済学では、合理的な個人が自己利益を増加させるために交換をするとされる。だから物々交換は合理的な経済の論理に見合っている。だが、後に貨幣と呼ばれるようになる何か得体の知れないものと大切なモノを交換するわけにはいかない。これは経済合理性のロジックには合わない。したがって、最初に貨幣を受け取るということは、合理的な経済のロジックとは本質的に異なった何かがある、ということになる。経済学では、便利なものが、便利であるがゆえに発明されたとか、あるいは、何かある財（もっとも頻繁に取引されるような財）が、いつのまにか貨幣になっていった、というような説明を暗黙裡に想定しているようである。しかしそれは成り立たない。合理的個人から出発する市場主義の経済学にとっては貨幣の出現は説明不可能なのである。貨幣なるものを合理的な経済のロジックによって説明することはできないのだ。

そこで次のように考えてみよう。

（A）は（B）に対して魚をもらう代償にある石片を与える。そしていう。「この石片を（C）に持ってゆけば（C）は君のほしいものを与えるだろう。なぜならこの石片には神の力が宿っているからだ。この神の力は君のほしいものを何でも手に入れてくれる」と。この言葉を信じた（B）は、石片を持って（C）から必要なものを手に入れる。こうしてこの石片は貨幣となる。

これは物々交換から合理的に貨幣が発生するという経済学の理解とはまったく異なった説明であることに注意していただきたい。

もしもこの石片が貨幣であるとすれば、それは交換のなかからいつのまにか発生するのではなく、たとえば神秘的な石片としてこの社会に当初から存在している。ここにはすでに「社会」がある。しかも、合理性とはおよそ相容れないある神秘的な力を持ったものが「社会」を作っている。

貨幣は交換から発生するのではなく、交換に先だって存在するのであり、それは合理的な発明物などではなく、非合理的でたぶんに神秘的な力を帯びた存在なのだ。それは広い意味で呪術的もしくは宗教的な意味を帯びた何ものかといってよいだろう。

貨幣の価値保蔵機能

こうして貨幣が交換のなかに登場することになる。だがこの場合にどうしても注意しておかなければならない点が四つある。

第一に、ここで（A）－（B）、（B）－（C）、（C）－（A）という三つの交換には時差が存在する。ここには「時間」という要素が入り込んでおり、時間の経過のなかで交換が行われている。これは決定的に重要なことである。

もしも（A）（B）（C）の三者が一堂に会して同時に交換をするとすれば、石片は不必要であろう。三者が同時にそれぞれの必要なものを認識できるからだ。この場合には貨幣は入り込む余地がない。

だから、貨幣とは、まずは経済活動が「時間」を通じて継続するために必要となるのである。経済が時間のなかで継起する活動であることを前提にしなければ貨幣の意味は理解できない。この点にまずは注意しておいていただきたい。

第二に、（B）は（A）から石片を受け取る。しかし、石片はいまここでは使えないのであって、将来（C）にであった時に使用する。だから、いくら石片に「神秘的な力」があるとしても、将来（C）がそれを受け取るかどうかはやはり不確定である。とはいえ、もしも神秘的な呪術力を持った石片も何も渡されず、ただ口約束で（C）を信頼せよといわれたとしても、これではさらに不確定性は高まるだろう。

こうして、貨幣は将来の「不確定性」と深く結びついている。交換が「時間」のなかで推移することと、「情報」が制限されているために「不確定性」が生じるのである。

一方で石片（貨幣）は、将来の不確定性をある程度減少させるだろう。口約束で（C）を信じろ、といわれるよりもはるかに不確定性は縮減する。しかし他方で、貨幣を持つからといって、将来必要なモノを確実に入手できる保証はどこにもない。ここでむしろ新たな不確定性を引き入れることになる。貨幣は、このように、一方で不確定性を縮減すると同時に、他方で不確定性を生み出す。いずれにせよ「不確定性」という要因は貨幣を論じるさいの決定的なポイントになるのだ。

第三に、（B）が（A）から石片を受け取り、それを（C）に渡す場合、その石片が機能するためには、（A）（B）（C）の三者の間で基本的な信頼が醸成されていなければならない。まったく正体不明の者から石片を受け取るわけにはゆかず、また、まったく未知の者がそれを受け取ってくれると期待するわけにはいかない。

したがって、既述のように（A）（B）（C）の三者は、すでにある程度の信頼によって結ばれた「社会」を作っていなければならない。貨幣とは、この種の社会的な信頼を前提としてはじめて成り立つのだ。ただ物々交換のなかから自己利益だけを勘案すれば自然に出てくるわけではない。

第四に、（B）が（A）から石片を受け取り、将来（C）に手渡してモノを入手するという時、この石片は、将来入手できるはずのモノの代理となっている。この場合、いくら神秘的存在だとしても、石片には特に経済的価値も生活上の価値もない。それは必要品でもなければ生活品でもない。その意味で、価値を持つのはあくまでモノのほうであり、石片には本来的な価値はない。

にもかかわらず、(B)がそれを受け取るのは、それが将来のモノの価値の代理になっているからだ。この「価値の代理」となる点に貨幣の決定的な意味がある。それはいいかえれば、将来の価値を表象するといってもよい。

こうして貨幣は、それ自体は価値を持たず、しかしモノの価値を代理(表象)する。そのことを経済学では貨幣の「価値保蔵機能」と呼ぶが、そもそも貨幣が価値保蔵の機能を持つのは、それが他のモノの価値を代理・表象できるからなのだ。それはまた、貨幣そのものには何の独自の価値もないことを意味している。

経済活動と不確定性

以上の簡単な考察からしても、貨幣はただ物々交換のなかで交換を便利にするための発明品などではないことは明白であろう。二者の物々交換モデルと三者の交換モデルではまったく意味が違うのだ。「二者モデル」を拡張すれば「三者モデル」になるというわけにはいかないのである。

「二者モデル」なら貨幣はいらない。しかし「三者モデル」から出発すれば、貨幣はあらかじめ存在していなければならない。なぜなら、「三者モデル」では経済活動は時間の経過のなかで継起し、その時には不確定性が発生するからである。そして、不確定性があるからこそ、貨幣は価値の代理として価値を保蔵するのだ。

かくて経済活動とは、不確定性のなかでの価値の保蔵、そして時間を通じての価値の実現に関わる継起的な活動とさえいってもよいであろう。その時に、価値の保蔵手段としての貨幣がなければならない。それがなければそもそも経済交換は成り立たないのである。

だが、二者モデルの物々交換から出発したところに市場主義経済学の間違いがあった。もし二者交換モデルをそのまま拡張し、人数が増えても交換を成り立たせようとすれば、交換は同時的に一挙に行われると見なせばよい。全員が一堂に会し、それぞれの必要としているモノの情報を交換して一挙に交換すれば貨幣は不必要である。この同時的交換が一挙に行われるとすれば、人数はいくら増えても問題はなく、貨幣はあろうとなかろうと、何ら本質的な役割を果たさない。

こうしてできあがったのがレオン・ワルラスの「一般均衡モデル」であった。市場経済を抽象化してしまえば、n個の財があって、それを供給する者と需要する者が一堂に会して同時に交換するn個の市場になる、というのだ。それはn個の価格を変数にしたn個の連立方程式にほかならない。これが「市場経済の基本モデル」であった。

n個の連立方程式を解くのに時間はいらない。同時方程式なのである。時間が入っては方程式は解けない。同時的交換とは無時間的ということである。経済は瞬間、瞬間でぶつ切れにされ、そのつど、完結してゆくのである。

しかもここでは、必要な情報はすべて共有されている。そこには不確定性は存在しない。経済主体が一堂に会してすべてが同時に決済されてしまうのだ。

ところが、現実は三者モデルが明らかにするように、経済活動は相互に途切れずにつながり、時間のなかを継続して延々と続いてゆく。したがって、「過去」の経験を無視しえないと同時に、「将来」という要素が現在に突き刺さる。このことは経済活動に多大な不確定性を持ち込み、ここに、いまだ実現していない将来の「価値の代理」という表象が入り込んでくるのだ。

つまり、三者モデルから出発すればまったく新しい事態が出現することになろう。そのことに注意しておかねばならない。それはこういうことである。

将来が不確定であり、貨幣はその不確定な将来に備えて価値を保蔵するとすれば、人々は手にした所得の一部を将来のためにとっておくであろう。すると、本来はモノとの交換によって流通するはずの貨幣は、この流通から引き上げられることになる。すなわち、モノと交換されるために流通する貨幣量は減少するだろう。

もしもモノと貨幣の交換比率が一定であれば、交換されるモノの量が減少することになる。あまったモノは他のものとは交換されずに破棄され、やがては生産（収穫）も縮小するであろう。こうして経済は収縮することになる。

注意しておいてもらいたいが、いま経済が収縮したのは「価値保蔵手段」としての貨幣が持ち込まれたからであった。ここでは生産されたものがすべて販売されず、その結果、生産が縮小するが、それは「価値の代理」としての貨幣が持ち込まれたからなのだ。それは経済活動が「時間」を通じてなされ、「不確定性」を帯びるからなのである。

金融市場の形成と実体経済

では経済の収縮を止めるにはどうすればよいのか。

流通から引き上げられた貨幣をもう一度流通に持ち込む必要がある。

それには、新たな生産を行うために、引き上げられた貨幣を投下すればよい。つまり「投資」である。新たな生産活動や事業に投資する人がおり、彼の手元に貨幣がまわるようにすればよい。それを可能とするのが「金融市場」である。

ところが金融市場が形成されると、ここに新たな機会が生み出される。人々にとって一つの選択が可能となるのだ。将来の「価値の代理」としての貨幣をどのような形で持つか、という選択が可能となる。人々は、現金、預金、債券、株など多様な形での資産保有（ポートフォリオ）が可能となる。このポートフォリオによって金融市場の状況（たとえば利子率）

は大きく左右されることになる。これがケインズの流動性選好理論による利子率の決定というアイデアであった。

要するに、引き上げられた貨幣は「貯蓄」として、その一部は生産者へ貸し付けられる。この資金は「投資」されるのだが、それは常にいまある「貯蓄」をすべて吸収するようなものとは限らない。「貯蓄」された資金と「投資」される資金の需給を調整するのが金融市場ではあるが、利子率はもはや「貯蓄」と「投資」を等しくするようには決まらないのだ。利子率は、「流動性」の保有形態の選択のなかで決まってくる。

ケインズのいう「流動性」とは、あるモノを他のモノに換える換えやすさの程度のことであり、現金がもっとも「流動性」が高い。預金や株や債券などがそれに続く。様々な「流動性」の程度の違う金融商品が取引されることは確かに金融市場の発展というべきであろう。だが、同時にまさにそのことが経済を混乱に陥れるのである。

改めて論じておこう。

もし「貯蓄」としてとっておかれた貨幣が、すべて「投資」にまわれば問題はない。しかし「貯蓄」と「投資」はいつも等しいわけではない。それらは別々の意思決定なので、あらかじめ等しくなる理由はどこにもない。しかも、利子率は、もはや「貯蓄」と「投資」を均衡させるようには決まらない。だから、企業が「投資」を活発化すれば資金が不足する。この時には外部から貨幣が追加されなければならない。そして、現代では中央銀行が貨幣を供給する。

だが、もしも将来の状況が不確定で、あまり経済発展が期待できないとしよう。この場合には、「投資」が減少し「貯蓄」が過剰となる。金融市場では、資金の貸し借りの価格である利子率が低下するが、それでも資金が過剰となるとしよう。

もしこのとき、金融市場の内部にこの過剰な資金を吸収し運用するようなメカニズムができれば、この資金は金融市場のなかをグルグルと動くことになるだろう。

たとえば、株式市場が整備され、債券市場が整備され、様々な金融デリバティブが生み出され、多様な証券化された金融商品が作り出されるとすればどうなるか。この過剰資金は、金融市場の内部を動くことで莫大な利益をあげることが可能となる。銀行のような金融機関さえも、企業へ貸し出すよりも金融市場でマネーゲームを行ったほうが利益を得られるのだ。

マネーゲームで巨額の利益が見込まれるなら、本来は投資に向かって生産を拡大するはずの資金が金融市場へ流れ込むだろう。かくて金融市場ではバブル的な状態が発生する。金融市場は、経済の実態とは無関係に活性化するだろう。

これはいささか皮肉な結果といわねばならない。

余剰資金である「貯蓄」と、資金を必要とする「投資」を、より効率的で有効に結びつけようとする金融市場が発展すればするほど「投資」には資金がまわらなくなるからである。

金融市場をいっそう効率的にしようとして新たな金融商品が開発されると、ますます実体経済へは資本がまわらなくなる。実体経済への「投資」ではなく、金融市場での「投機」へと資本が動くのだ。

「貨幣」の性質に注目したケインズ

ケインズが想定したのはこのようなメカニズムであった。もしも将来の不確定性が高まれば、企業は長期的な投資計画の水準を引き下げるだろう。一方、家計は将来へ備えて貯蓄を増やすだろう。

その結果、金融市場へ資本が流入するのだが、たとえば株式取引によって投機的な利益が生み出されれば、当然、人々は金融市場で資金を運用する。こうして「投資」から「投機」への資金の流れができ、その結果として経済は不況に陥る。金融市場は活況を呈して株価は高騰するのだが、その間に実体経済は衰退するのである。

この場合、市場は不況を自動的に回復させるメカニズムを持たない。実体経済から金融経済への資本の移動をくい止める自動調整メカニズムは作動しない。そこで不況は長期化する。そうなればますます将来の見通しが悪くなるので、いっそう不況は長期化する。

その時、もしも不況だからといって政府が超金融緩和政策をとって貨幣供給を増やせばどうなるか。そもそも金融市場へ過剰な資金が流入しているのに、さらに貨幣供給を増加すれば、ますます金融市場は過剰な資金であふれかえってしまう。利子率はすでにきわめて低い水準にあり、それ以上低下させることは不可能である。いわゆる「流動性のわな」であるが、こうなると金融緩和政策はもはや実体経済を刺激することはできず、市場へ供給された資金はさらに金融市場を刺激して「あわ（バブル）」のごとき利益を生み出すだけであろう。

この場合必要なことは、金融市場のなかをまわっている資金を実体経済へと誘導することなのである。だがもしも民間企業に十分な投資活動をするだけのインセンティブがないとすれば、政府が公共投資等で資金を吸収するほかない。かくて財政政策こそが事態を救うほとんど唯一のやり方だとされたのだ。

これがケインズの考えであった。

ここで重要なことは、財政政策が有効か否かということではない。そうではなく、財政政策の必要性という結論を導いた経済ヴィジョンが、市場主義経済学とはまったく異なっていたという点にある。まして「マクロ経済学」が想定しているように、総供給と総需要の短期と長期の違い、というようなことではない。経済についての理解に大きな開きがあるのだ。

そのことをもう一度、ざっと要約しておこう。

ケインズの独自の経済観の基軸になるのは、「貨幣」という特異な存在への注目であった。マルクスが「労働」という特殊な商品に注目したとすれば、ケインズは「貨幣」という特殊な商品に注目した。二者の物々交換のなかでいつのまにか「貨幣」がでてくるのではない。三者交換で当初から「貨幣」が想定されなければならないのである。ここには「時間」と「不確定性」が潜んでいる。

不確定な将来に向けて価値を保蔵するものが貨幣であった。それゆえ貨幣の一部は流通から引き上げられる。その結果、貨幣経済では実体経済に比して常に不況圧力がかかる。これは物々交換の延長上にある市場競争のロジックからは決して出てこないことだ。だが貨幣経済は常に不況へすべりこんでしまう傾向を持っている。

そこで、過剰な資金を「投資」へと振り向けるために金融市場が発達したのだが、皮肉なことに、その金融市場の発展が「投機」を生み出し、実体経済を弱体化して失業を発生させるのである。ハイマン・ミンスキーのいう「金融的不安定」という事態である。

こうして、「将来への不確定性」「価値を保蔵するものとしての貨幣」「投資と投機の対立」「金融経済と実体経済の対立」といった概念がケインズ理論の核心となった。

だが市場主義経済学では、金融市場の意味は的確には理解できない。そもそも貨幣が存在することの決定的な意味を理解することもできない。金融とはせいぜい実体経済の生産・流通を効率化する手段だという程度のことにしかならないからだ。貨幣は実体経済の上にかぶさった「ヴェール」にすぎないのだ。

したがって、市場主義では、せいぜい金融市場において可能な限りリスクを減らし、資金の動きを効率化すればそれでよい。新たな金融商品やデリバティブを次々と投入して金融市場を効率化すべし、ということになる。ところがケインズのヴィジョンでは、その金融市場の効率化こそがいっそう実体経済を弱体化しかねないのだ。

貨幣が過剰性を生み出す

さらにここで興味深いのは次のことである。

実体経済の衰退をもたらすものは貨幣の過剰であった。つまり「生産の縮小」と「貨幣の過剰」が重なり合っているのだ。因果論でいえば「貨幣の過剰」が「生産の縮小」を招いているのである。

ここであの原初の交換モデルに戻ろう。（A）は（B）から必要なモノを入手する時、それに相応する石片（貨幣）を与えた。（B）はそれを受け取り、やがて（C）からモノを買った。その時（B）は石片をすべて使わず将来のためにその一部を保存した。ということは、いまここで、（C）が与えようとしたモノをすべて必要としたわけではない、ということになる。

そして（A）も（C）も同じことをするだろう。すなわち手持ちの石片のすべてを使わずに手元にとっておく。とすればどういうことになるのか。

いまここで生産され流通にまわされようとしているモノの総量は、必要とされているモノの総量に対して過剰となるであろう。

要するに、総生産量（総供給量）は総需要（有効需要）に比して過剰になっているのである。この場合、現代の経済では物価が下がる（デフレ）か、総生産量が低下する。

一体どういうことだろうか。将来の不確定性があり、そのために貨幣が登場する経済においては、総生産量は常に過剰となる傾向を持つ。それは、貨幣が「価値の代理」として、将来の価値を保証するものとなり、現代の時点ですべて使われないからだ。

人は不確定な将来に向けて現在の消費をいくぶんかは抑えるのである。いいかえれば、時間的に持続する経済では、人は生産可能なものをすべて消費してしまうことはありえない。誰もいまここで人生を終えるわけにはいかないのだ。ここに「過剰性」が生まれるのである。

貨幣が過剰性を生み出してしまうのだ。そしてその結果として、実体経済（生産・流通）では失業が生じ、貧困が生じる。貨幣が、一方で過剰性を、他方ではその結果としての貧困を生み出すのである。

にもかかわらず、実際に資本主義経済は成長を続けてきたではないか、といわれるであろう。生産過剰で不況に陥るのは一時の現象で、基本的に市場経済は拡張を続けてきたではないか、と反論されるであろう。

それはその通りである。経済成長を生み出すものは、労働力の増加と生産性の増大であり、後者を生み出すものは主として技術進歩である。だから経済成長率は、労働力の増加率と労働生産性の増加率によって決まってくる。

このうち労働力の増加率はそれほど著しく変化しないであろう。したがって資本主義経済のダイナミズムを生み出すものは、まずは絶え間ない技術革新であった。

シュンペーターが述べたように、企業家の新たな製品への絶え間ない挑戦、過激なまでの創造的破壊や新機軸が経済を動かしてきた。そして新たな技術革新のためには常に貨幣が必要であった。余剰の貨幣は投資へと振り分けられていった。それが総生産の過剰という不況圧力から資本主義を救い出してきたのである。これは確かに資本主義の現実である。

ケインズが「予言」した資本主義の長期的停滞

しかしそれにもかかわらず、ケインズは、やがて先進国の資本主義が長期的な停滞に陥る可能性は高いと考えていた。しかもそれは一九三〇年代の大不況のことではない。三〇年代の大不況は政府の公共事業によって克服できる。だが、いずれ資本主義経済は、きわめて低い利子率のもとでも長期的に十分な収益率を確保することができず、成長に必要な投資が徐々に枯渇して停滞に陥るだろう、というのである。

これは実はケインズだけではなく、もとはといえば、リカードやJ・S・ミル、さらにはマルクス、そしてシュンペーターさえも含めた「巨人」たちが共通に持っていた見解なのである。あれほど技術革新の力に期待していたシュンペーターも、資本主義はやがて「その成

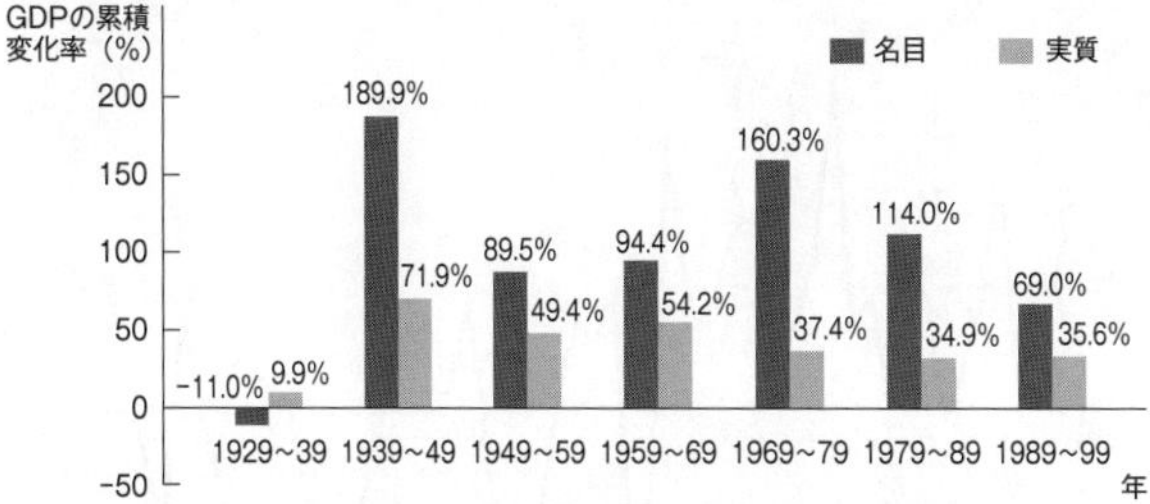

図8　アメリカの名目GDPと実質GDPの累積変化率
資料出所：Bureau of Economic Analysis
（『クルーグマン　マクロ経済学』より）

功のゆえに衰退する」と見ていたのである。

だが果たしてこのような事態は想定可能なのだろうか。現実の今日のグローバル経済を見れば、ＩＴ革命のもとで新たな通信手段や情報装置が次々と生み出され、液晶を使った電気製品が開発され、電気自動車、バイオ、環境技術とかつてないような恐るべき勢いで新たな技術が生み出されている。そして、それをグローバルな市場で展開し、技術はまたたくまにグローバルな形で新興国へと伝播する。

それでも先進国の資本主義はケインズの予言したように衰退に向かうのだろうか。

答えはやはりイエスといわざるを得ない。

先進資本主義国の経済成長率は、戦後、傾向的に右肩下がりである。アメリカの戦後の実質ＧＤＰ成長率は、平均して約三・五％であるが、一〇年ごとの累積ＧＤＰ変化率で見ると、図８のように、一九五九〜六九年で五四・二％、六九〜七九年で三七・四％、七九

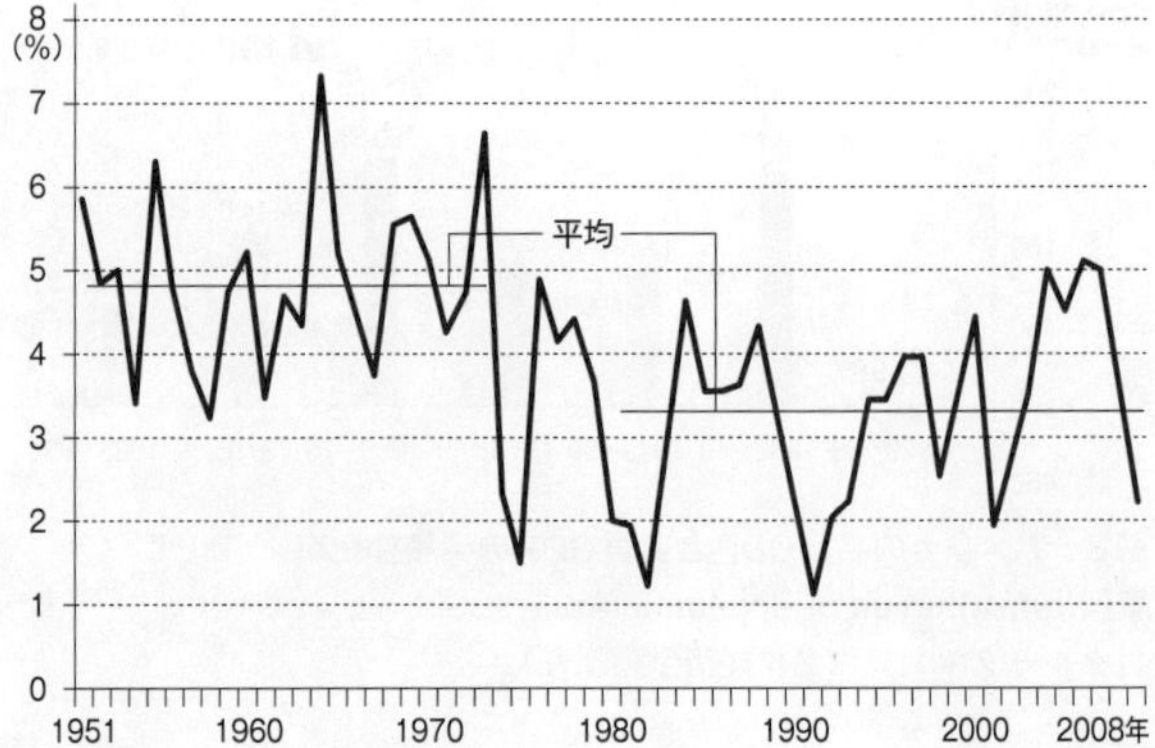

図9　世界の実質GDP成長率
資料出所：ロバート・スキデルスキー『なにがケインズを復活させたのか？』より

～八九年で三四・九％、八九～九九年で三五・六％と「豊かになる割合」はほぼ傾向的に低落している。

もっと特徴的なのは、スキデルスキーの議論（前掲『なにがケインズを復活させたのか？』）で、彼は、戦後世界を「ブレトン・ウッズ体制」の時期（一九五一～七三年）と「ワシントン・コンセンサス」の時期（一九八〇～二〇〇八年）に分けて比較している。それによると、世界の実質GDP成長率は、前者で平均四・八％、後者で平均三・二％である（図9）。一人当たりGDP成長率も、アメリカ、イギリス、フランス、ドイツ、日本などで軒並み、後者の時期に低下している。

「ワシントン・コンセンサス」の時期とは、いうまでもなくグローバリズムと新自由主義の時代であった。それらは、ＧＤＰで見る限り、決して先進国の経済を活性化したわけではないのだ。

要するに、先進国は、一九六〇年代以降、成長は続けているものの、成長率は傾向的に低下しているといってよい。

確かに一九九〇年代にアメリカを中心にＩＴ革命が生じた。コンピュータの新展開とともにインターネットの発展は多様なソーシャル・ネットワークをもたらした。これは社会のあり方を変えるほどの技術革新だとの見解もある。

しかしタイラー・コーエンは『大停滞』（ＮＴＴ出版）で次のように述べている。それは確かに人々の生活を大きく変えた。ツイッターやらフェイスブックなどといった新たな娯楽や情報伝達のやり方が登場した。しかしその経済的効果はさほど大きなものではない。二ドルのバナナを買えば、ＧＤＰは二ドル増加するのだが、いくらツイッターで楽しんだり、グーグルで情報を得ても、それでＧＤＰが増加するわけではない。

しかも、ＩＴは、かつての自動車や機械などと比べることさえ無意味なほど、雇用創出効果が低い。それは、過去のテクノロジーの革新などと比較すると、雇用も所得も生み出していない。コーエンによると、二〇一一年時点で、グーグル、フェイスブック、イーベイ、ツイッターを合わせたＩＴ関連企業の雇用者は、たった五万六〇〇〇人程度だったのである。

しかも、経済のグローバル化とともに、先進国は新興国との激しいコスト競争にさらされる。コーエンのいいかたを借りれば、先進国はいまや「容易に収穫できる果実を食いつくした」のだ。

この先進国経済の長期的な停滞という問題は、別にグローバリズムという歴史プロセスを想定しなくとも経済の成熟とともに生じることであろう。ここではケインズがそのような事態を想定していたということを記憶しておこう。一九三〇年に書かれた「わが孫たちの経済的可能性」と題するエッセイのなかで彼は次のようなことを述べている。

一九三〇年代の不況は、決して資本主義の衰退という「老人性リューマチ」のようなものではなく、むしろ、青年期の早すぎる成長からくる一時的な神経痛のようなものである。それは一つの経済の時代から次の経済の時代へと移る間の再調整に関わる痛みである。だから、この痛みから早晩回復することはできるだろう。だが、一六世紀に始まった資本蓄積はすでに二〇〇年を超えている。そしてこれが後一〇〇年も続けばどうなるのだろうか。一〇〇年で「豊かさ」は現在（一九三〇年）の八倍になるとしよう。これは無理な想定ではない。われわれの経済水準は驚くほどの高さに達するはずであろう。

たとえば、（ケインズが述べているわけではないが）一九世紀ヴィクトリア時代のイギリスの成長率は平均して年二〜三%であった。ということは、二%としても、経済成長はその「複利の力」によって約三五年で生活水準を二倍にする。一〇〇年だと六倍弱になる。第二次世界大戦後六〇年間の平均成長率はアメリカでおおよそ三・五%であった、するとこの六〇年で、生活水準はおおよそ五倍以上になっているのだ。一九七〇年代以降で成長率を低く見積もって二％としても、今日、生活水準は七〇年代の二倍になっている。事実、二〇世紀の一〇〇年でアメリカのＧＤＰはケインズの想定通り八倍になったのだ。

日本では一九七〇年代初頭は「昭和元禄」といわれ、大阪万博が開かれ、繁栄の頂点だった。その当時に生まれた者は三十歳代後半になっているが、当時に比べて生活水準は二倍になっている。まさにケインズの述べた「複利の力」である。

むろん、人々の欲望が飽和するなどということは考えられない。だが、欲望は二つの部分に分けることができるだろう。次章でも述べるが、一つは、生存のための絶対的な「必要(necessity)」であり、もうひとつは、他人と比較し、他人よりも優越したいという相対的な「欲望（desire）」である。

ケインズはそれを「絶対的欲望」と「相対的欲望」といっているが、確かに相対的な欲望が飽和することはないだろう。だが少なくとも、生活のための絶対的必要という意味での欲望からはほぼ解放されるだろう。経済活動がもともとは人間の生存に関わる物的な条件を確保する点にあったとすれば、われわれは伝統的な経済問題の大きな部分からは解放されるのである。

かくてケインズは、たとえば一〇〇年後には先進国は生活の必要物資の確保という伝統的な経済問題から解放されるだろう、という。だがこれはいいかえれば、新たな課題に直面することになる。「人間は人類の創造以来はじめて、経済上の切迫した心配からの解放をいかに利用するか、という問題に直面する」というわけだ。

だから、われわれはまずは経済についての考え方を変えなければならなくなる、という。もはや貪欲、貨幣愛、高利、投機などは嫌われるものになるだろう。ひたすら勤勉に働き、財産を蓄積し、成長するという「エセ道徳」から解放されるようになるだろう。経済成長や貨幣愛などの「手段」ではなく、本当の人生の「目的」についてまじめに考えなければならなくなるだろう。

これがケインズの主張であった。だがこの主張は正しいのであろうか。

「原理的」にいえば、ケインズの主張はもっともというほかない。戦後だけで考えても、われわれは五倍を超えるような豊かさの水準に達している。その意味でいえば、確かに「成熟経済」といってもよく、少なくとも、GDPのようなマクロ・レベルで考えれば、絶対的な貧困はもはや問題とはならない。

ケインズのいう相対的な欲望が飽和に達することなどありえないにしても、ひとたび膨大な「中間層」ができてしまえば、「優越願望」を満たすために人々がほしがるものもたかが知れているだろう。とてもではないが、生存のための必死の「渇望」というようなものではない。

とすれば、いくら技術革新がなされ、新たな商品開発がなされようが、人々の欲望の水準が大きく増加するとは考えにくい。経済成長率が低下するのも当然であろう。経済成長率の低下をもたらしているものは、技術革新の停滞による生産性の低下ではなく、消費需要が生産性の可能な増加ほどには伸びない点にある。実際、欲望は決して飽和しないとしても、それがもたらす消費意欲が、潜在的な生産性の増大を吸収できるほどには伸びないのである。

このような社会は、もはや成長を追求する社会ではないのだ。経済中心の価値から徐々に離脱し、人生の楽しみやもっと善い社会といった「善」を実現することに腐心すべき社会なのである。

にもかかわらず現実はどうだろう。ほぼケインズの予言から八〇年たって、われわれは経済問題から解放されたのだろうか。まったく逆である。ますます成長を渇望し、経済問題へと囚われている。確かに競争経済、とりわけグローバル競争のなかでは、ひとたび競争から取り残されると、われわれは一気に長期停滞へと突き落とされかねないのである。

そしてまさしくそこに今日の資本主義経済のどうにもならないディレンマが生み出される。改めてそのディレンマを述べれば次のようになるだろう。

今日の先進国の資本主義経済においてはもはや高度な成長は不可能である。にもかかわらず成長を続けなければ経済は破綻しかねない。

このようなディレンマがわれわれを捉えている。いいかえれば、われわれの生きている経済社会は、経済成長をいわば「メカニズム」として組み込んでしまっている。それは精神的には強迫観念となり、またそれなくしては社会がうまくもたないような「メカニズム」になっているのだ。

その理由は明らかであろう。

その根本的な理由はまさしくケインズが想定したように、経済活動が時間を通じて継起されるものだからにほかならない。

そのことが意味するものは何であろうか。前述のように、時間のなかで発生する不確定性に対処するために、将来へ向けてわれわれは価値を保蔵しなければならず、それは貨幣によってなされる。だがその結果として生産能力が過剰となる。過剰なものは蓄積され、将来の投資に振り向けられるほかない。かくして、経済成長は「なされなければならない」のだ。可能であろうがなかろうが、「経済成長」へとわれわれは強制されているのである。

第8章 「貨幣」という過剰なるもの――「稀少性の経済」から「過剰性の経済」へ

「クラ交換」の意味するもの

二〇世紀前半を代表するイギリスの人類学者ブロニスワフ・マリノフスキーは一九一〇年代に二度にわたって、西太平洋のトロブリアンド諸島の調査を行った。この調査の名を後世にまで残したのは、そこで彼が見出した原住民たちの奇妙な交換のおかげであった。「クラ交換」と呼ばれるそれは、従来、われわれが持っている未開社会のイメージを根底から覆すものであり、彼は『西太平洋の遠洋航海者』（一九二二年）という書物にそれをまとめている。

マリノフスキーによるとクラ交換は次のように行われる。ニューギニアの東にあたるトロブリアンドの多数の島々を二つのモノが行き来する。一つはムワリと呼ばれる貝の腕輪であり、もうひとつはソウラヴァと呼ばれるウミギクの首飾りであり、それが、相互に逆の向きに交換されるのである。

この交換に関与するのは、各島の限られた男たちであり、彼らは、ムワリやソウラヴァを一定期間保有した後に、別の者に贈りつける。そこで、たとえばムワリを贈られた者はソウラヴァを贈り返す。こうして二つのモノが循環することになる。

この二つのモノは、財宝であるとともに、富とも見なされており、それを「所有」することはできない。それは一定期間をへて決まった相手に必ず贈与されねばならない。と同時に、贈与された者は別の富を返礼しなければならない。つまり、贈与‐返礼がワンセットとなった儀礼的なやり取りで、決して経済的効果や生活の向上を目的としたものではない。

実際、クラ交換とは別に生活必要物資の物々交換も行われており、クラ交換は、われわれが通常イメージする物々交換という未開社会の原初的経済とはまったく異なった様相を呈している。それは素朴な物々交換の延長ではまったくなく、神話や呪術的儀式のなかで一定の規則に基づいて行われる公的な意義を持った交換であり、人々に大いなる名誉をもたらす機会なのだ。

かくて、クラ交換は、エミール・デュルケームが「社会的全体的事実」と呼んだ社会的な多面的な事業ということになる。それは、宗教的であり、政治的であり、儀礼的であり、社会的なのだ。

では、クラ交換は何のために行われるのであろうか。

しかし原住民はその問いには答えてくれないのである。彼らにとっては、クラ交換は、伝統的・慣習的なものであって、合理的な理由などそこにはない。

ただ原住民にとっては、クラ交換などで使われる価値ある富と、日常必要な経済的財貨は整然と区別されていることは間違いなく、前者はヴァイグアと総称され、その多寡によって政治的影響力や社会的な地位も決まってくる。一方、後者の日常品の取引はギムワリと呼ばれ、特に社会的な重要性は付与されていない。

そこでマリノフスキーはこれをどう解釈したのであろうか。彼がいささか困惑気味に提出した解答は、クラ交換とは純粋な「ギブ・アンド・テイク」にほかならない、ということであった。

それは「ギブ・アンド・テイクをそれ自体のために愛すること、富を人に渡すことを通じて、富の所有を心から楽しむこと」であった。そしてその社会的意味はというと、ただ「贈り物の交換を通して、社会的なきずなを作りたいという、根強い傾向を持っている」というのだ。

果たしてマリノフスキーは、クラ交換が何ものであるのかを明らかにしたのであろうか。それともそれに失敗したのだろうか。

クラ交換は、どうやら、利得目的や必需物資の調達といった特定の目的を持たない、それは経済上の交換ではない、というように「……ではない」という否定形でしか説明できないのである。

しかしその否定形でしか論じえないものが実は経済的交換を可能としているといってよい。人々の間に信頼関係ができてはじめて実は物々交換さえも成り立つのだ。原初の信頼を生み出すものこそがクラ交換であり、それをマリノフスキーは「ギブ・アンド・テイクそのものへの愛好」といったのだった。

この「愛好」を現代人の尺度で解釈しようとしても満足な解は得られないだろう。それは、（A）が何かある目的を持って「与え」、そして（A）はその代わりに何かを「受け取る」権利を持つ、というものでは決してない。

物々交換においては、（A）が（B）にたとえば「山菜」を与える時、（A）は（B）から何か別のもの、たとえば「魚」を得る権利を持つのである。どうしてか。「山菜」はもともと（A）に帰属し、一方、「魚」は（B）に帰属するからである。帰属するとは、「山菜」は（A）が生産し、（A）がそれを消費することが正当だと見なされているということだ。

したがって、（A）が「山菜」を（B）に与えた時点で、（B）は（A）の権利の一部を手に入れているので、この私的権利の譲渡に対して負債を負うことになる。そこで、債務の返済として、（B）は「魚」という（B）の所有物の一部を（A）に譲渡する。ここに存在するのは、あくまで、私的な所有物の権利関係における負債とその解消なのだ。

だがクラ交換はそうではない。確かに（A）は（B）に対してある宝物を与える。そこで（B）には「負い目」が発生する。この「負い目」を解消するために（B）は（A）に別の宝物を与える。しかし、この場合、（A）には権利（債権）が発生しているわけではない。（B）は「負い目」を感じるが、それは決して「債務」ではなく、（A）もまた受け取る「権利」を手にするわけでもない。

なぜなら、そもそもこの二つの宝物は、いずれも（A）の所有物でも（B）の所有物でもなかったからだ。ヴァイグアという宝物はそもそも誰のものでもないのである。

誰のものでもないからこそ、それをあたかも私物であるかのように手にすることで逆に「負い目」が発生するのである。この「負い目」は、したがって社会的な次元にあり、いわば集団全体に対する負い目の様相を帯びる。だからこそそれは別の誰かに渡さなければならない。いつまでも私の手元に置いておくわけにはいかない。これは私的な所有物のやり取りとはまったく異なっており、ここで、個人は個人として相互に対峙しているのではなく、彼は常に集団に結びつけられているのである。

この違いはたいへんに大きい。ヴァイグアと呼ばれる貴重なモノはもともと誰のものでもない。それは必要品ではない。つまり人間の生存や生活にとって意味あるモノではない。それは、それ自体の内にある奇妙な「力」を宿している。腕輪や首飾りは、その内に宿る「力」を持つからこそ、いわばそれ自体の「力」によって人の間を動くのである。

ポトラッチに見る「原・交換」

マリノフスキーのクラ交換を成り立たせている、この「贈る」と「贈り返す」という儀礼的交換をいっそう広範な分析の枠組みへと送り出したのが、マルセル・モースの『贈与論』

であった。

デュルケームの弟子であり、現代フランス社会学のなかにあって特異な足跡を残したモースは、一九二三～二四年にかけて発表された『贈与論』において、マリノフスキーの事象を含む、未開社会に広範に見られる宗教的・政治的・経済的意味を帯びたモノのやり取りを「贈与」と「対抗贈与」という概念で説明しようとした。

彼にとっては、マリノフスキーのクラ交換のような贈与－返礼は、トロブリアンドに特有の局地的現象ではなく、何か、人間社会のもっとも基本的で普遍的な形相《けいそう》、彼の言葉を借りれば「われわれがその上におかれている人類の岩盤の一つ」を暗示する決定的な現象であった。

その典型をモースは世界各地の未開部族に見られる「ポトラッチ」に見出し、ここに一般的な贈与と義務的返礼というわば「法則」を見てとった。

モースの『贈与論』は、その題名からしてしばしば非打算的で無償の贈与こそが経済的行為を開始させたかの印象を与えるが、決してそうではない。モースがここで述べたことは、あくまで「贈与」に対して「対抗贈与」が義務づけられているということ、すなわち一種の「交換」なのである。

それは確かに、現代の経済的交換ではない。現代の交換を基準に見れば、とても「交換」と呼べるものではない。相互的な「互酬」とも違っている。また、一方向的な贈与が二つ重なったものでもない。しかし、いまだに完成形に至っていない、いわば生成途上にある「交換」とでも呼ぶ以外にない何かなのだ。そこでこの相互的贈与を「原・交換」と呼んでおこう。

この儀礼的な「原・交換」は、未開社会においても、決して経済的交換でもなければ、物々交換でもない。

北西部アメリカの諸部族、メラネシア、パプア、ポリネシア、マレー半島、アフリカなどに広範に見られるポトラッチは、大規模な贈与から始まる。これは、たいへんに激しい競争的で敵対的で覇権的なモノの破壊であり、饗応であり、贈答である。

それは経済的意味を持つが、それだけではなく、儀礼的であり、政治的（権力的）であるような「競覇型の全体的給付」なのだ。そしてポトラッチに使用され気前よく破壊されるものは、財宝であり、貴重品であり、聖なる偶像であり、護符や紋章であり、また時には家畜でもある。

だいじなことは、繰り返すが、贈与としてのポトラッチがなされれば、必ずそれに対して返礼義務が生じる点にある。そしてその理由は、贈答品には威信や名誉などとつながる「マナ」やあるいは「ハウ」と呼ばれる一種の呪術的な力が込められているからであった。

たとえばマオリ族にとっては、「タオンガ」と呼ばれる富は、それを持つ人や氏族、土地と深く結びついていた。この結びつきを与えるものは、呪術的、宗教的、霊的な媒介物である「マナ」であり、また同様の「モノの霊」である「ハウ」だった。

だがポトラッチとは何を意味するのだろうか。

モースは、そのもとになっているのは、神や自然との間の贈与－返礼だという。彼は次のように述べる。

人と人との「原・交換」(贈与－返礼)において、それを動かす「力」は神的な霊力にほかならない。「神聖な実在」がここに登場する。とすると、この神聖な実在、特に「死者の霊」と「神」こそが、地上のすべての財産の真の所有者だということになろう。

つまり、われわれの物質的生活は、神や先祖がもたらした広大な土地や耕作地や大洋によってはじめて可能となっているのだ。われわれの財産や所有物など、本来はすべて「死者の霊」や「神」やさらには「自然」の贈り物ということだ。

だからこそ「モノのすべては霊的な起源を持ち、霊的な性質を帯有する」のである。そこから供犠が出てくる。この霊的な起源に対して人は負い目を負っているからである。だから人は霊的なものへ返済しなければならない。

霊的なものは、そのなかに生産力を宿し、富を表象し、位階や権威の源泉となる。だからこそきわめて大規模な返礼が要求される。これはたいへんに重たい義務だ。モノの生産力を与える霊的な起源に対して、ただ贈与を受けるだけでは人は負い目を負う一方である。だから人は霊的なものへ向けた返礼の義務を負うのだ。

実際には、それは供犠の破壊として現れる。奴隷を殺し、家を燃やし、高価な油脂を燃やし、海に銅製品を投げ捨てるのは、供犠の破壊にほかならない。

この場合、超越的なものからの贈与に対する返礼は、破壊として表されるのである。ポトラッチとは、神や先祖や精霊などといった超越的観念へ向けられた壮大な供犠の破壊であり、そのものが返礼的贈与であった。

「原・貨幣」に付与される呪術的意味

さてこの一連の現象をどのように解釈すればよいのだろうか。

マリノフスキーによって記述されたトロブリアンド諸島のクラ交換を論じるなかで、モースは、クラと呼ばれる義務的贈答において使われるヴァイグアとは「貨幣」の一種である、という印象的な言葉を書きつけている。

ヴァイグアは「富の象徴」であり「力の象徴」でもある。そしてそれは、いくぶんかの時間の間、贈与された相手のうちに留まり、また戻ってくる。それは一定の時間、ただ相手の手元に留まっているだけで、この時間が過ぎるともとに戻ってくる。まさにそこに、モースは「信用」の起源を見出した。「贈与は必然的に信用の観念を生じさせるのである」とモースは書いている。

マリノフスキーは、特にヴァイグアを貨幣と重ね合わせることには賛同していない。確かにそれは、モノとモノとの間の価値を測定し交換媒体となる今日の貨幣とは異なっている。しかし、ここでマリノフスキーは貨幣を現代的な経済上の狭い意味においてしか理解していない、とモースは苦言を呈する。ヴァイグアは、どう見ても今日的な意味での貨幣ではないかもしれない。そもそも利得という意味がまったくないのだ。しかしそれは何段階かの模索をへてやがて貨幣になるはずの「何ものか」であった、とモースはいう。

第一段階として、呪術的で貴重で、しかも壊れないものが一種の購買力となったであろう。次の第二段階では、これが部族を超えた流通力を持っていることを発見した。そして第三段階として、それが普遍的な価値測定の単位となることを発見した。したがって人類社会の相当に古い段階においても、ある種の貨幣形態が存在していた。

これがモースの説明である。こう記せば、彼が歴史段階を追いながら貨幣の生成を説いているように聞こえるかもしれない。しかしそうではない。ここでモースが述べているのは次のことなのである。

①貨幣は物々交換のなかから経済上の必要によって生じたものではない。

②貨幣はもともと呪術的で神聖な意味を帯びていた。そしてそのゆえに他のモノを購入するという独特の購買力を持ちえた。

ここにモースの述べていないことを付け加えるとすれば、この場合の購買力とはケインズのいう「流動性」と同じことであろう、ということだ。

ここでわれわれは一つのきわめて重要な論点に辿りつくことになる。

それは、貨幣は決して合理的な経済的交換から出てきたものではなく、むしろ、呪術的、宗教的な意味を帯びた超世俗的な存在として姿を現し、それゆえにこそそれは贈与‐返礼という「原・交換」を可能にしたということだ。

交換があって貨幣が出てきたのではない。マリノフスキーのいう「ギブ・アンド・テイク」あるいは、モースのいう「義務的な贈与‐返礼」という「全体的給付」はいわば最初の「貨幣」の存在を示しており、「原・交換」は「貨幣」を同時に生み出しているのだ。

この「原・交換」は、決して生活の必要や利得から生じたのではなく、超越的で象徴的な力とともに、人間の世俗生活のなかに入ってきたのであった。そこで、この象徴的な「力」こそ、今日の貨幣と等置はできないにせよ「原・貨幣」(貨幣の原型)と見なすことができるであろう。

この意味での「原・貨幣」が「原・交換」を可能にしたのである。

繰り返すが、重要なことは、この交換を可能とした「力」は、どこか神的で宗教的、呪術的な意味を帯びた特有の存在だったという点だ。それは、世俗的には富を象徴し、権力を象徴した。それを持つ者には途方もない威信が与えられると同時にまた、その呪術的な力によって大きな禍《わざわい》をこうむることもありえた。

そこから、「原・貨幣」が交換や流通に対して持つ、二つのアンビヴァレントな意義が出てくるだろう。

第一に、それを持つことによって邪悪な力による禍をもたらされることがある。だからそれをできるだけすばやく返礼しなければならない。これは「原・交換」をもたらす。しかし第二に、それは、それ自体が富の象徴となり、権力を象徴するために、その気前よい破壊は、いっそうの世俗的権力をもたらす。こうして、世俗的権力を担保するために「原・貨幣」は破壊され、流通から引き上げられてもゆく。流通からの引き上げは、社会的循環を可能とする「交換」を困難に陥れるだろう。気前よさや見せびらかしのためのポトラッチは、「原・貨幣」を交換の過程から脱落させるのだ。

こうして、「原・貨幣」は、一方で、モノの流通と循環を可能とすると同時に、他方では、その流通を破壊する作用も持つのである。それはまさに、「原・貨幣」に霊的で呪術的意味が与えられているからだ。そして、この「流通」と「退蔵」という相反する二面こそ、現代の貨幣においても、われわれが見出すものなのではなかろうか。

交換を可能にする「過剰なもの」

だがそれにしても、どうしてかくのごとき呪術的な力や神聖さが付随してきたのであろうか。なぜ「ハウ」や「マナ」の観念が必要とされたのだろうか。一体、この神聖性はどのような役割を果たしているのだろうか。

このような疑問はもっともなものであるが、決して適切なものではない。「どうして……が必要とされるのか」という疑問形そのものがいかにも現代的な合理主義の精神の産物だからである。

効率性と合理性にどっぷりつかってしまったわれわれからすれば、物事には、何かの役割や機能がなければどうも精神が落ち着かない。

現代の貨幣には、交換手段などという「機能」がある、という。だが、機能を割り当てることによって存在の意味を確定するのはあくまで現代の合理的精神にほかならないことを改めて知るべきであろう。「マナ」や「ハウ」は、それ自体に意味があって、それが特定の機能を果たしているわけではない。

実際、それは何の機能的な意義をも持っていないのである。にもかかわらず、それは生み出されてしまうのだ。そして、生み出されてしまった結果、それが「社会」を支えることになる。そしてそのことを明快に論じたのはレヴィ＝ストロースであった。

二〇世紀を代表する文化人類学者であるクロード・レヴィ＝ストロースは、モースの『贈与論』を含む論文集への序文のなかで次のようなことを論じている（「マルセル・モース論文集への序文」)。

モースが『呪術論』や『贈与論』で論じた「マナ」や「ハウ」という神秘的で超越的な力とは何であろうか。原住民はそれを人間の力を超えた何か神秘的で霊的なものだという。だがそれを鵜呑みにしてはならない。そこには彼らも意識していない「無意識の思惟」が潜んでいるからである。人類学者の役割は、原住民も意識していない「無意識の思惟」を取り出して見せることなのだ。

だがこの場合の、「無意識の思惟」とは何であろうか。

そのことを知るために次のことを考えてみよう。モースの『贈与論』が記述しているのは次のような事実だった。

まず、(A)が(B)に何かを贈る。(B)はそれを受け取らねばならない。次に(B)は(A)に対して返礼贈与を行う。ここにある事実はこの三つの事柄だけだ。

そこでレヴィ＝ストロースは次のようにいう。

ここに見られる「現象」は、まず贈与の義務、受け取りの義務、そして返礼贈与の義務の三つであるが、実はこの三つはもともと一つの体系を構成しており、それは「交換」そのものだという。したがって順序を逆にすればよい。本当は、「交換」があり、それが逆に三つに分割されて表現されているのだ。先に述べた「原・交換」こそが真に存在するのである。

そうすると、「ハウ」のような神秘的力とは何か。それは三つの分裂した義務を一つにまとめるいわば接着剤のようなものであろう。モースは、三つの分裂した贈与、受領、返礼を再び合成して一つの体系にしようとするが、それが不可能なので、そこに原住民の「ハウ」なるものを持ってきた、とレヴィ＝ストロースはいう。

つまり、バラバラに見える三つの行為を合成する場合に、それがうまくいかないために「水増し」された何かを持ち込んだのだ。この「水増し分」が「ハウ」と呼ばれるものである。

だから、「ハウ」の持っている神秘的で呪術的な魔力にごまかされてはならない。だいじなことは「交換」だけであって、「ハウ」は交換の究極的な動因ではないのである。

現代のわれわれが「交換」と理解しているものを、未開人は「贈与・受領・返礼」と分割して理解しただけのことで、この思考の背後には、現代人と同じ「交換」へ向けた「無意識の思惟」が存在する。これがレヴィ＝ストロースの理解であった。

ここには、未開人であれ、現代人であれ、社会を構成する原理は「交換」すなわち「コミュニケーション」の体系であって、それこそが普遍的原理だ、というレヴィ＝ストロースの信念が見える。彼は、「言語」「貨幣」「女性」の交換の制度、つまり、言語的コミュニケーション、経済の体系、結婚と親族の体系こそが社会を構成する三つの「無意識の構造」だと述べる。

ところで、言語によるコミュニケーションとモノと貨幣による経済的コミュニケーションの間に相同関係があるという彼の示唆にしたがって、次のように考えてみよう。「交換」（＝コミュニケーション）はある媒体によって行われる。その場合、交換の媒体は常に象徴作用を持っている。たとえば言語的コミュニケーションを見てみよう。これは言語を媒体とした交換であるが、言語はそれによってある物事をさす記号となっている。記号という象徴（シンボル）を使ってわれわれは意思を伝達し、必要なことを伝える。言語が象徴だという意味は、それが基本的に何かを指し示すからである。

言語学者のフェルディナン・ド・ソシュールは、言語とは、「意味するもの（シニフィアン）」と「意味されるもの（シニフィエ）」の恣意的な結合だと述べた。

たとえば「犬」という言葉は、「犬」という文字や「イヌ」という音声を使って、あの人懐っこい小動物の犬というもののイメージを喚起する。ここでは、「犬」という文字や「イヌ」という音声は「意味するもの（シニフィアン）」であり、あの小動物のイメージや観念は「意味されるもの（シニフィエ）」であり、両者が結合している。

これがまずは象徴作用の基本である。エルンスト・カッシーラーなどが述べたように、人間が「象徴をあやつる動物」すなわち「ホモ・シンボリカム」であるゆえんは、「犬」という文字や「イヌ」という音声によって、ある種の観念やイメージを表象することができるからだ。

しかもこの場合の「意味するもの」と「意味されるもの」の間の結合には何らの絶対的な

理由も必然性もない。その結合はあくまで「恣意的」なのだ。しかもそのために、「象徴作用」は次々と新たな象徴表現を生み出し、その結果、われわれは観念を伝達するコミュニケーションの範囲をどんどん拡張することができるのである。

だがここで次のようなことを考えてみよう。われわれはしばしば人に話しかける場合、「やあ」とか「おい」とか呼びかける。ではこの「やあ」や「おい」は何を指し示しているのだろうか。あるいは、何か嫌な気がした時に「いま、ゾッとした」などという。だがこの「ゾッ」は何を意味しているのだろうか。

それらは「イヌ」が指し示すあの動物のイメージのような対応物を持たない。それはコミュニケーションの伝達において何の特定の意味をも伝えていない。「やあ」とか「おい」はただ呼びかけているだけだ。その意味で、それは言語（記号）ではあるが、特定の意味内容を持たない。つまり「意味するもの」はあるが「意味されるもの」は特定されない。

にもかかわらず、「やあ」や「おい」や「あのー」という呼びかけが、コミュニケーションを成り立たせている。それがあってようやくコミュニケーションが起動する。必要な事柄の伝達はそれに続くのだ。だが、「やあ」や「おい」は決してそれ自体では必要な事項の伝達ではない。

レヴィ＝ストロースは、こうして人間の象徴作用においては、「意味するもの」（記号表現）と「意味されるもの」（記号内容）の間には、必ずしも一対一のきれいな対応関係は存在しないといった。この両者の間には常にズレが生じうるのだ。

そこで、「意味するもの」（記号表現）はあっても、「意味されるもの」（記号内容）がきわめてあやふやなものが存在する、という。それは、それ自身、確固とした意味内容を持たず、だからこそいかなる意味内容とも結びついてしまう。それは「意味的に不特定な価値を表象する」のだ。先ほどの「ゾッ」もそうだ。この記号は特に何を示すわけでもないのだが、むしろそれゆえにある種の霊的な感覚を不特定に暗示してしまうのである。

そして「ハウ」もそうだ。「意味するもの」と「意味されるもの」を結びつけて理解する近代科学的思惟に慣れてしまったわれわれには、「ハウ」で述べられるような呪術的力は、何か神秘的実体を暗示しているように見えるが、決してそうではない。未開人にとっての「ハウ」とわれわれの「ゾッ」の間にそれほど違いがあるわけではないのである。

それは、ただ人間の象徴作用の本質を示しているにすぎない。レヴィ＝ストロースは端的に次のようにいっている。「意味するものと意味されるものの間に不均衡が存在しており、その結果、意味されるものに対して意味するものの過剰が存在する」。

だから彼はいう。「人間は世界を理解する努力のなかで、常に余分の意味を処理している」と。

「マナ」や「ハウ」は、まさしくこの「余分な意味の処理」であり、「過剰な記号」であった。それは特定の意味内容を持たない。だからこそそれは、神秘的でありつつ世俗的であり、力でありながら単なる作用となり、抽象的でありつつかつ具体的であり、遍在的でありかつ局所的である、といった二律背反的で曖昧な性格を帯びる。こうしてそれは「余分な意味を処理」する。

こうした記号を「過剰な記号」という。あるいは「象徴作用の過剰性」といってもよい。それは「意味されるもの」を持たない記号であり、特定の機能も果たさない。その点からすれば無駄で過剰な記号となっているのだが、にもかかわらずこの過剰な象徴作用があってはじめて、意思伝達というコミュニケーションや経済的な交換が可能となっているのだ。

かくて、言語の象徴作用が、恣意的であるがゆえに、そこにどうしても記号の「過剰性」がでてくる。記号表現の「恣意性」のおかげで、具体的な「意味されるもの」を持たない「意味するもの」という「過剰な記号」が生み出されてしまう。

レヴィ＝ストロースの独創性は、この「過剰な記号」をモースの議論にあてはめた点にあった。モースのいう「ハウ」や「マナ」あるいはマリノフスキーのいう「ヴァイグア」などが持つ聖なる力は「過剰な記号」の産物にすぎないと断じたのであった。

「ハウ」や「マナ」の持つ神秘的で呪術的な「霊性」が問題なのではない。そこにポイントがあるわけではない。それは、交換（贈与－返礼）のなかで特定の意味を担うことがない「過剰なもの」にすぎない、という点が本質なのである。

だがこの「過剰性」があるがゆえにはじめて交換（贈与－返礼）が成立する。「過剰性にすぎない」ものこそが実は、壮大な交換体系を支えているのだ。この「過剰性」が交換を支え、それを起動させるのだ。そこで、この「意味されるもの」を持たない過剰な記号をレヴィ＝ストロースは「ゼロの象徴的価値を持つ記号」といった。ここではそれを改めて「ゼロ・シンボル」と呼んでおこう。「ゼロ・シンボル」とは、徹底した象徴作用のみを持つ、すなわち、具体的に指し示す内容を持たず、ただ純粋に象徴となっているような記号である。

それは強いていえば何かを示すのだが、その何かは決して具体的な指示内容を持つものではない。だがこの不確定性と不安定性と不特定性のゆえに、それは具体的状況に応じて何をでも意味してしまうのだ。

「ゼロ・シンボル」としての貨幣

さてこのことを経済にあてはめるとどうなるのだろうか。

経済上の交換は、モノのやり取りである。たとえば物々交換では、相互に必要なモノがやり取りされる。ここではモノは、それぞれ価値（使用価値、効用）を持つ。したがって、交換の媒体であるモノは、それが実際に生活のなかで与える「役立ち」や「満足」と結びついている。

その意味では、交換のなかに姿を現すモノは、それが生活のなかで果たす使用価値・有用性を表象しているともいえるだろう。「意味するもの」としての特定の財は、「意味されるもの」として特定の使用価値を持つといってよい。

だが「貨幣」は何を表象するのだろうか。

それは決して生活のなかで具体的な使用価値も有用性も効用も持たないのであり、その意味では何をも表象してはいない。

と同時に、それはすべての財と交換可能であるという意味では、あらゆるモノを表象しているともいえるし、あらゆる使用価値を表象しているともいえよう。

だからこそ、貨幣は、重商主義者がいったように「富」を指し示すことができ、マルクスがいったように、貨幣は「一般的等価形態」となりうるのである。

そして、それこそがレヴィ＝ストロースのいう「ゼロ・シンボル」にほかならない。貨幣は、人間の象徴作用において、純粋な「意味するもの（シニフィアン）」になっており、それが表象すべき具体的な使用価値（有用性）は持たない。それは純粋な「過剰性」といってもよい。

未開社会では、「ヴァイグア」のような「原・貨幣」は富を指示した。そしてさらに「富」は、その人物の社会的評判や威信や地位を表象した。社会とは「表象の体系（シンボル・システム）」から成り立っているのだ。そしてその根底には「ゼロ・シンボル」がある。

それは何も未開社会の話ではなく、現代でも同じであろう。われわれの「文明社会」でも、貨幣は富を表象する。そして富はその人物の力や地位や社会的重要性を示唆する。金持ちはそれだけで社会的評価を受けるものである。

まことに貨幣は象徴（シンボル）なのであって、しかもその象徴は、モノと違って、具体的な有用性という内実を持たない。それは「意味されるもの」を持たないゼロ・シンボルであるがゆえに、社会的地位や威信といった曖昧な観念を表象しうるのである。

貨幣は交換の必要性のなかから生み出されたものではない。それは人間の象徴作用の「過剰性」の産物であった。生存の必要からではなく、人間の象徴作用がそれを生み出したのであり、「過剰なもの」こそが逆に、生活のための必需物資の交換を可能とするのだ。

「過剰性」を浪費するための「普遍経済」

ここでモースが、ポトラッチを神や先祖や自然など超世俗的で聖なるものへの対抗贈与だと述べていた点を思い起こしていただきたい。生贄《いけにえ》を殺し、家を破壊し、財宝を破壊するという一種の供犠の破壊は、聖なるものの贈与に対する返礼なのである。

それが変形されて、部族間の破壊と浪費合戦の様相を見せる競争的なポトラッチが生まれてくる。ともかくもだいじなものを破壊しつくした者が勝者になるのだ。これは社会的に見ればとんでもない浪費であろう。壮大な「過剰性」といってもよい。

かくて、ポトラッチは贈与と対抗贈与が織りなす壮大な浪費であるが、フランスの特異な思想家であるジョルジュ・バタイユは、モースから強い影響を受けて、それを壮大な「蕩《とう》尽《じん》」と呼んだ（バタイユ『呪われた部分』一九四九年、論文「消費の概念」一九三三年など）。

それはいっさいの有用性や必要性の次元からは切り離されて、むしろモノの有用性を破壊する。破壊の誇示によって手にするのは、威信であり、威信を背景にした社会的地位や身分であるが、そもそもそれを可能とする壮大な蕩尽は、もとはといえば、神的なものからの贈与に対する人間の返礼であった。

この、人間に対して自然の与えた贈与と、それに対する対抗贈与こそが、もっとも基本的な経済原則、すなわち「普遍経済」だというのがバタイユの考えだった。

ここでバタイユは「経済」というものの考えをまったくひっくり返している。「経済現象」を構成するもっとも基本的な事実とは何か。バタイユはいう。

それは、太陽が人間の生命維持以上の過剰なエネルギーを提供したという点にある。これは自然の人間への贈与であった。生命体は、この太陽エネルギー（自然のめぐみ）によって成長する。

しかしそれ以上の過剰性は浪費するほかない。この浪費は未開社会においては、自然や聖なるものへの対抗贈与や供犠としてなされた。ポトラッチは、自然の贈与に対する返礼であった。そこに人は宗教的、呪術的意義を与えた。かくてポトラッチにおいて、過剰エネルギーの壮大な蕩尽は、宗教的な意義を帯びていた。

もしもバタイユのいうように、もっとも根本的な「普遍経済」が、人の生命の維持以上の「過剰エネルギーの処理」にあるとすれば、そこから導かれる経済法則は次の二つのみであろう。

一つは「浪費」であり、もうひとつは「成長」である。「浪費」によって過剰エネルギーを消耗しつくすか、あるいは、エネルギーを蓄積してそれを先に移転してゆくかである。

そして過剰エネルギーを先延ばしし、蓄積し、さらに拡張することで、経済は成長を可能とし、われわれの生活はいっそうのエネルギーを必要とする段階へと移っていった。とすれば資本主義とは、この「過剰エネルギー」を先延ばしするたいへんに巧妙な、しかしやむを得ない方策ということになるだろう。

資本主義以前の社会が採用したやり方は前者であった。過剰なものの浪費であり蕩尽である。かくて、浪費という今日ではあまり賛美されることのない消費行動は、もっとも根源的な普遍経済に埋め込まれていた。

実際、ポトラッチにせよ、供犠にせよ、富の見せびらかしにせよ、貴重なものの破壊にせよ贈与にせよ、未開社会から現代の文明社会にまで続く消費社会のもっとも基底にある事実なのである。

いやそれは必ずしも未開社会で幕を閉じた話ではない。今日のわれわれの「文明社会」のどまんなかにも居座っている。

稀代の文明批評家であったソースティン・ヴェブレンにとっては、彼の生きた二〇世紀初頭のアメリカは、まったくもって北西部アメリカのインディアンと同じポトラッチの原理に支配されていたのであった。

現代人は、未開人と相似形のように、「顕示的消費」という名の見栄と誇張とけばけばしさに満ちた小規模なポトラッチを繰り返しているだけであった。上流階級の、特に有閑階級の婦人たちは、己の富を表象するけばけばしい装飾をほどこした衣服や貴金属を身にまとい、わざわざ窮屈なコルセットに身を固め、顕示的な生活に生きがいを見出していた。窮屈な衣服を着用することは、自らが労働する必要のないことを示す手段であった。

消費とはモノによる社会的地位の象徴であり、モノを介して見栄の競争（エミュレーション）をすることなのだ。ヴェブレンは、彼らを文明化された野蛮人と見なしたが、実はこの婦人たちは、ただ「普遍経済」の原則に従っていただけである。過剰性の原理に生きていただけの話である。

「生贄とは有用な富の総体のなかから取り除かれる一種の余剰である」とバタイユは書いている。取り除かれた生贄はもはや生活のなかで有用性の原理には服さない。それは「余剰」すなわち「過剰性」なのである。

ポトラッチも同じであって、浪費的消費も同じことである。それらは、ともに今日の有用性の基準からすれば「財産の無益な使用」であり、「有用性の拒否」であり、いわば無為の「遊び」である。もっといえば近年やたらと嫌われ諸悪の根源のように見なされている「無駄」そのものなのである。

この「有用性の拒否」つまり「過剰性」の処理は、古代においては、たとえば大規模な戦争による富の破壊であり、中世においては、教会への寄進や巨大な教会の建立という形で行われた。すなわち神への対抗贈与である。北米インディアンの奇妙な風習であるポトラッチは、実は、戦争や教会建立という壮大なポトラッチへと進化したわけである。

だが、もはや宗教的信仰や巨大な教会建立という宗教的贈与を持ちえない近代社会において、果たして過剰性は何をもたらしたのだろうか。

それは経済成長であった。富は破壊されずに投資され、将来の富へと先延ばしにされたのである。富の破壊という壮大な浪費が否定された時に経済成長が始まった。

「中世経済を資本主義経済と区別するもの、それは、前者が過剰な富を非生産的蕩尽に化していたのに引き替え、後者は、蓄積し、生産設備の躍動的増大を目指すことである」とバタイユはいう（『呪われた部分』二見書房）。

ポトラッチ、戦争、教会（宗教）は、それぞれ、過剰性の処理という「普遍経済」への解答であった。そしてそれが不可能になった時、経済成長が可能となる。経済成長は、ポトラッチ、戦争、教会の代替物である。われわれは経済成長によって過剰なものを生み出すのではなく、過剰性のおかげで経済成長を余儀なくされるのだ。

現代文明にも生きている「ポトラッチの原理」

もちろんこのバタイユの論議に素直に納得することは難しい。誰もがたちまちにしていくつかの疑問を持つであろう。一体、自然エネルギーの過剰性とは何なのだろうか。現実には、化石燃料にせよ、天然ガスにせよ、自然資源の枯渇こそが問題なのではないのか。過剰性どころではなく、その逆に資源の不足こそが問題なのではないのか。

あるいは次のような疑問も出るだろう。今日の先進国は何とか経済成長の軌道に乗せるのに躍起になっているのではないか。デフレ経済、長期停滞で難渋しているのではないのか。さらには、経済学とは、ライオネル・ロビンズのいったように、稀少な資源を配分することにもっぱら課題を見出してきたのではなかったか。一体経済学が問題としてきた「稀少性の原理」はどこへいってしまったのか。

これらの疑問はもっともなものだ。バタイユが描いた「普遍経済」はまったく逆転した構図を持っている。すべてが、われわれの考える経済学とはあべこべになっている。稀少性ではなく、過剰性こそが経済問題であり、効率性よりも無駄を生むことが重要だという。では「過剰性の原理」と「稀少性の原理」の間のパラドックスはどのように理解すればよいのだろうか。

それを次のように考えてみたい。同時に、この章で述べたことをふりかえりながら、いくつかのことを確認しておこう。

マリノフスキーが発見し、モースが述べたように、「原・貨幣」は物々交換という経済上の必要のなかから出現したものではなかった。それは「有用性原則」のもとには置かれていない。それは「有用性の原理」からすれば「無駄」であり「過剰」なものであった。だから、貨幣とは、生活の中において有用性という経済原理に服さないものである。古代以来、貨幣が、貴重な貝殻や石片、あるいは貴金属や貴重品であった理由もここにあった。「貨幣」がそれを可能としたのは、貨幣が特定の使用価値や有用性を持たない「ゼロ・シンボル」だったからにほかならない。「過剰な記号」だったのである。

そこで、経済的な取引に関わる財貨を、その象徴作用の程度においてグレード付けをすることが可能になるだろう。

一方の極限に「ゼロ・シンボル」(純粋な記号表現)としての貨幣がある。その近くに、ポトラッチのような社会的な名誉や威信と深く結びついた貴重品があり、さらには宗教的意味を帯びた生贄や供え物がある。

他方の極には、人間の生存を維持するための必要不可欠な食糧などがある。衣食住や生活の基本物資である。まさにポランニーのいう「生活の経済」である。

そして、貨幣を頂点とする極限へと接近するにつれ「過剰性の原理」が支配し、生活の基本物資へと接近するにつれ「有用性の原理」が支配するであろう。

ではわれわれがよく知っている「稀少性の原理」とは何か。経済現象とは「稀少な資源の配分に関わる現象」だというあの「稀少性」だ。

だが以上で述べてきたところからすると、これはいわば「見せかけの問題」というほかない。本当の問題は違っている。稀少性という「見せかけ」が作り出されているのだ。

ヴェブレンは、現代の文明においても「ポトラッチの原理」が支配しているといった。未開社会においても文明社会においても、「社会」を構成する人々の主要な関心は、おおかた他者に認められ、よりよい待遇を確保し、時には尊敬もされたいというものであろう。

かくて、G・W・F・ヘーゲルが述べたように、人はまずは他者からの承認を求め、さらには他者への優越を求める。承認への欲求、さらには優越への欲求が人を突き動かしている。社会秩序とは、この承認願望・優越願望によって作り出されて、またそれによって変動させられてゆく。そこで当然ながら競争が生じる。それは社会的な地位や威信をめぐる競争であり、「ポトラッチの原理」とは、まさしく、この地位や威信をめぐる激しい競覇であり競争であった。

ここでは、人々は、社会的な地位や名誉や威信といった「社会的財」に無関心ではおれないであろう。高い社会的地位や名誉を得ることはもともと「類いまれなもの」なのだ。そして、この「類いまれなもの」を求めて、欲望は相互に模倣しあう。他人のほしがっているモノを人はほしがる。

社会的地位や名誉に本当に価値があるのかどうかなどということはここでは問題とはならない。人は、他人がそれを求めるからというだけで十分にそれを求めるのである。優越とは、他人が求めるものを手に入れることだからだ。かくて欲望は相互に模倣しあう。しかし、生活の必需品については、ある程度、自分が必要なものだけを求めるかもしれない。しかし、生活の必要という「必需財」を超えた「社会的財」に関わる部分においては、「われ関せず」というわけにはいかない。欲望そのものが社会的に形成されるのだ。

ゲオルク・ジンメルは『貨幣の哲学』において、「欲望」は距離によって生み出される、といった。つまり、自給自足的に必要なものをいつでも調達できるとすれば、誰も特にそれを「欲望」しない。あるモノについて他者と競合するからこそ「欲望」が発生する。対象との間に障害があり、距離ができるからこそ、その対象に対する「欲望」が発生するのだ。

だから、他者がほしがっているモノをほしがるという相互模倣的な欲望は、それ自体がいっそうの「欲望」を生み出すことになる。ここにはどうにもならない「距離」ができるからだ。相互模倣的な欲望は対象に対する「競争相手」をもたらすことで、対象との間に「距離」を作り出すのだ。こうして相手の行動を模倣することで「欲望」が作り出されるのである。

もっといえば、このことを次のようにいうこともできよう。

人は、そもそも「自分本来の欲望」などというものを持っているのだろうか。いかなる近代的な合理的人格の持ち主であれ、自分が何者であり、何をほしがっているかを完全に知っている者などいない。人は、自分が何者であるか、容易には答えが出せないのと同様に、自分が欲しているものが何かなどわかりはしないであろう。

だから本当のところ、欲望の対象は、決して確かなモノではなく、不特定で不確定な何かといわねばならないであろう。

われわれは、確かに「何か」を欲望する。だけれども、それが何かは確かにはわかっていない。だからこそ「他者の欲望」を模倣しようとするのである。「欲望」はあるものの、その意味内容は空白であるような空虚な部分に、われわれは「他者の欲望」を持ち込むのである。「空白」の欲望のなかに「他者の欲望」を代入する。空白であるような、欲望の向かう対象に、われわれは「他者の欲望」を借りてきて代補するのだ。

こうして、欲望の模倣が生じ、それは社会的な名誉や地位や虚栄をめぐる競合的な模倣的競争（エミュレーション）をもたらす。

それは、決して、あるゴールがあって、そのゴールに向けてそれぞれがそれぞれのやり方で順位を競う競争（コンペティション）ではなく、相互的模倣がゴールなき無限の競争を自動的に生み出してしまう模倣的競争（エミュレーション）なのである。

これが「ポトラッチの原理」だ。どうしてこの種の「原理」が出てくるのか、それは誰にもわからないであろう。同じように、どうして高価な真珠のネックレスが高い地位を表し、ブランドもののバッグが虚栄心を満足させるのか、などといっても誰もわからない。ここでもだいじなことは、特定の財が社会的な名誉を与え、虚栄心を満足させるということではなく、それ自体が象徴作用における「過剰性」の表現になっているということなのだ。

着心地の悪い、しかもどう見ても機能的どころではないきらびやかな衣装を着ている人は、それをほしいと思っているのかもしれない。だが、個人の主観を離れて「無意識のレベル」まで少し降りてみれば、そのモノ自体を「個人的に」欲しているわけではない。二〇世紀初頭の有閑階級の婦人がきついコルセットを本心から欲していたとは考えにくい。ただ他人がそれを欲するから、上流階級の人々がそれを着用するから自分も欲するのである。

ここでは、お互いに、力や地位や富などを表象する記号としての贅沢品、奢侈《しゃし》品が代補されてゆくのだ。すなわち「欲望」を相互に交換するコミュニケーションが行われているのである。欲望は自らの生活の必要によってあらかじめそこにあるのではなく、相互の交換のなかから、すなわち「模倣」によって生み出されるのである。

かくて、われわれは、先にも述べたように、生活の必要や個人の事情によってどうしても必要とされる「欲求（necessity）」と、社会的な次元を持ち、相互模倣によって生み出される「欲望（desire）」を区別することができるだろう。

確かにこれは程度問題であり、どこかで線引きできるという種類のものではない。だが、一方では「欲求」へ向かう軸があり、他方には「欲望」へ向かう軸がある。そしてそれはおよそ「有用性の原理」と「過剰性の原理」に対応している、と見ておくことができる。

「過剰性の原理」が「稀少性の原理」をもたらす

こう考えれば、「欲望」は「過剰性」によって生み出される。そしてひとたび「欲望」が生み出されれば、財貨は「稀少」になる。相互模倣の「社会的財」を求める欲望が強まれば強まるほど財貨は「稀少」となる。貴重品はますます貴重なものとなる。

あらかじめ財宝やきらびやかな衣装や豪邸等に対する欲望があって、そこに稀少なものとしての貴重品があるのではなく、地位や名誉や虚栄といった相互模倣の社会的価値が形成され、それが「貴重なもの」を生み出すのだ。ここに「稀少性」の概念が生まれる。「稀少性」は、「過剰性の原理」のなかでこそ生み出されているのだ。

しかもそうなると、相互の欲望が競合するこの稀少な財貨を手にするには多額の「貨幣」が必要となるだろう。「貨幣」こそが、ジンメルのいう「距離」を測るものとなる。欲望は、それを手にするのに障害があるからこそ発生するのであり、この障害、つまり「距離」が大きければ大きいほど欲望は大きくなる。だからこそ、上層階級の贅沢品といった階層的シンボルは、その「距離」が意識されればされるほど、大きな価値を持つことになるのである。

と同時にまた、実は「貨幣」こそがこの「距離」を生み出すことに注意してもらいたい。貨幣を手に入れなければほしいものは手に入らない。したがって、模倣的な欲望によって他者と同様のものを手に入れたいのなら、より多くの貨幣を手にしなければならない。かくて「貨幣」こそが、自分と対象との間の「距離」を生み出す。われわれは対象を直接手に入れることはできず、「貨幣」がなければ対象を手に入れることができない。私と対象の間には「貨幣」という障壁が介在する。

いいかえれば、「貨幣」こそが「欲望」を作り出すといってもよい。「距離」の大きさは「貨幣」によって測定されるとすれば、より多くの貨幣を必要とする対象ほど「距離」が大きくなるだろう。同時に「欲望」もより強度になるだろう。そして結果としてここに「稀少性」がもたらされるのだ。

かくて資本主義の動因の一つのカラクリが明らかとなるだろう。

それを改めて述べておこう。

まず人間の象徴作用のなかから「過剰性」が生み出される。すなわち「ポトラッチの原理」である。それが「模倣的競争」を生む。「模倣的競争」はいっそうの「貨幣」を必要とする。「貨幣」によって距離ができると「稀少性」が生み出される。すると、貴重なものはますます「稀少」となり価値が高まる。かくて「欲望」は膨らむ。この「欲望」を満たすために、よりいっそうの「貨幣」が必要となる。そして「貨幣」＝「所得」を生み出すために生産が拡張される。かくて人は経済成長へと強制される。

ここでわれわれは一つの重要な結論に達することになろう。それを次のようにいっておこう。

「過剰性の原理」と「稀少性の原理」は対立するものではない。そうではなく「過剰性の原理」が「稀少性の原理」をもたらすのである。

また、経済の拡張をもたらすものは、無限の欲望を満たすために稀少な資源を使って生産を拡張する点にあるのではなく、「過剰性」の処理のなかからもたらされる。

貨幣は「ゼロ・シンボル」としてもっとも「過剰なるもの」であった。その「過剰性」が、欲望を生み出し、それが「稀少性」を生み出すのだ。

そこで、自給自足ではなく、商品交換の経済において、生活の必要物資の調達も市場経済の原理に委ねられる時、ここに「稀少性の原理」が持ち込まれる。市場原理という一点において、必要物資に対する「欲求（necessity）」と「欲望（desire）」の区別はもはや意味を持たなくなってしまうだろう。経済成長のなかでは「贅沢品」もいつのまにか「必需品」として標準化されていくのだ。贅沢で高価なブランドものも、いつのまにか標準的なありふれた必需品になってしまうのである。

こうしてすべてが市場経済という「稀少性の原理」の統率のもとに置かれ、画一化されてゆく。あらゆる財貨が同じように、市場という巨大な平面に並べられてゆく。

かくて表面的に見れば、資源の稀少性こそが市場経済に与えられた条件であるかに見えるのだが、この市場経済の稀少性をもたらすものは、実のところは貨幣に示される「過剰性の原理」であることを忘れてはならない。

「過剰性」がさらなる「過剰性」を生み出す金融市場

さてところが、ここに「過剰性の原理」がもたらすもうひとつの大きな問題が発生する。もしも「欲望」が、その対象の入手困難さ、すなわち「距離」によって生み出されるものだとすれば、人はそれを手に入れるためにまずは「貨幣」を確保しなければならない。ここに貨幣を貸借する市場が出現する。金融市場である。

だがその場合、貸し出される貨幣はどこから生み出されるのか。それは「節約」によってである。

では、節約という理念はどこからでてくるのか。近代社会では、「ハウ」のような霊力にかわって、ウェーバーが述べたように、カルヴァン派のような絶対的ではかり知れない力を持った神が登場する。その意志をおしはかるための世俗内的禁欲がやがては合理的な労働と節約をもたらす。

労働の成果は浪費されたり破壊されたりするのではなく、新たな投資のためにとっておかれるのである。禁欲の倫理が媒介となり、ここに「貨幣」という「過剰性」は、「節約」の手段となる。「貨幣」は霊力を持った何かではなく、貨幣の保蔵は、将来へ備える合理的で倫理的な正しい行いと見なされるようになる。

「貨幣」の資本への転化とはそういうことであった。「貨幣」は過剰の記号として蕩尽される霊的な富ではなく、近代的合理主義の精神のもとで、いっそう大きな富を生み出す資本へと転化した。「過剰性」がいっそう大きな「過剰性」を生み出すのである。「禁欲」と「節約」が「過剰性」をいっそう膨張させることになる。それを可能とするのが資本であった。

これが資本主義と呼ばれるシステムの本質なのである。

ところが、「過剰性としての貨幣」の論理をつきつめてゆけば、「過剰性の拡張」はまったく新たな局面を生み出すことになる。

「過剰性としての貨幣」とはもともと具体的なモノのような有用性へは対応していない。その意味でそれは「浮遊する記号」であった。だからそれは最終的にモノへは還元されず、決して「有用性の原理」へと送り返されることなく、直接によりいっそうの「過剰性」へとつなげられたのであった。その極端な姿が「投機」である。金融市場の発達がそれを可能とするのだ。

したがって次のようにいうことができよう。金融市場とは「過剰性」が相互に交換される世界である。貨幣という「意味内容を持たない記号」は、様々な証券や金融商品やデリバティブというこれまた「意味内容を持たない記号」を生み出し、この象徴作用はさらにシンボルを分裂させ、有用性の原理をいっさい介することなく、現代の錬金術を可能としたのだ。

かくて、本来は「禁欲」と「節約」の精神が支配するなかに、投機という純粋に利得目的の利那的快楽主義が持ち込まれることになる。合理的な「禁欲」は、巨額の資金の瞬時の「蕩尽」さえ招きかねない一場のギャンブルへと転化するのである。金融市場の錬金術は、まったく新たな「過剰性の処理＝無限増大」の原理を生み出したのだ。

ここでは「過剰性」はさらなる「過剰性」を追求し、自己増殖を目的とする。かくて未開社会のポトラッチの「ハウ」や「マナ」は、変形されて、現代の金融市場の投機的バブルへと行き着いた。現代の金融市場とは、未開社会のように「過剰性」が蕩尽もされず、また成長へもまわらず、自己自身を持てあましている断末魔の姿といっても過言ではないであろう。

第9章　「脱成長主義」へ向けて――現代文明の転換の試み

豊かな社会＝過剰化社会

第1章でも述べたように、一九九〇年代半ばから今日に至るまで日本経済は名目成長率が平均してゼロに近い水準で推移している。実質値で見ても一％前後である。二〇〇八年のリーマン・ショックによる落ち込みは別にしても、平均すれば二％に満たない。二〇一二年からのアベノミクスによっても成長率は回復せず、二〇二〇年の新型コロナウイルスによってまた落ち込んだ。

しかも一人当たりのGDPは一九九三年に三七四万円でOECD諸国中で第一位になってから徐々に順位を下げ、二〇〇七年には一九位まで下がり、二〇一八年には二六位となっている。

第1章では、私はこうしたこの二〇年ほどの日本経済の失調を問題とした。

しかし、これは決してこの二〇年に生じたことに限定すべきではないのかもしれない。成長率は一九六〇年をピークとして、傾向的には下がり続けているのである（図10）。一九五三〜七三年までの平均成長率は九・一％、七四〜九〇年までのそれは四・二％、九一〜二〇〇九年は〇・八％である。アベノミクスのもとでも一％程度である。もちろん、浮き沈みはあるものの、これを見ても戦後復興を遂げ、高度成長を開始し出した一九六〇年以降の成長率は確実に低下傾向にある。

もっとも、成長率の傾向的低下は必ずしも日本だけのことではなく、先進七ヵ国（G７）の平均成長率は、一九七〇年代が三・六％、八〇年代が二・七％、九〇年代が二・〇％と確実に低下している。図11で見ると、日米欧すべて成長率は傾向的に低下している。だがそれにしても、「奇跡の経済成長」といわれた日本の落ち込みは著しい。

とすれば、「失われた二〇年」とは、ただ一九九〇年代以降の経済政策の失敗というようなものではなく、日本経済の長期的趨勢の帰結ともいえるのではないだろうか。とすればこの趨勢が容易に反転するとも思えないのである。

ケインズ的にいえば、今日のデフレ経済は決して克服不可能ではない。極端にいえばカネをどんどん刷ればよい。あるいは、当面の財政赤字は覚悟の上で財政支出をすればよい。

しかし、それで景気は回復し日本経済は成長軌道に乗るのかというと、それほど話は簡単ではない。どうやらケインズが述べたように、成熟経済は長期的な停滞回路に入ってゆくと見るべきではないのだろうか。日本のみならず、G７先進国全体がそうなのだ。つまり先進国の低成長は避けがたいと見ておく必要があるだろう。ピケティが述べたように、一九五〇年から一九九〇年にかけての先進国の高い成長率の方が特異なのであった。それは戦争で生

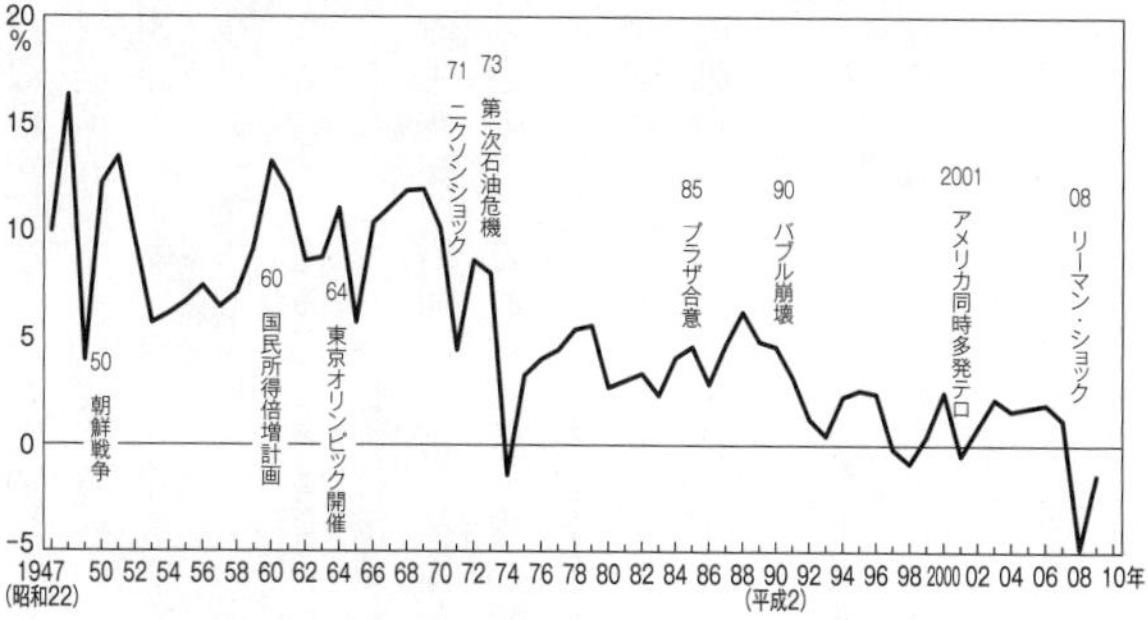

図10　戦後日本の名目経済成長率

資料出所：内閣府ホームページ等より

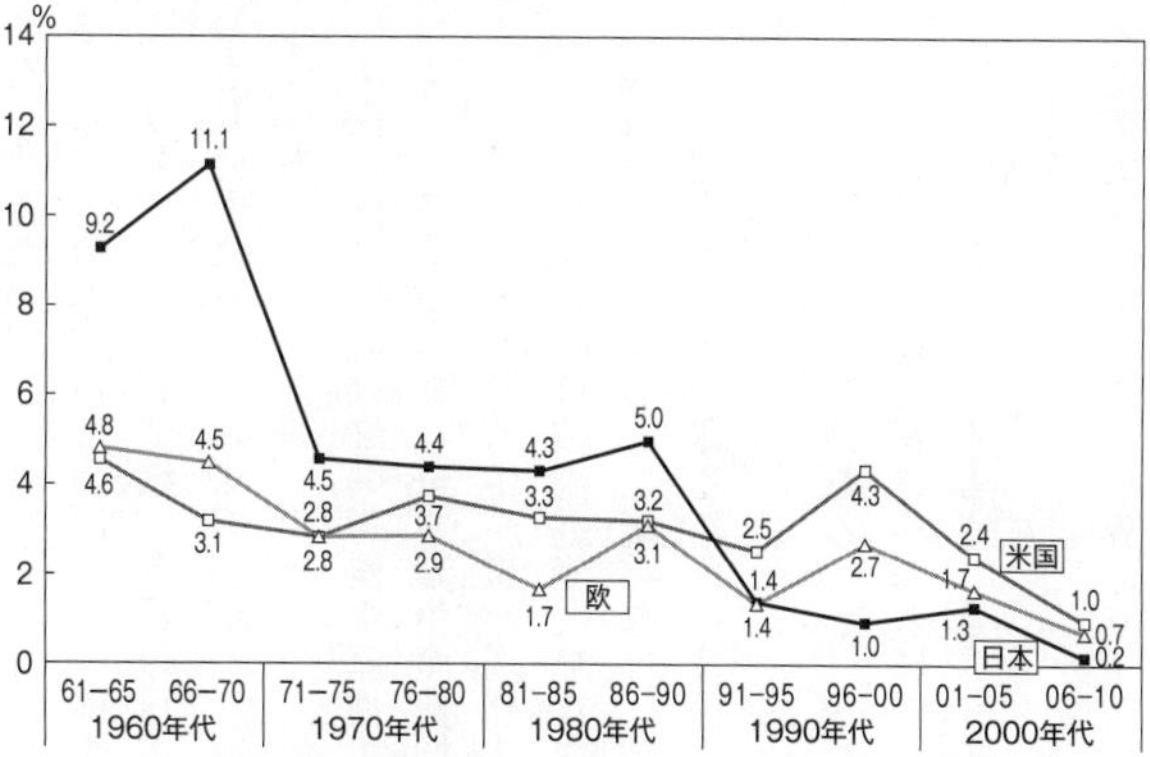

図11　年代ごとの日米欧の経済成長率

(注)年代ごとの経済成長率は各年の成長率（実質GDP対前年増減率）の単純平均。欧は英国、ドイツ（91年までは西独)、フランス、イタリア、スウェーデン

資料出所：世界銀行WDI（2011.1.29現在、91年までの西独はOECD資料)、内閣府（日本）より

産設備が破壊されたために、可能となったにすぎない。

経済成長率を決定するものは何か。それは、①労働人口増加率、②労働生産性の増加率、③資本増加率、つまり貯蓄率である。このうち、①については、今日の日本はまさに人口減少社会へ突入している。③の貯蓄率の高さは確かに戦後日本の経済成長を支えた大きな要因であった。しかしこれも傾向的に低下しつつある。

したがって、今日、経済成長を生み出す決定的な要因は②の労働生産性の増加である。労働生産性の増加は通常は技術革新に基づく。経済学でいう「全要素生産性増加率」といわれるもので、これは生産要素の投入量がすべて同じであっても生産量が増加するとした場合、その増加をもたらす要因を示すもので、その主要な要因は技術進歩と見なされている。

確かに技術進歩が生産性を向上させ、経済成長を促すことは疑いない。戦後の経済成長の原動力はシュンペーターが強調した「創造的破壊」と呼びうる新たな技術による「新機軸」であった。

では戦後日本の成長率の低下は、技術進歩の低下によるのだろうか。一九七〇年代、八〇年代、九〇年代と傾向的に日本の技術水準が低下してきたということになるのだろうか。しかも、日本は技術立国といわれ、自動車からハイテク、電子部品に関するまで世界に冠たる技術大国といわれてきたのではなかったろうか。

確かに一九九〇年代以降、アメリカの産業戦略もあって、世界のリーディング・テクノロジーはＩＴに移ったにもかかわらず、日本はＩＴに関してアメリカの後塵を拝した。あるいは、コーエンのいうように、今日の先進国の不況の最大原因は、新たなインパクトのある技術革新がほとんど行われなかったからだ、ということになるのかもしれない。既述のように、コーエンによると、ＩＴ革命は経済的にはそれほど影響力の大きな技術革新ではなかった。何よりもそれは決して大きな雇用効果をもたらさなかった。

確かに、一九九〇年代以降の技術革新は、ＩＴ革命にせよ、金融革命にせよ、われわれの生活に大きな影響を与え、社会の価値観をかなり変えたかもしれないが、経済的にいえば労働節約的であり、決して大規模な雇用や広範な経済的効果を持ったものではなかった。

かくて、今日の技術革新は、決して有効需要の大きな伸びをもたらさなかったのである。それは、労働節約的で様々なレベルの無駄を省いた。にもかかわらず労働生産性の低下は明瞭である。数字の上でいえば、労働生産性の上昇率は一九六〇年代以降、一貫して下がっている。日本では六〇年代には一〇％弱あった労働生産性の上昇率は、七〇年代には平均五％まで急落し、八〇年代には三～四％であり、九〇年代には一％まで低下する。このこと一つ見ても、構造改革は成果を現さなかった、ということになる。

労働生産性の傾向的低下と同時に、さらに労働者への所得配分率は決して増加しなかったのであり、その結果、有効需要はさして伸びなかったのである。

ここでだいじなことは、技術力がそのまま経済成長につながるのではない、ということだ。技術革新がなくて生産性が伸びなかったのではなく、技術革新はあったが、需要が伸びなかったのだ。重要なのは需要側なのである。とりわけ消費需要である。企業の投資も結局のところ消費者の将来の購買意欲にかかっている。経済の活性化は、消費者の欲望とそれを裏づける貨幣（所得）に依存しているのであって、「欲望」と「貨幣」が活性化しなければ経済は常に供給過剰となる公算が高い。

ケインズが想定していたのもまさにこのような事態であった。しかもそれは成熟社会の必然のなりゆきだと彼は考えていたのである。

資本主義が発展し人々が「豊か」になると、人々は欲望充足のためにそれほど積極的に貨幣を使おうとはしない。もちろん欲望の飽和などということはありえない。一人の人間の人生には飽和はあるとしても、社会全体で見れば、次々と若い世代が生み出されるのだから、マクロ的に見て欲望が飽和するなどということはありえない。

にもかかわらず、日常的にモノがあふれるというJ・K・ガルブレイスのいう「豊かな社会＝あふれだす社会＝過剰化社会（affluent society）」においては、人は、欲望の増加に対してそれほど積極的に支出を増やそうという気はなくなるだろう。しかも人口減少となれば、生産性の増加に見合っただけの消費需要の増加は見込めないであろう。

だからこそ、企業はあの手この手を使って、無理やりに人々の財布のひもを緩ませようとする。広告や宣伝による「依存効果」によって消費を喚起しようとする、と彼は主張したのであった。ガルブレイスの『豊かな社会（The Affluent Society）』が出版されたのは一九五八年のことであった。

それから五〇年以上が経過した。技術革新も生じたし、人々の生活も変化したであろう。新たな世代が登場し、消費生活の主人公になってゆく。二〇年前には考えられなかったが、いまではパソコンやスマートフォンによって、いつどこでもいかなる情報でも得ることができる。人々は「過剰につながって」しまった。

かくて、高度成長の一九六〇年代、混乱の七〇年代、バブルの八〇年代をへて、われわれはさらに「豊か」になった。七〇年の日本のGNP（国民総生産）がおおよそ七五兆円であり、二〇一九年のGDPがおおよそ五五〇兆円だから、七倍近くにもなっているのである。アメリカが一〇〇年かかって達成したものを日本は五〇年で実現したのだ。いかに「失われた二〇年」などといっても、それでも高度成長以来、日本は驚くほど豊かになっているのである。いくら一人当たりのGDPの世界ランキングが低下したといっても、一九八〇年の一人当たりの実質GDPは約二二〇万円であり、二〇一八年には約四二〇万円であるから、二倍近くになっているのだ。

しかも、GDPとは、年々新たに積み上げられるフローとしての経済活動である。その年々付加される分が七倍になったというわけである。積み上げられたストックがどれほど大規模なものとなっているかは改めていうまでもない。

とすれば、われわれは、あの「豊かな社会＝過剰化社会」の過剰性の圧力のもとにおかれているとしても不思議ではない。経済成長の原動力が技術革新にあり、その結果として潜在的な供給能力が増加すればするほど、今日の社会は「過剰性の圧力」のもとにおかれることになる。貨幣の裏づけを持った消費需要は、潜在的な供給能力を吸収するほどには増加しないのだ。

そのように考えなければ、戦後先進国の傾向的な成長率の低下は説明できない。とりわけ日本の場合はそうである。さもなければ、「技術革新が活発になり、潜在的な生産力が増加して労働生産性が向上すればするほど経済成長は鈍化してきた」というわけのわからないことになってしまうからだ。

実際に生じていることは潜在的な供給能力の過剰なのである。生産能力の過剰性を処理することができないのである。それを吸収するだけの有効需要が生み出されないのだ。その結果として「豊かさのなかの停滞」に陥っている。確かに奇妙な事態というほかない。確実に「豊か」になり続けているのである。そしてそのゆえに長期停滞に陥っているのだ。

「過剰資本」と「過剰生産」

第8章で述べたように、「過剰性」は、資本主義経済では、浪費・蕩尽ともいえるほどの「消費」と、将来の消費をあてこんだ「投資」によって処理される。経済成長は「過剰性」

によって生み出されるのである。

それは表面上は、無限の欲望を満たすため、限定された資源をより効果的に使うという「稀少性の原理」によって起動させられているように見えるものの、本質的には「過剰性の原理」に突き動かされている。消費をもたらす「欲望」も「投資」も「過剰性の処理」の一形態だからである。

ここにいわば「過剰性」によって先導される資本主義のディレンマが生み出される。経済成長が続き、ある程度の成熟経済になってくると、「欲望」にせよ「投資」にせよ、さほど活発に行われるというわけにはいかない。モノが豊富にあり、しかも安価に入手できるようになれば、対象を手に入れる「距離」はさして大きくなくなり、「欲望」は強度なものとはならないからだ。ブランドは「距離」があるからブランドであって、誰もが買えるようになればもはやブランドではない。

「欲望」は、社会的な地位や評価や名誉をめぐって他者と争い、欲望の対象が競合しあうほうが強固になる。「距離」が大きいほど強度になる。「欲望」が強いから「稀少」なのではなく、「稀少」だと思うから「欲望」が強くなるのだ。ところが、成熟経済においては、多くのモノはあまりにたやすく手に入ってしまう。大衆化し画一化した消費社会では、どうしても「距離」が小さくなってしまう。それこそが便利さと豊かさの帰結なのである。

こうなると「欲望」は「過剰性」を処理できるだけの膨らみを持たないだろう。

一方、企業の「投資」も、将来の見通しの悪化のために「過剰性」を十分には処理できない。その結果、「過剰性」の最たるものである貨幣は、グローバルな金融市場を国境を越えて動き回り、自分自身（金融派生商品）へ再帰することで利益を生み出す。「欲望」は、モノへ向かうというよりも、金銭的利益そのものへと向かうようになる。金融市場はいわば再帰的となるともいえるし、いいかたによっては「自家中毒」的ともいえよう。

そこでどうなるか。金融市場は活発なのだが、実物商品に関わる投資や消費活動は不活発となる。ここでは二つの「過剰性」が発生している。金融市場では「過剰な資本」が流通し、実物市場では「過剰な生産能力」が生み出される。前者ではバブルが、後者ではデフレが発生する。こうしてバブルとデフレの共存という奇妙な現象が起こりうるのだ。これは「過剰資本」と「過剰生産」という二つの過剰の帰結にほかならないのである。

ところが、このとき経済は停滞するので、所得は上昇せず、消費者からすれば「ほしいモノが買えない」ことになる。したがって表面的には「稀少性の原理」が経済を支配しているように見えるのだ。

そこでいっそうの金融緩和が求められ、さらなる生産の効率化が求められ、生産性の上昇が政策課題となる。公共部門の資金カットなどの「無駄を省く」政策が求められる。だがそれはさらなる有効需要の低下をもたらし、「二つの過剰」をいっそう増大させる。ここに、成熟した経済の抱える深刻なディレンマがある。

これはあくまで私の仮説である。だがもし事態がこのようなものだとすればどうなるのだろうか。

「稀少性の原理」による経済学の発想は、基本的に間違っていることになる。「稀少性の原理」とは、繰り返すが次のようなものだ。

無限に膨らむ人間の欲望に対して資源は稀少である。したがって、市場競争によって資源配分の効率性を高め、また、技術革新などによって経済成長を生み出すことが必要となる。

これが「稀少性の経済学」である。稀少性から出発すれば、生産性を向上させ、供給能力を高めることだけが問題なのだ。だから「稀少性の経済学」においては「効率性」「競争」「技術革新」「成長」「無駄を省く」などがキーワードとなる。それが市場主義の主張だ。

だが、もしも私がここで述べてきたような「過剰性の原理」が支配しているとすればどうなるのか。「過剰性の原理」は次のようにいう。

成熟社会においては、潜在的な生産能力が生み出すものを吸収するだけの欲望が形成されない。それゆえ、この社会では生産能力の過剰性をいかに処理するかが問題となってくる。

市場が稀少性を生み出す

問題は、「稀少性の経済学」がいうように、人々の欲望に対して供給が制限されている点にあるのではない。特に日本のような成熟経済にあっては、「過剰性」としての貨幣は、モノへと向かうのではなく、将来への安全資産と見なされるのである。さもなければ、一八〇〇兆円（二〇一九年）を超える巨額の個人金融資産の積み上げは説明できないだろう。

そして「過剰性」としての「貨幣」は、金融市場においてさらなる「過剰性」を生み、財の市場では「過剰生産」をもたらしている。つまり、「稀少性を満たす」ことではなく「過剰性の処理」がうまくできないことこそが問題と見なされるべきなのだ。

「過剰性の経済」においては、「経済」についての考え方を改める必要がある。「効率性」や「競争」や「成長」などはもはや事態を救済する価値とはならない。「効率性」と「成長」の追求は今日のような「過剰性の経済」においては適切な価値ではなくなる。求められているのは「効率性」と「成長」に代わる新たな価値にほかならないだろう。「稀少性の原理」から出発してはならないのだ。

そもそも「稀少性」という概念が登場したのは、先にも述べた一九世紀後半の「限界革命」であり、それを経済学の主題にすえたのは、二〇世紀に入ってライオネル・ロビンズが「経済学は稀少性に関する科学である」と定義したからであった。

その場合に、一つのことに注意しておかねばならない。「限界革命」のなかで、ジェヴォンズやメンガーらの経済学者は、モノの価格は、そのモノを消費した時の「満足の増加分」に対応して決まる、と考えた。しかしこのことをいいかえれば次のようになる。

「限界革命」が主張するところによれば、一つのモノを消費し続けると、欲望は飽和しないまでもその「満足の増分（限界効用）」は低下する。すると、人はまた別のモノへと関心を移すだろう。かくて「稀少性」と「欲望」をめぐる問題は、市場における多様なモノの「選択」の問題となる。

より正確にいえば、ここでは、ある特定のモノへの「欲望」が問題なのではなく、モノの間に所得をどのように配分するかという「選択」が問題となっている。これが「限界革命」の意味するところであった。

その場合に、そもそもモノに価格がつくのはモノをほしがっている人が複数いるからだ。そしてそれぞれの人がモノの組み合わせを「選択」する。ところがその組み合わせは当然異なっている。だからそこにモノを交換する市場ができる。と同時に、市場がなければ「選択」することもできない。「選択」があるから市場（交換）ができるのではなく、「市場」があるから「選択」がなされるのだ。

かくて、「欲望」にせよ、「稀少性」にせよ、あくまで「市場」と深く結びついているといわねばならないであろう。経済学でいう「稀少性」とは、ただ人の無限の欲望に対して資源が足りないということを一般的に述べたものではない。そうではなく、稀少性の概念はあくまで市場における選択という概念と不可分なのである。

くり返すが、価格がつくということは、人々の欲望が競合することを示している。だから、これをいいかえれば、市場においてはじめて、人々は欲望の相互の競合を意識し、そこに「稀少性」の概念が生み出されるのである。市場での「選択」においてはじめて「欲望」と「稀少性」の概念が出てくるのだ。ここではすでに「市場」が前提とされているのである。

そして、本書の主張は、このような市場の成立そのものが、根源的な「過剰性の原理」に基づいている、というものであった。決して、「稀少性」は普遍的な経済の問題なのではない。「市場が稀少性という問題を生み出す」ともいえるのだ。「稀少性」という見せかけの問題に欺かれてはならないのである。

豊かだけれど幸せではない日本人

さて、成熟経済にあっては、ほとんど成長は不可能だと述べた。

しかし、いくら低成長になったといっても、考えようによっては、実質で一％成長ということは、一〇年で国民所得は一割少し増加することになる。バブル崩壊の一九九〇年と比較しても二割以上は増加している。実際、日本の一人当たりのGDPは九〇年に約三七〇万円だったものが二〇一八年には約四二〇万円になっている。長期停滞はあってもかなり増加している。また、八〇年に比べると日本のGDPは二倍になっているのだ。

このスピードが適切なものか遅すぎるかは別として、GDPや国民所得という物的な経済水準で見て決して貧しくなっているわけではないし、現状維持でもない。速度は落ちたにせよ、日本は確かにまだ豊かになっているのだ。

そもそも、経済成長率を、とりわけ新興国と比較して高いの低いのといってもあまり意味はないであろう。新興国が急速な成長を遂げるのは当然のことであり、中国や韓国と成長率比較をしても意味がない。経済水準を自国内で比較すれば、確実に「豊か」になっていることをまずは確認しなければならない。

問題があるとすれば、それにもかかわらず「豊かさ」の実感が得られず、必要以上の自信喪失と焦燥に陥っていることであろう。だからこそGDPの順位が低落したなどということに神経質になるのであろう。

これもOECDの調査（「より良い暮らし指標」）によると、「豊かさ」の指標をGDPや国民所得ではなく、たとえば最近はやりのGNH（国民総幸福度）などで測定してみると、日本はOECD三四ヵ国中の一九位となる。おしなべてこの種の「幸福度」調査では、日本の位置はかなり低い。

これらの調査は、そのやり方や指標の取り方で結果は大きく変わるので、それほどまじめにとる必要はない。私自身はこの種の調査にさして信憑性を置いているわけではない。幸福度において、いくらブータンやタンザニアやエクアドルが上位にきても、それと日本を比較することにどれほどの意味があろうか。幸福のあり方など国によって大きく違っている。だがそのことを前提にしても、今日の日本人は、経済的には「豊か」であるにもかかわらず、決して「幸福」感を持てないことは間違いのないところであろう。その意味では、もはやGDPを増大させ、成長させるというこれまでの経済第一主義の価値観は通用しなくなってきている。

ところで、「効率性」や「成長」が問題の俎上に載せられるのは、必ずしもいまに始まったことではない。少なくとも一九七〇年代の半ばには、「効率第一主義」や「成長主義」は政府の政策においてさえも問題とされていた。六〇年代末から七〇年代にかけてのアメリカ経済の失速、七一年のニクソン・ショック、七三年のブレトン・ウッズ体制の崩壊、そして中東戦争とオイル・ショックなどをへて、田中角栄首相の「列島改造論」は挫折する。日本は七〇年の万国博を頂点として高度成長はほぼ終焉となる。

しかも世界的に見ても、石油資源の制約などがいわれ、また環境問題、公害問題が論じられる。ローマクラブの『成長の限界』が出版されるのが一九七二年であり、E・F・シューマッハーの『スモール　イズ　ビューティフル』が七三年。戦後の「成長経済」が世界的に一段落する時期であった。

このような風潮のなかで、一九七一年には、通産省の産業構造審議会は、経済の量的拡大という「成長追求型の社会」から、より美しいものや心づかいの行き届いた国土を実現する「成長活用型の社会」への転換を提言している。

また一九八〇年代に入るころには、大平正芳首相のもとで、欧米先進国に追いつくための近代化、産業化は終わりをつげ、「精神的・文化的豊かさ」を求める時代になったといわれた（中野剛志編『成長なき時代の「国家」を構想する』ナカニシヤ出版、二〇一〇年）。

事実、一九七〇年代の半ばには、世論調査によっても、「物的な豊かさ」よりも「精神的な豊かさ」を求める人の割合が多くなるのである。

もちろん、こういうことは繰り返していわれてきたことであるし、「精神的豊かさ」などという曖昧な概念には意味がない、ということもできよう。

また当時は、高度成長は終わったとしても、日本経済はまだ十分な成長力を持っていた。一九七〇年代には成長率はまだ五～六％はあり、十分な余力も将来性もあった。

だから、この「贅沢」な政策転換など、所詮は当時の良好な日本経済を前提とした余裕の表れにすぎない、ともいえるかもしれない。「心づかいの行き届いた国土」や「精神的・文化的豊かさ」などといえるのは、経済力に余力があったからだ、というのである。したがって当時の「効率主義批判」や「脱成長主義」を今日へ持ち込むのはまったくの時代錯誤にほかならない、ということだ。

この見方はある意味で正しい。だが、それでは「効率性追求」と「成長追求」を掲げた一九八〇年代以降の市場主義的な方向転換は正しかったのだろうか。

とてもそうはいえないし、事実、その新自由主義政策にもかかわらず、先進国の成長率は傾向的に低下してゆくのである。ではここで改めて一九七〇年代に身をおいた時、何を問題にすればよかったのであろうか。

ポスト工業社会における「価値選択」

思い起こしてみれば、一九七〇年代から八〇年代へかけては一つの大きな分水嶺であった。新自由主義の市場競争路線に先駆けて、それとはまったく異なった経済ヴィジョンが七〇年代には提示されていたのであった。

この時期に大きなインパクトを与えた書物の一つに社会学者であるダニエル・ベルの『ポスト工業社会の到来 (The Coming of Post-Industrial Society)』があった。アメリカでの出版が一九七三年、日本では七五年である。

ここでベルは次のように述べていた。

先進国では、もはや製造業を中心とする第二次産業によって利益を生み出すことは難しくなっている。ペティ＝クラークの法則にしたがって、経済が成熟すればするほど、経済の中心は製造業中心の第二次産業からサーヴィス業の第三次産業に移り変わってゆく。第三次産業の軸になるのは「知識」であり、それを使ったサーヴィスが価値を生み出す。

つまり、価値の源泉は、製造業における物的なエネルギーではなく、人間の頭脳へと移行する。工業社会を特徴づけるものは物的エネルギーだが、ポスト工業社会を特徴づけるものは知識・情報なのである。

ところで、知識・情報は、本質的に公共的な性格を持っており、市場競争での効率性とはなじまない。もちろん無理やりに知的所有権などというものを設定することはできるが、それは本質的に私的所有と市場交換の概念をはみ出している。「価値を生み出す」という意味が、工業社会とポスト工業社会では大きく異なってくるのだ。

工業社会においては、「価値を生む」とは、よりよい製品をより安価に大量に生産して市場で販売することにほかならない。だがポスト工業社会では、人々の生活を豊かにし、社会的な意義を持ったものこそが「価値」あるものとなる。この高度な産業社会の段階においては、人々は、もはや物的な富の増加よりも、より質の高い生活環境や行政サーヴィスの提供、人々の交わりなどに関心を向けるようになるだろうからである。

とすれば、「ポスト工業社会」というこの新たな段階においては、もはや市場競争による効率性の追求はさして重要な意味を持たない。そうではなく、公共的観点からした知識の有効な活用を進めるべきであろう。これがベルの見通しであった。

したがって、ベルは、専門的な知識を持つ専門的テクノクラートと、総合化された知識を持つ知識人層が協調して長期的な社会ヴィジョンを描き出す「公共計画」がきわめて重要な役割を果たす、とみていた。

だいじなことは、私的な物的富を積み上げることではなく、「公共的」なシステムを整備することなのである。多様な知識の生産やその活用の仕組み、教育、医療や地域における人々の結びつき、これらをシステムとして整備することが「公共計画」であった。

それは決して効率性を高めるものではない。したがって、効率性の尺度によっては評価しえないものであり、何が重要かという「社会的価値」の選択に関わるのだ。それをベルは「経済的様式」から「社会学化様式」への転換と呼んだ。

製造業がもはや産業の中心からはずれ、成熟した「ポスト工業社会」では、市場の効率性追求よりも、公共的な「善きもの」を実現する社会へ転換すべきだというのである。

社会的な価値は市場では選べない

これは市場主義経済学が描く社会像とはまったく異なっていた。

市場主義では、何が提供されるかは、すべて市場での利益原理によって決まってくる。

人々は自らが欲するものにカネを払うのだから、市場に任せれば、人々の欲するものが提供されると考える。

そこでは何が社会的に価値あるものかという「価値選択」の問題は生じない。誰も「社会的に重要な価値」などということを考える必要はない。それは市場において自動的に決定される。「選択の自由」と「消費者主権」の概念がそのことを正当化するのである。

しかし、アンドリュー・バード・シュムークラーが『選択という幻想』（青土社）で述べているように、消費者はあくまで市場に並べられたアイテムのなかからしか選択できない。目に見えないもの、そこには存在しないものを選択することはできない。

また、人々は市場に並べられたモノを選択するのであって、システムについて選択するわけではない。たとえば自動車の車種については選択するが、交通システムを選択はできない。医者や病院は選択するが医療のシステムは選択できない。

そして今日、本当に必要なのは、自動車の車種を増やすことではなく、自動車を便利に快適に利用できる交通システムや都市環境の整備であり、病院を増設するだけではなく、日常的な健康管理から緊急事態までをスムーズに管理できる医療システムの整備なのだ。

だから、「自由な選択」などというが、実際には、人々は「市場のなかでの選択」へと強制されているというべきであろう。「選択の自由」ではなく「選択への強制」が生じている。これは本来の意味で「自由」でもなんでもない。それどころか「強制された自由」とでもいったほうがまだしも当たっているだろう。

では、「いまここにないもの」をどのように評価するか、あるいは「消費者が選択しえないシステム」をどのように評価すればよいのか。これは確かにたいへんな課題である。確かなことは、それは「市場」に委ねられる課題ではなく、「社会的価値」の選択であり、それこそが本当に「知的な作業」に属することなのである。それを行うのは、あくまで「いまここにない」将来を構想し、「善き社会」を描き出す人間の「知」だけなのである。

ではあの「稀少性」はポスト工業社会においては意味を失うのか。そうではない。経済学が定義する稀少性は、あくまで市場を前提としたものであった。市場における多様な選択と不可分の概念であった。

だがポスト工業社会では、市場効率という意味でのモノや資源の稀少性は重要性を失う。それに代わってこの社会では、様々な知識、情報発信力、社会的な調整能力などが必要とされる。だがそれらは市場経済で利益を生むから稀少なのではなく、社会的に有用だから稀少なのだ。そしてこれらの知的な能力は、市場での取引や効率性の尺度には適合し得ないものである。

これはまた、後にギデンズによって「ポスト稀少性の経済（post-scarcity economy）」と呼ばれたものであった。そこでは、われわれはもはやありあまるほどのモノに取り囲まれ、その意味での稀少性の問題は解決している。この時代の稀少性は、より健康的な生活、人々相互のケア、社交の時間などという生活の「質」に関わるものだ、というのである。

かつての「アメリカの事情」が今日の状況を生んだ

ベルが「ポスト工業社会の到来」を説いてから約四〇年が経過した。確かにベルの時代は、まだIT革命もなく、今日のようなグローバル化も進展していない時代であった。金融工学に後押しされた金融市場の暴走もまだなかった。中国の急成長もまだ始まっていない。だからベルの議論をそのまま今日に持ち込むことはもとより無理な話である。だがそれでもわれわれは今日、ベルの議論の骨子を参照することはできるし、まさにそうすべきではなかろうか。

一九七〇年代の半ばには、先進国は、高度な産業化のなかで、巨大化する製造業からはもはや十分な利益を生み出せなくなってゆく。ケインズは、資本主義が高度に発展すれば、やがては、どれほど利子率を下げても資本コストをカバーできないほどの利潤しか得られない、それゆえいかなる投資からも、資本設備の取り換え費用以上の利益を生み出すことができないようになるだろうと述べた。それを彼は「完全投資の状態」といったが、確かに、いずれ高度な産業社会は、このいわば「定常状態」へと接近する。

この産業社会のいきづまりを克服とはいえぬまでも、多少とも修正するにはどうすればよいのか。一九七〇年代後半には、いま述べたように二つの可能性が考えられたのであった。

しかもそれはまったく方向性を逆にするものだったのだ。

一つは、前述のベルのような公共的計画を重視する「ポスト工業社会」の構想である。そしてもうひとつは、シカゴ学派的な徹底した市場競争主義に立つ新自由主義であった。

現実に採用され時代を動かしたのは新自由主義である。一九八〇年代にアメリカで新自由主義が採用されたのにはいくつかの理由がある。第一は、経済学界内部での市場主義の勝利、ケインズ主義の敗北という事態であった。第二は、ケインズ主義、福祉主義へ傾く民主党の経済運営に対し、共和党が、個人主義、自由主義、競争主義という「アメリカの本来の価値」を掲げて勝利した。第三に、ソ連・社会主義との冷戦の最終局面にあり、徹底した市場経済の論理が展開された。第四に、「集団主義」の日本との経済競争において、本来のアメリカ的個人主義に基づく競争原理への回帰が求められた。

これらの事情はまさしく一九七〇年代から八〇年代へかけての「アメリカの事情」であった。

にもかかわらず、アメリカにおける新自由主義の採用は、その後の世界的なグローバル経済化、金融経済化をもたらし、さらにIT革命・金融革命が加わって、今日の不安定なグローバル資本主義をもたらしたのである。

そしてその結果がリーマン・ショックであり、EU危機である。もう少し大きくいえば、グローバル・インバランスの出現であり、グローバルな資源獲得競争、資本の獲得競争である。

グローバル世界の構造的矛盾と各国政治の不安定化

私には、いまわれわれが直面している世界経済は、いわば「新帝国主義」というべき状態にあるように思われる。今日のグローバル世界の構造的な矛盾をもたらしているものは、煎じつめるところ、発展段階と文化や社会構造が異なった多様な国々が、まったく同一のグローバル市場という画一化された世界に投げ込まれて競争にさらされるという点にある。グローバル・インバランスを生み出しているものも、また激しい資源獲得競争を生み出しているものも、結局はこの構造といってよい。

グローバリゼーションにうまく乗った新興国は急成長する。それは先進国には大きな脅威となり、国内で雇用不安などの不安定化をもたらす。先進国もまた新興国も、資源戦略やグローバル・マネーに翻弄されると同時に、グローバリゼーションにうまく乗るかどうかで、深刻な国家間の格差が生み出される。またどの国でも、新自由主義はほぼ必然的に所得格差や中間層の没落を生み出す。

こうしたなかで各国は経済運営の困難に直面するほかない。各国とも、「景気回復」「健全財政」「金融市場の安定」の三つの課題を同時に達成することはほとんど不可能なのである。各国の自由裁量的な政策手段はほとんど手足をしばられている。「市場」は緊縮財政を要求し、「グローバル化」は一国だけの金融政策をほぼ不可能にしてしまった。

これでは、各国は「景気回復」のための有効な手段を持ちえない。やむを得ず、輸出振興のための為替切り下げ競争へと走り、あるいは海外市場の確保のための自由貿易協定（FTA、TPPなど）へと乗り出すことになる。そしてそれは、いずれグローバル競争をいっそう激化する、変形された「新帝国主義」の相貌《そうぼう》を見せてくる。

その結果はどうなるか。経済が長期的な停滞に陥るか、あるいは、激しいグローバル競争のなかで特定分野（たとえば農業やある種のサーヴィス、さらには地域経済など）においてひずみを生み出すか、あるいは、労働配分率がさらに低下するか、であろう。あるいはこのすべてが同時に生じる。

するとどうなるか。今日の民主政治のもとでは、「民意」はたえず不満を政治にぶつけるので、政治は著しく不安定化し、政権はたえず世論の不満にさらされることになるだろう。そうなるとますます経済運営は困難となる。

先にも参照したエマニュエル・トッドは、「民主主義」と「グローバル経済」は両立しえないと主張しているが、これはまったく正しい。さらに踏み込んで彼は、大衆の不満は、民主政治のなかからやがて独裁を生み出し、民主主義が停止されるだろう、と述べているが、これはかなりの蓋然性を持っている（前掲『デモクラシー以後』）。

もちろんそのことをトッドは歓迎しているのではなく、警鐘を鳴らしているのだ。だから、民主政治を守るために、グローバル経済のレベルを落とすべきことを主張するのである。

私は、このトッドの見解にほぼ全面的に賛同する。グローバル経済のレベルを落とすということは、各国の社会構造、文化、経済システムの多様性を認め、それぞれの国がその国の国内事情に配慮した政策運営を採用できる余地を増やすことである。自由主義者やグローバリストの嫌う言葉をあえて使えば、戦略的に「内向き」になることである。「内向き」になることは、「鎖国」でもなければ「閉国」でもない。そもそも「外に開く」か「内に閉ざすか」などという二者択一はまったく無意味なのだ。いまだにそのような議論がくり返されるのは困ったものであるが、「内向き」とは、国内の生産基盤を安定させ、雇用を確保し、内需を拡大し、資源エネルギー・食糧の自給率を引き上げ、国際的な投機的金融に翻弄されないような金融構造を作ることである。端的にいえば、「ネーション・エコノミー」を強化することにつきるのであって、スミスやケインズの考えの伝統に立ち戻ることなのである。私には、これこそが本来の意味での「自由経済」だと思われる。

今日の不安定な世界経済を見た場合、将来の方向としては三つの選択肢があるだろう。第一は、メガコンペティションを動力とするグローバル化をいっそうおし進めること。第二は、世界的な経済管理機構を創出すること。第三は、グローバル化や自由競争のレベルを落とし、各国におけるそれぞれの国内経済の安定化政策を可能ならしめること。

今日の世界経済の不安定性をもたらしているものが過度の競争主義に立つグローバル資本主義だとすれば、第一をとることには意味がなく、第二は今日の政治状況のもとでは難しいとすれば、方向は第三しかない。「ネーション・エコノミー」の強化とその多様性の共存しかないはずであろう。これはほとんど自明のことのように私には思われる。

「善い社会」を構想する

最後にもう一度、日本へ立ちかえっておこう。日本の置かれた状況は、世界のなかでもかなり特異なものであり、その特異性にかんがみれば、とりわけ日本にとっては第三の道である「ネーション・エコノミー」の強化の方向以外の選択肢はありえないのではなかろうか。

第一に、日本は先進国のなかでもいちはやく、しかも急激に人口減少、少子高齢化を迎える。日本の合計特殊出生率は二〇一九年で一・三六であり、二〇〇五年からすでに人口減少社会へ突入している。〇五年の人口は約一億二八〇〇万人であるが、国立社会保障・人口問題研究所の推計では、二〇五〇年には日本の人口は二五%減少して約九五〇〇万人になるとされている。三〇〇〇万人以上が減少するという計算だ。

もちろん、人口減少は日本だけのことではない。特にヨーロッパ諸国も同様で、合計特殊出生率は、ドイツで約一・三、イタリアが一・四、スペインで約一・五、イギリス、フランスが約一・九であって、これらはすでに高齢化率一四%を超えた「高齢化社会」になっている。

だが、ヨーロッパは、各国の人口減少をカバーすべくＥＵを作り、ＥＵ圏を拡大し、イスラム系、トルコ系などの移民を受け入れてきた。とはいえ、移民の受け入れそのものがＥＵ各国で問題視されており、いずれＥＵも日本と同じ問題に直面することになる。

一方、イスラム諸国は平均して五〜六％で人口は増加し、東南アジア諸国も三％前後で増加する。アメリカはおおよそ二％である。

明らかに新興国へとマーケットは拡大してゆく。この状況のなかでの、グローバル競争は決して日本にとって都合のよいものではない。むしろ、日本が率先して先進国の「新たな社会」モデルを生み出す必要があるのではなかろうか。

第二に、二〇一一年三月一一日に日本を襲った東日本大震災はきわめて深刻なものであった。これは改めて日本が巨大地震の巣の上に立地した特異な国であることを知らしめることとなった。しかも、今後一〇年の間に、東海、東南海、南海地震、さらには首都圏大地震の可能性がきわめて高いとされている。もちろん、その他の地域でも、想定外の地震はいくらでも起こりうる。東日本大地震で日本列島の海底地形が変形してしまったのである。

その結果、日本にとっての緊急の課題は、防災であり、生活の安全性の確保を優先する以外になくなった。首都機能の移転も含めて、巨大地震に対応できるような国土や交通網、生活基盤の確保、といった公共政策が不可欠となった。しかもそれは先延ばしすることのできない火急の課題なのである。

もう少しいえば、この種の突発的な巨大災害やその他の緊急事態、さらにはリーマン・ショックのような外部的なショックに対して強靱性を持った経済システムを構築する必要がある。それは決して市場主義的な効率性にたったシステムではない。「無駄」を省くことが無条件で望ましいわけではない。「効率性の経済（economy of efficiency）」ではなく「強靱性＝弾力性の経済（economy of resiliency）」が求められているのである。

第三に、先にも述べたように、日本経済はもはや高い成長は望めない。一九六〇年代以降、傾向的に低落してきた成長率がこの人口減少のなかで急激に上向くなどと予想するわけにはいかない。慢性的な需要不足を想定すれば、成熟段階にある日本が、さらなる経済成長追求路線をとることは決して得策でもないし、実際に不可能であろう。

もちろん、これは個々の企業の立場とは異なる。企業からすれば、それぞれの企業の業績向上と成長を絶え間なく追求せざるを得ない。低成長経済でこそ、個々の企業の成長戦略が求められるであろう。だが、それを合成すれば日本経済が活性化し成長できるわけではない。「私益は公益ならず」であり、「合成の誤謬」が生じるのだ。

このような社会が低成長経済に入ることはたいへんに厳しい状況だと考えなければならない。だが、低成長は現実なのである。「低成長などというと元気がでない」という人もいる。「やればできる。日本人がもっと能力を発揮すれば成長できる」という人もいる。

しかし無理なものは無理である。想定される現実を見据えなければならない。

また逆に、「日本はもう高度成長は終わった。脱原発もして、エコ生活をして低成長にすれば結構じゃないか」という人もいる。それはそうだが、そのことの困難さと痛みを知らねばならない。それほど気楽な話ではない。少なくともその道筋をおおよそ描いておかねばならないのである。

このような状況を前提にすれば、日本のとりうる道はきわめて限られており、暗闇に一本の細い道を求めてかろうじて前進する、といったようなものに思えてくる。だが、それは可能だと私は思う。ただそのためにはわれわれの思考の大きな転換が必要なのだ。

日本の活路を開くか細い一本の道とは、「脱成長主義の社会」へ向けた社会像を構想し、その方向へ向けた「公共計画」を官民協調のもとで実現することだ。

「脱成長主義の社会」といま述べた。それは必ずしも「脱成長社会」というわけではない。「成長主義」という思い込み（プリコンセプション）から解放されるということである。「成長主義」のオブセッション（強迫観念）から自らを解き放つことである。それは「成長主義」「効率主義」「能力主義」という市場主義の価値からの転換をはかることである。

日本の経済状況は現状では決して明るいものではない。だがしかし、また、先にも述べたように、われわれはきわめて「豊かな社会」に生きている。しかも、私は「脱成長主義」といったが、必ずしも「成長なき経済」を望ましいなどと考えているわけでもない。実際、個別企業は競争し、技術開発をするのだから、それなりの成長は当然ながら可能なのである。しかも、実は、先に述べた新たな社会へ向けた「公共計画」や防災を含む国土の「強靭化」によって内需は拡大し、経済はむしろ活性化するであろう。そして確かに、短期的にいえば、内需拡大によるデフレからの脱却は必須の課題なのである。

にもかかわらず、長期的にいえば、「成長主義」や「効率主義」を無理に政策の軸にすえるべきではない。低成長を前提にすればよい。現代社会をベルのいうような「ポスト工業社会」への転機、ギデンズのいうような「ポスト稀少性の経済」への転換と見れば、事態は決して悲観したものではない。「失われた二〇年」といって過度に悲観的になる必要もないし、過剰に自虐的になる必要もないであろう。

重要なことは、将来の社会像を構想する力にある。それは、少子高齢化へ向けた社会であり、社会生活の安全性と安定性の確保であり、文化や教育や地域という「人づくりのインフラストラクチャー」へ配慮した社会であろう。

それらはいずれにせよ、効率性、利潤原理からすれば分の悪いものであって、だからこそ「価値観の転換」がまずは求められるのだ。

われわれは、どうやら「善い社会」とは何か、というきわめて伝統的でオーソドックスな問いの前に回帰してきているのではなかろうか。もちろん、このことについて容易には合意ができるとは思われない。

にもかかわらず、「善い社会」についての構想力だけがこの苦境からのエクソダスだとすれば、それはやりがいのあることではないのだろうか。そこでこそ「ナショナル・アイデンティティ」が問われ、本当の意味での「ナショナリズム（国民的結束）」が試されるであろう。「ナショナル・アイデンティティ」とは国民のある程度の共通了解による価値選択の問題である。戦後日本は「復興」「高度成長」「アメリカに追いつく」などを価値としてきた。それはもう不可能だし、不必要でもある。いまわれわれが置かれているのは、真にわれわれの文化や生活に根ざし、歴史に棹さした「日本の価値」をもう一度取り戻すことであろう。さもなければ「善い社会」など構想のしようもないだろう。

いいかえれば、「善い社会」についてのいかなる「ナショナル・イメージ」も生み出せないようであれば、その国は深い文明の闇に沈みこんでいっても致し方ないと腹をくくらなければなるまい。これは日本だけのことではない。今日の世界が落ち込んでいる状態、もっといえば「現代文明の病」と認識すべきなのである。

あとがき——ひとつの回想

本書は、経済についての私の考えを述べた本であり、同時に経済学批判の本である。

本文中にも書いたことだが、私は一九七〇年代、学部から大学院へかけて経済理論や経済思想を学んでいた。当時の経済学は、いまなどよりもはるかに多様で、しかもその多様性のなかで論争や相互交流が活発におこなわれていた。経済学そのものさえも自由活発に批判されていた。ともかくも自由競争主義を唱える今日の経済学の状況などよりもはるかに「自由」であったと思う。

しかし、院生生活の終わり頃から私は経済学に対する関心を失っていった。その理由は主として次の二つである。ひとつは、経済理論が過度に数学的になりすぎ、あまりにテクニカルな問題に終始することに疑問を感じたからである。そもそも人間の複雑な営みがそれほど簡単に数学化できるわけがないではないか、というわけだ。

もうひとつは、よりだいじなことで、次のようなことだ。それは、市場競争理論は基本的に「効率性」の達成をめざす。経済学は資源の効率的配分を目的とする科学だと経済学者はいう。それを科学的に論証することで、経済学こそは自然科学なみの科学になった、といわれていたのだった。

ところが、「効率性の追求」とはひとつの価値判断にほかならないではないか。たとえば、効率性を犠牲にしても公平性をとるとか、環境を大切にするとか、あまり働かずに気楽な生活を楽しむ、などという価値もあるではないか。

では、どうして「効率性の追求」という価値観が設定されるのか。しかも、経済学が数学を駆使して「科学」的に見えるのは、まさに資源配分の効率性をゴールにしているからなのである。とすれば、科学だといいながら、都合のよい価値観をこっそりと持ち込んでいるだけではないのだろうか。

しかも、もしそうだとすれば、ある意味でとんでもないことになっているともいえる。というのも、経済学という「科学」のおかげで、われわれは「効率性の追求」という価値へと強制され、それから逃れることができなくなってしまうのではないか。いってみれば、われわれ人間の方が経済学の奴隷になってしまうのではないだろうか。

こういうことが二十代後半の私の心を捉えていたのだった。端的にいえば、経済学は科学だといいながら、実は、効率性の追求を最優先すべし、という価値を選択していることになる。だがどうしてその価値が望ましいといえるのだろうか。

こうなると、もはや経済学の枠に留まることは不可能であった。価値の問題は、ふたつの方向へと私の関心を導いていった。

ひとつは、われわれの生において望ましい価値とは一体何なのか。そしてもうひとつは、その中である特定の価値観が支配的になるのは一体どうしてか。こういう問いである。前者は、思想や哲学、とりわけ政治哲学への接近を余儀なくさせ、後者は社会学や政治学へと足を踏み込むことを意味していた。

だが一九七〇年代の半ば頃、このような問題は決して私だけの疑問ではなかったのである。当時、私を含め、何人かの院生はいつもその種の議論に明け暮れていた。しかも当時、東大教養学部には、正統派経済学に疑問を抱く者には格好の師となる二人の教師がおられた。社会科学の総合化をすすめておられる村上泰亮氏と「新進気鋭の経済学者」として「社会経済学（ソシオ・エコノミックス）」なる領域を開拓されておられる西部邁氏だった。こうして、私は、大学に職をえた八〇年代にはいるころには、通常の意味での経済学からはすっかりはなれてしまうこととなる。

当初、大学では経済学の講義をしていたものの、どう釈明しても、私はある特定分野の専門家とはいえないし、そう思ったこともない。むしろ特定の専門家からできるだけ遠くあろうとしてきた。だから、専門的な意味での経済学者ではまったくない。

経済学者という「専門家」についてハイエクがおもしろいことをいっている。物理学の専門家はそれでも第一級の物理学者でありうるが、経済学者でしかない経済学者は第一級の経済学者どころか、社会に対して迷惑になる、と。

しかしそうはいっても、私にとっては、経済現象はやはり関心の中心に置かれていた。というのも、経済は、現代社会ではいやおうもなくわれわれの「生」の中心的な柱のひとつになっており、それはわれわれの「生」を一定の方向へと押しやってしまう圧倒的な力を持っているからである。

だから私の場合、経済現象は、いわば現代社会の「価値」をさし示すものとして、思想的な、あるいは社会哲学的な関心の対象なのであった。

そうこうするうちに、一九九〇年代のグローバル経済の時代が到来し、日本では構造改革という名の市場競争政策がメディアを捉え、大きな世論の流れをつくり、政治家を動かし、最後には確かに日本社会を動かしてしまった。「科学」であったはずの経済学が、本当に、社会を、もっといえば世界を動かしてしまったのだ。

私にとっては、グローバル経済も構造改革も当初から危険極まりない実験のように思われた。そして、それはやがて、リーマン・ショックやEU危機といった事態にまで至る。ここまでくると、経済学なども知らない、ともいっておれなくなる。それは無用の長物ならまだしも、深刻な事態をもたらしかねない爆薬を隠しもった危険物のようにさえ思われるのだ。

にもかかわらず、一九九〇年代には、世の中では冷戦が終わり、グローバリズム万歳、資本主義万歳というありさまとなった。日本もグローバルな市場競争に追いつかなければならないというわけだ。それは、リーマン・ショックなどをへた今でも本質的にはかわらない。

そして、われわれはといえば、いつのまにか経済学が想定している「効率性」「競争主義」「個人主義」「能力主義」「成長主義」といった「価値」へと囲い込まれてしまったのである。だけれども本当にわれわれはそういう価値を望んで選択したのだろうか。

私にはとてもそうは思われない。それが幸せだとも思われない。それどころか、そのなかで、われわれは「生」のギリギリのところまで追い込まれてしまうのではないか、という思いさえ湧いてくる。

「生のギリギリ」とは、過度な競争と、あまりに単純化された能力主義、すべてを金銭的評価でランク付けし、しかもタメも余裕もなく今ここで成果を出せという短期的成果主義、こういった発想が、われわれの精神を追い詰め、生活を貧弱なものにし、社会をたいへんに窮屈なものにしてしまうのではないか、ということである。「非合理」なものも「無駄」もわれわれの生活にはある程度なければならないのである。

だが「合理的科学」である経済学の発想は、そのようなものを許容しない。そしてそれがわれわれをますます生きにくくしてしまうのではないのか。こうしたことが私の杞憂ならまことに結構なことである。しかし、もしそうでないなら……。

本書を書いた動機は以上のようなものだ。本書において私は経済学を批判しているが、むろんそれは、経済学のあれこれの具体的・個別的な命題に対する内在的批判ではなく、また特定の経済学者を念頭に置いたものでもなく、経済学という知識のありようそのものへの批判である。いわば経済学をめぐる「知識社会学」的な批判である。経済についての考え方をまったく転換しなければならないと思うのだ。

実は、経済についてはこれまで私は継続的に何冊かの本を書いており、それらは基本的に同じ主題をめぐるものであり、主張の基軸は最初の本（『隠された思考』）からほとんど変わっていない。その延長上に本書もある。当然、本書はそのいくつかと深い関係にあるし、内容的には重なる部分もある。そこで念のために以下にリストをあげておこう。

『隠された思考――市場経済のメタフィジックス』（筑摩書房、一九八五年↓ちくま学芸文庫、一九九三年）
『「欲望」と資本主義――終りなき拡張の論理』（講談社現代新書、一九九三年）
『アダム・スミスの誤算――幻想のグローバル資本主義（上）』（ＰＨＰ新書、一九九九年↓中公文庫、二〇一四年）
『ケインズの予言――幻想のグローバル資本主義（下）』（ＰＨＰ新書、一九九九年↓中公

文庫、二〇一四年）
『貨幣・欲望・資本主義』（新書館、二〇〇〇年）↓『貨幣と欲望――資本主義の精神解剖学』（ちくま学芸文庫、二〇一三年）
『成長経済の終焉――資本主義の限界と「豊かさ」の再定義』（ダイヤモンド社、二〇〇三年）
『倫理としてのナショナリズム――グローバリズムの虚無を超えて』（NTT出版、二〇〇五年↓中公文庫、二〇一五年）
『大転換――脱成長社会へ』（NTT出版、二〇〇九年↓中公文庫、二〇一六年）

この「あとがき」は、私自身の回想の趣があるが、別に個人史を知ってもらうところに意図があるわけではない。私というほんのささやかな存在者にも、かろうじて来歴と呼べるような足跡があるとすれば、そこには時代の流れが刻印されていると思うからである。

いずれにせよ、われわれはひとつの時代を共有しながら、世代という移り行きのなかで生き、消えてゆく。私の考えは、私の世代とは無縁ではなかろう。ということはひとつの時代の産物だともいえよう。しかしだからこそ、それは、私という存在のささやかな経験を超え出た響きをもっているかもしれない。読者のうちにこの響きを受け取ってくれる人がいることを期待して、それを若い世代の人たちに届けてみたいと思う。

そういう機会を与えていただき、この「あとがき」も含めて、どうみても経済書でもなく、経済学書でもない、しかもまったく反時代的な「経済関連本」を書かせていただいた講談社現代新書出版部の田中浩史さんには多大の謝意を表したい。

佐伯啓思

平成二四年七月八日

学術文庫版あとがき

「はじめに」にも書いたように、本書は、二〇一二年に講談社現代新書の一冊として刊行された『経済学の犯罪』の文庫化である。当時は、二〇〇八年のリーマン・ショックから、その後のEUの財政危機へと向かい、現代のグローバル資本主義についての危機感が大きく膨らんでいる時代であった。この状況に触発されて書いたのが『経済学の犯罪』だ。書名からも推測されるように、今日のグローバル資本主義の危機に対しては、「経済学」にかなり重要な責任があるのではないか、と私には思われたのである。

現代の経済学は、ある独特の考え方をしている。そして、そこから抜け出すのはそうとう困難になっている。しかもこの経済学の思考方法が、現実の経済の不安定化にとって無視しえない要因になっているのではないのか。これは以前から（実際には四〇年以上前の大学院生時代から）私が抱いていた疑念であった。ただそれをどのように表現すればよいのか、なかなかその糸口がつかめなかった。

そこにリーマン・ショックが生じた。一気に資本主義経済は不安定化したのであった。『経済学の犯罪』は、こうして、私にとっては、ちょうど書くべきタイミングで、書かれるべくして書かれた本であった。

それから一〇年近くが経過してこの学術文庫化という話をいただいた。もともと、時代状況や時事的現象を背景にしながら書かれたこのような書物が学術文庫に加えられることは、比較的めずらしい方に属するだろうと思う。しかし、本書の意図は、時代の状況や現象を解説するものではまったくなく、あくまで「経済学の思考法」を問い、あるべき「思考法」を提示する点にある。

しかも、時代状況という点からしても、「グローバル資本主義の危機」という意味では、この一〇年ほど、何ら変わっていない。いやそれどころか、「危機」の様相はいっそう深まり、「経済学」の方は、ますます「犯罪性」を強めている。

社会科学は、常に、「理論」「思想」「現実」が緊張感をもって結び合わされなければならない。経済や経済学についていくつかの本を私は書いているが、できるだけ、このトライアングルに緊張感を持たせることができれば、というのが私の変わらない方針であった。

しかし、その場合にも、私の関心は、「現実」の解説ではなく、むしろ、「現実」を背後において、「理論」を「思想」という観点からとらえ直すというところにある。

ここでも同じことで、改めて、「経済学の思考法」を読者の皆さんにも、考え、論じてもらいたいのである。なお、本書は、二〇一七年に刊行された、拙著『経済成長主義への訣別』（新潮選書）とも内的なつながりを持っている。本書に関心をもっていただいた方が、同書もまた手に取っていただければありがたい。

この文庫版が出版される二〇二〇年は、新型コロナウイルスのパンデミックの年となった。また再び、「グローバル資本主義の危機」が顕在化した。日本では、この八年近く、アベノミクスによって経済再建をはかってきた安倍晋三首相が、体調不良のために辞任した。アベノミクスの、それなりの成果は、新型コロナウイルスの影響によって吹き飛んだかに見える。

今後の世界や日本がどのように動くかは、きわめて不透明になっている。「コロナ後」に、かりに一時的に日本も世界も一挙に景気がよくなるとしても、その本質にある脆弱さや不安定性は変わらない。表面上の変動ではなく、その「本質」を見続けることこそがわれわれに求められているのだろう。本書が、そうした思索へ向けられる一助となれば幸いである。最後に、この思わぬ文庫化を、きわめて迅速に、しかも丁寧に進めていただいた編集者、原田美和子さんに深く感謝したい。

令和二年九月一日

佐伯啓思

本書は、二〇一二年に講談社現代新書から刊行された
『経済学の犯罪』を改題し、一部の図版差し替え、
加筆修正を行ったものです。